메타인지를 키우는
생각놀이
레 시 피

메타인지를 키우는

생각놀이
레 시 피

발행일   2023년 7월 10일 초판 1쇄 발행
지은이   한국철학적탐구공동체연구회
발행인   방득일
편 집   박현주, 허현정, 강정화
디자인   강수경
마케팅   김지훈

발행처   맘에드림
주 소   서울시 도봉구 노해로 379 대성빌딩 902호
전 화   02-2269-0425
팩 스   02-2269-0426
e-mail   momdreampub@naver.com

ISBN 979-11-89404-85-7 93370

메타인지를 키우는
생각놀이
레 시 피

한국철학적탐구공동체연구회 지음

저자의 글

놀이 안에서 즐겁게 생각을 키워나가는 아이들을 기대하면서

개인적으로는 20년 가까이 놀이나 활동을 통해 아이들이 생각함을 감각하고 이해하고 연습하도록 이끄는 책을 써보고자 꿈꿔왔습니다. 사고력과 관련한 국내외 책과 논문, 교육과정을 살피면서 생각톱니(사고기술)라는 이름으로 생각의 하위단위들을 만들었고, 그것을 아이들과 재미있게 익히기 위한 여러 놀이를 개발하기도 했습니다. 그리고 그때그때 나의 교실이나 교사 연수에서 소개하면서 그런 생각놀이들이 아이들을 풍성한 생각의 향연으로 좀 더 쉽고 즐겁게 초대한다는 것을 실감하였습니다. 제가 소개한 생각놀이들이 아이들의 생각을 어떻게 촉진시키고 향상시키는지에 대해 놀이를 적용해본 많은 선생님들이 피드백을 주기도 하였습니다. 그래서 생각톱니별로 놀이나 활동을 체계적으로 정리하여 대한민국의 더 많은 선생님들께 소개하고 싶다는 열망은 해가 갈수록 깊어졌던 것 같습니다.

하지만 혼자서는 결코 쉽지 않은 일이었습니다. 특히 23가지의 생각톱니별로 각각의 역량을 키울 수 있는 재미있는 놀이를 구성해낸다는 것은 여간 어려운 일이 아니니까요. 그리고 하나하나의 사고기술에 대한 놀이 사례를 모은다는 것도 엄청난 노력과 시간이 필요한 일이었습니다. 그래서 한국철학적탐구공동체연구회 선생님들께 손을 내밀었는데 그 손을 흔쾌히 잡아주셨죠. 아마 그분들 역시 이런 종류의 책이 학교 현장에 꼭 필요하다는 것을 절감하고 계셨기 때문일 거라 짐작됩니다.

먼저 공저자들이 기본이론을 함께 공부하면서 23가지 생각톱니들을 다듬었습니다. 그리고 각자 나누어 놀이를 발굴하거나 고안해내었고, 서로 교차검토하면서 한층 더 질 높은 놀이가 되도록 공을 들였습니다. 그렇게 만들어진 놀이를 각자 자신의 교실에서 실천하고 정리했습니다. 이 책은 이렇게 오랜 시간의 간절한 꿈과 그 꿈을 실현코자 하는 많은 현장 선생님들의 수고로 만들어진 결과물입니다. 함께 참여한 선생님 모두에게 감사의 마음이 하늘만큼 땅만큼입니다. 그리고 우리들의 이런 노력을 선뜻 책으로 엮어 세상에 나갈 수 있게 만들어주신 '맘에드림' 출판사에도 머리 숙여 감사의 인사를 드립니다.

부디 이 책이 아이들의 사고력을 키우는 일이 중요하다고 생각하지만, 여전히 그 방법이 낯설어 망설이는 선생님들께, 혹은 자녀의 사고력을 키우기 위해 고민하는 부모님들께 좋은 마중물이 되기를 바랍니다. 이러한 놀이를 통해 생각이 성장한 아이들이 더욱 멋진 사람, 성숙한 시민으로 성장하기를 바랍니다. 그래서 우리가 사는 이 세상이 좀 더 좋은 세상이 되기를 간절히 바라봅니다. 그런 길을 만들어가는 데 생각한다는 것은, 나아가 잘 생각한다는 것은 너무나 중요한 일입니다. 이 책이 그 길에 작은 디딤돌이 된다면 참 좋겠습니다.

꿈이 이루어지는 설렘과 기대로 행복한 저자들을 대표하여

김혜숙, 박인보

차례

생각놀이를 시작하기 전에
우리가 알아둘 것들

코로나19 팬데믹의 장기화와 함께 찾아온 대전환과 나날이 발전하는 인공지능은 인류의 불확실성을 한층 더 짙게 한다. 특히 ChatGPT로 체감되는 생성형 인공지능의 발전 속도가 무섭다. 인간이 몇 년 이상 공부해도 습득하기 어려운 지식을 단 며칠 만에 습득해내기 때문이다. 심지어 이러한 인공지능의 발전은 계속 진행 중이라는 점에서 머지 않은 미래에는 인간의 자리를 위협하지 않을까 하는 불안감마저 엄습해온다. 이처럼 미래의 불확실성이 짙어질수록 고정된 정답보다 유연한 해답이 필요하다. 변화무쌍한 세상에서는 어제의 정답이 오늘은 오답으로 바뀔 수 있다. 또한 단 하나의 정답으로 해결하거나 해석하기 어려운 복잡한 문제상황이 대부분이다. 따라서 교육에서도 과거처럼 모든 학생이 오직 하나의 정답을 똑같이 습득하는 데서 벗어나 변화를 주시하며 필요한 해답을 유연하게 생각해낼 수 있는 역량을 키울 수 있어야 한다. 이를 위해서는 스스로 생각하여 판단하는 의사결정의 주체가 되도록 메타인지를 키워야 한다. 앞으로의 교실에서 사고력 교육이 더욱 강조되어야 하는 이유이기도 하다. 이에 PART 1에서는 메타인지를 키우는 생각놀이들을 만나보기 전에 교실에서 일상적으로 학생들의 생각하는 힘을 기르는 것이 왜 중요한지를 중심으로 간략하게나마 살펴보려고 한다.

PART

이론편

01 잘 생각하는 것은 왜 중요한가?

점점 더 복잡해지는 현대사회에서 융합과 연결, 변화와 창조의 중요성이 날로 강조되고 있습니다. 특히 지구촌을 덮친 심각한 환경, 생태 문제 등을 겪으며 과거 우리가 단순하게 생각해온 문제들이 실은 굉장히 복잡하게 얽히고설켜 있다는 것이 밝혀지고 있습니다. 게다가 최근 ChatGPT 같은 생성형 인공지능의 성능을 자세히 들여다보면, 점점 더 인간과 유사하게 성능이 진화되고 있음을 알 수 있습니다. 이와 함께 새삼 인간만의 고유한 것이 대체 무엇인가에 대한 성찰도 요구됩니다. 사회가 복잡해질수록 발생하는 문제의 양상도 복잡해지고, 문제의 해결 방법도 과거처럼 뚜렷한 정답이 존재하기보다는 변화하는 상황에 맞는 유연한 해답을 필요에 따라 도출해낼 필요가 생겼습니다. 아울러 코로나19처럼 감염병으로 인한 팬데믹(pandemic)이나 재난에 가까운 기후 변화 문제 등과 같이 정확한 예측과 대응이 어려운 문제들은 점점 더 빈번해질 전망입니다. 이러한 문제들의 해결을 위해서는 좀 더 높은 수준의 사고와 지적 협력이 필요합니다.

| 잘 생각하는 능력, 태도, 성향을 길러야 |

이러한 관점에서 볼 때, 미래교육의 핵심은 '잘 생각하는 능력, 태도, 성향'이라고 할 수 있습니다. 변화를 거듭하는 시대에 적응하기 위해서는 기존의 생각들을 비우거나 수정하여 새로운 생각들로 채우는 일이 필요합니다. 혹은 잊혀져 있던 생각들을 다시 꺼내어 그 가치를 재검토하는 일이 필요하기도 하지요. 새로운 상황에 대처하기 위해 생각을 모아 기존에 없던 무언가를 창조해내야 할 수도 있습니다. 2022 교육과정 총론에서도 복잡하고 예측하기 어려운 불확실성, 변동성에 주체적으로 대응할 수 있는 역량을 강조하고 있는데 이는 결국 사고력을 키워주어야 한다는 의미로 볼 수 있습니다.

| 삶을 의미 있게 만드는 것(What Makes Life Meaningful?, 17개국별 상위 3위) |

국가	1위	2위	3위
대한민국	물질적 풍요	건강	가족
호주	가족	직업	친구
뉴질랜드	가족	직업	친구
스웨덴	가족	직업	친구
프랑스	가족	직업	건강
그리스	가족	직업	건강
캐나다	가족	직업	물질적 풍요
싱가포르	가족	직업	사회
네덜란드	가족	물질적 풍요	건강
벨기에	가족	물질적 풍요	직업
일본	가족	물질적 풍요	직업
영국	가족	친구	취미
미국	가족	친구	물질적 풍요
독일	가족	직업/건강	
이탈리아	가족/직업		물질적 풍요
스페인	건강	물질적 풍요	직업
대만	사회	물질적 풍요	가족

* 자료출처: Pew Research Center, What Makes Life Meaningful? Views From 17 Advanced Economies, 2021.11.18.(17개 경제 선진국 성인남녀 18,850명, 전화/온라인조사, 2021.2.5.)
** 본 조사는 삶을 의미 있게 만드는 것(What Makes Life Meaningful?)을 주관식으로 질문하여 3개까지 응답을 받아 20개 항목으로 분류하여 항목별 응답률을 집계한 것임.

비단 이런 시대적 요구 때문만은 아니라도 우리 삶의 의미를 성찰하고 좀 더 행복한 삶을 살아가기 위해서도 잘 생각하는 능력은 중요합니다. 그러나 얼마 전 미국의 여론조사 기관에서 선진 17개국을 대상으로 '무엇이 삶을 의미 있게 하는지'를 조사했을 때 유일하게 한국만이 물질적 풍요를 1위로 답했을 정도로 우리 사회는 물질적 가치에 경도되어 있는 형국입니다(11쪽 표 참조).

| 올바르게 판단하고 성찰하는 일의 중요성 |

오늘날처럼 물질적인 가치로 무게중심이 기울어진 상황에서 삶의 의미에 균형을 잡으려면 나는 누구이고, 삶이란 무엇이며, 어떻게 사는 것이 올바른 삶인가에 대한 나름의 생각이 있어야 합니다. 과학과 기술의 발전이 가져오는 물질적 풍요의 그림자를 살펴보며 우리가 어디로 나아가야 할지를 올바르게 판단할 수 있어야 합니다.

　최근 우리 사회에서 잘 생각하는 것의 중요성이 새삼 강조되는 것은 그만큼 잘 생각하지 못하는 경우가 많다는 반증이기도 합니다. 예컨대 무비판적이고 맹목적인 모습들, 오직 기존의 사고방식에만 얽매인 채 변화가 없거나 심지어 변화 자체를 거부하는 모습들, 자신 혹은 자신이 속해 있는 집단이 추구하는 가치만을 올바른 것으로 착각하며 이를 타인에게까지 무리하게 강요하는 모습들, 기존 질서에 얽매인 나머지 다른 가능성을 차단해버리는 모습들, 타인의 상황, 생각, 감정에 대한 고려 없는 모습들, 내가 경험한 것만이 정답인 것처럼 타인의 상황과 감정을 판단하고 재단하는 모습 등. 이는 모두 잘 생각함이 결여된 상태라 볼 수 있습니다. 잘 생각함의 결여는 이처럼 변화와 발전을 가로막고 갈등과 폭력을 유발하며 나아가 건전한 민주주의를 위협합니다. 이러한 이유로 앞으로 교육은 학생들에게 잘 **생각하는 힘**, 즉 **사고력**을 키워주는 데 집중되어야 합니다.

02 잘 생각한다는 것은 무엇인가?

사실 '생각하는 힘'을 키워야 한다는 말은 새롭지 않습니다. 왜냐하면 이미 우리 모두가 '생각'의 중요성을 잘 알고 있기 때문이죠. 하지만 어떻게 생각하는 것이 잘 생각하는 것인지에 관해서는 다소 의견이 분분합니다. 대체 잘 생각한다는 것은 대체 무엇일까요? 이에 대한 답을 찾기 위해서는 먼저 우리의 생각이 무엇으로 구성되어 있고, 어떻게 작동하는지 알아볼 필요가 있습니다. 하지만 우리 머릿속에서 일어나는 생각이라는 덩어리를 마치 실험실에서 조직을 실험하듯 떼어내서 분석하는 일은 쉽지 않습니다. 게다가 한 덩어리인 생각을 쪼개어 분석할 수 있다고 해도 각각의 생각 조각은 전체 생각과 비교할 때 전혀 다른 성질일 수도 있습니다. 즉 전체는 꼭 부분의 합이 아닐 수도 있기 때문에 생각 전체가 가진 본질적 특성을 온전히 드러내지 못할 수도 있다는 뜻이죠. 그럼에도 불구하고 많은 연구자들은 저마다 생각이 무엇인지, 그리고 어떻게 하면 생각을 더 잘 할 수 있는지 알아내기 위해 고민해왔습니다.

| 다차원적 사고를 통해 본 좋은 생각의 메커니즘 |

그러면 연구자들의 견해를 잠깐 살펴볼까요? 연구자들마다 잘 생각한다는 것이 무엇인가에 대한 의견이 워낙 엇갈리다 보니 다양한 견해가 존재합니다. 비판적 사고를 강조하는 견해가 있기도 하고, 창의적 생각을 강조하기도 합니다. 다만 이 책에서는 학생들의 사고력 교육을 위해 노력했던 대표적인 어린이 철학자 매튜 립맨(Matthew Lipman)의 생각에 따라 "다차원적 사고를 균형감 있게 고려하여 반성적인 평형 상태를 이루려고 하는 것"을 잘 생각하는 것으로 보고자 합니다.

다차원적인 사고는 비판적 사고, 창의적 사고, 배려적 사고라는 세 차원의 사고를 아울러 고려하는 것입니다. 각 차원의 사고가 가진 주요 특징을 살펴보면 먼저 **비판적 사고**는 근거와 기준을 가지고 구별하는 사고로 자기수정적, 기준적, 분석적, 논리적인 특성이 있습니다. **창의적 사고**는 다르거나 새로운 것을 만들어 내는 사고로 주체적, 도전적, 총체적, 확장적인 특성이 있습니다. **배려적 사고**는 감정과 가치에 관심을 갖는 사고로 가치부여적, 정서적, 공감적, 협동적인 특성이 있습니다. 잘 생각하기 위해 다차원적으로 생각해야 하는 까닭은 사고가 어느 한쪽으로 치우치지 않도록, 즉 편향되지 않도록 하기 위함입니다. 예컨대 다음과 같은 것들을 생각해볼 수 있습니다.

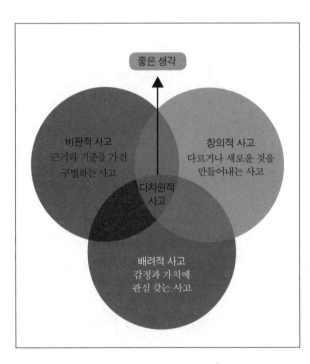

다차원적 사고력

다차원적 사고란 비판적 사고, 배려적 사고, 창의적 사고라는 세 차원의 사고를 아울러 고려하는 것이다.

- 창의적이지만 인간의 감정을 고려하지 않은 생각…
- 비판적이지만 창의적인 대안이 없는 생각…
- 개인만 생각하고 공동체에 대한 고려가 없는 생각…
- 공동체만을 고려하여 개인에 대한 배려가 없는 생각…

위와 같은 생각들을 잘 생각했다고 하기는 어렵습니다. 따라서 잘 생각하는 것은 어떤 문제에 대해 다차원적 고려를 통해서 어느 한쪽에 치우지지 않고 균형 잡힌 합당한 생각을 찾아가는 것입니다. 그것은 일종의 예술과도 같은 것으로 조화로우면서 아름다운 생각을 찾아내는 일이라고 볼 수 있습니다.

| 어떻게 학생들이 잘 생각하도록 도울 것인가? |

지금까지 잘 생각한다는 것이 무엇인지 알아보았습니다. 그럼 이제 어떻게 해야 학생들이 생각을 좀 더 잘하도록 도와줄 수 있을까요? 먼저 생각이 무엇이며 어떻게 작동하는지를 파악할 수 있어야 합니다. 그렇기 때문에 생각에 대한 **메타인지**가 필요합니다. 그리고 여러 사람과 대화와 토론을 통해 균형 잡힌 좋은 생각에 이르는 과정을 많이 경험해볼 필요가 있습니다.

필자들은 바로 이러한 과정을 '철학적 탐구공동체'라는 모델을 통해 구현해 내려고 하고 있습니다. 교실을 그리고 학교를 좋은 생각이 자유롭게 넘치는 철학적 탐구공동체로 만들고자 애쓰고 있습니다. 철학적 탐구공동체는 대화 (dialogue)를 통해 교실 공동체가 함께 찾아낸 열린 질문(삶 속의 중요한 근본적 문제들)에 대해 탐구합니다. 다차원적인 사고(비판적, 창의적, 배려적)를 바탕으로 연속질문을 통해 철학적인 탐구를 이어가고 반성적 균형으로서의 합당한 판단을 이끌어내는 것을 목표로 합니다. 그러나 그 판단은 고정된 진리가 아니며 오류가능주의를 바탕으로 언제든지 더 나은 합당한 근거가 있다면 수정될 수 있음을 전제로 하고 있습니다. 이와 같은 방식으로 끊임없는 성찰과 인식의 변화를 통한 자기수정을 하면서 학생들이 더 나은 삶으로 나아갈 수 있도록 합니다.

　말이 거창해 보일 뿐, 핵심은 간단합니다. 즉 실제로는 학생들과 동료 교사들과 함께 삶의 문제들에 대해 올바르게 생각하면서 최선의 판단과 결정을 통해 문제를 해결해나가고자 애쓰는 문화, 사려 깊고 민주적인 문화를 만들어나가고자 하는 노력과 다르지 않습니다. 그래서 단순히 지식을 일방적으로 가르치는 교육에서 벗어나 학생들의 삶과 생각이 살아있는 교육이 되도록 하려는 것입니다.

03 사고기술이란 무엇인가?

　　　　　　비록 생각의 수준이나 결과에는 차이가 있겠지만, 남녀노소 막론하고 누구나 생각을 합니다. 그리고 아무리 단순해 보이더라도 모든 '생각'에는 상호 연결된 다양한 정신작용들이 수반됩니다. 즉 모든 생각에는 일련의 정신적 움직임이 일어나게 되는 거죠. 앞서 말씀드린 비판적 사고, 창의적 사고, 배려적 사고도 모두 그에 해당하는 정신 동작들이 있습니다. 이를 가리켜 **사고기술**이라고 합니다.

　'기술'이라는 말이 붙은 데서 짐작할 수 있겠지만, 마치 운동선수들이 꾸준한 훈련을 통해 자신의 기술을 점점 더 세련되게 단련시켜가는 것과 비슷합니다. 기술적으로 생각을 잘하는 수준에 이르도록 한다는 뜻을 담고 있으니까요. 축구의 슈팅 동작을 예로 들면 전문적인 훈련을 오랜 시간 받은 선수들의 슈팅 동작은 축구를 취미로 즐기는 일반인과 기술적으로 수준 차이가 크게 나타납니다. 이와 마찬가지로 사고도 기술을 꾸준히 단련함으로써 좀 더 나은 생각으로 발전시킬 수 있다는 뜻입니다.

| 사고기술 연습을 통해 학생들의 사고 수준을 높여야 |

생각을 이루고 있는 정신 동작으로서의 사고기술을 예로 들면 공통점과 차이점 찾기, 비교하기, 결과 예측하기, 추리하기 같은 것들입니다. 우리가 익히 알고 있는 것도 있고, 배워야 알 수 있는 좀 더 복잡한 것들도 있습니다. 그러나 단순히 그것을 안다고 해서 기술적으로 잘 사용할 수 있는 것은 아닙니다. 배드민턴을 예로 들어봅시다. 단순히 셔틀콕을 주고받는 수준이 있고, 배드민턴의 다양한 기술들을 적재적소에 효과적으로 사용할 수 있는 수준이 있습니다. 아무리 배드민턴을 잘 칠 수 있는 잠재력을 타고난 사람이라도 배드민턴의 기술들을 열심히 배우고 훈련하지 않으면 능숙하게 칠 수 없다는 뜻입니다. 마찬가지로 우리는 생각할 수 있는 능력을 가지고 태어났지만 교육을 통해 배우고 적절하게 사용하는 과정을 거치면서 좀 더 올바른 생각을 할 수 있는 능력을 가지게 된다고 할 수 있습니다. 따라서 평소 사고기술의 꾸준한 연습을 통해 학생들의 사고 수준을 높여줄 필요가 있습니다.

〈유미의 세포들〉이라는 웹툰(webtoon)을 보면 유미에게 무슨 일이 벌어질 때마다 마음속에서 다양한 세포들이 서로 대화를 나누고, 이것이 유미의 다양한 의사결정에 반영되는 것처럼 묘사됩니다. 이성 세포, 감성 세포, 사랑 세포, 명탐정 세포, 불안 세포, 본심 세포, 판사 세포 등 다양한 세포들이 등장하죠. 그런데 좀 과장되었을 뿐, 우리의 실제 사고과정도 이와 크게 다르지 않습니다. 웹툰에서 다양한 세포들이 치열한 논의과정을 통해 판단을 내리는 것처럼 우리의 생각도 다양한 사고기술들이 맞물려 돌아가며 만들어지니까요. 그러나 매번 좋은 생각이 만들어지는 것은 아닙니다. 어떤 생각들은 사고기술들이 제대로 맞물리지 않은 채, 충분한 검토 없이 나오기도 합니다. 그런 생각들은 오류 가능성이 있고, 상황적 맥락에, 또 시대에 맞지 않을 수도 있죠. 따라서 생각을 검토할 적절한 기준들이 필요하고, 내 생각을 함께 검토해줄 타인과의 논의도 필요합니다. 따라서 생각을 잘하려면 내 생각이 지금 어떤 과정을 거치고 있는 것인지 생각에 대해 생각할 줄 아는 것, 즉 메타인지가 중요합니다. 바로 이를 위해 사고기술을 연습해야 하는 것입니다.

| 내 생각은 지금 어떤 과정을 거치고 있는가? |

사고기술은 생각을 어떻게든 하위단위로 쪼개보는 것이고, 그것을 연습해야 하는 이유는 더 나은 생각함, 즉 사고력 증진에 있습니다. 더 잘 생각해보려 할 때 필요한 메타(meta)적 생각을 키우는 거죠. 구체적인 이유를 들면 다음과 같습니다.

- 추리를 하기는 했는데 제대로 했나?
- 공통점과 차이점을 찾을 때 기준을 잘 설정했나?
- 내 생각의 전제는 올바른가? 등

사고기술을 연습하는 가장 좋은 방법은 **대화와 토론**입니다. 왜냐하면 여러 사고기술들이 자연스럽게 활용될 수 있기 때문이죠. 그래서 대화와 토론의 맥락에서 떨어져 개별 사고기술을 따로 가르치는 것은 조심해야 할 필요가 있습니다. 다만 우리가 균형 있는 신체 발달을 위해 부족한 어떤 근육을 따로 보완하기 위해 노력하는 것처럼 생각의 기초 근육 중 특정 부분만을 좀 더 보완할 수도 있을 것입니다. 어떤 기술을 우리가 무의식적으로 그냥 사용하는 것과 우리가 의식적으로 잘 알고 더 잘 사용하기 위한 부분까지 알고 활용하는 것과는 분명한 차이가 있기 때문에 학생들에게 사고기술을 알게 하고 잘 사용하도록 연습하는 것은 의미가 있습니다.

이 책에서 생각톱니라는 이름으로 소개하는 사고기술 23가지 목록은 매튜립맨 등 여러 학자들의 연구를 바탕으로 김혜숙 박사가 정리한 것입니다. 학자들마다 사고기술의 종류에 대한 의견이 다를 수 있으며, 이 23가지가 생각 모두를 반영하는 것은 아님을 밝힙니다. 20~22쪽에 이어진 표 3개는 사고기술의 내용과 효과, 질문과 발표문형, 예시문장을 정리한 것입니다. 모든 생각의 시작이라고 할 수 있는 질문 만들기부터 오류 피하기까지 기본적인 사고기술에서 좀 더 복잡한 것 등 수준을 고려하여 배치되어 있습니다. 각 사고기술에 대한 좀 더 자세한 내용은 생각놀이 레시피를 정리한 2부에서 사고기술별 놀이를 소개하기 전에 따로 설명하였으니 해당 내용을 참고하시기 바랍니다.

| 사고기술 - 내용과 효과 |

사고기술	내용	효과
질문 만들기	궁금한 것을 질문으로 만들어요.	생각의 문이 열려요. 자기 주도적 배움이 가능해요.
관찰하기	오감을 열고 차근차근 자세히 보고 들어요.	마음과 생각을 두드리고 자극해요.
공통점과 차이점 찾기	비슷한 점, 같은 점, 다른 점을 찾아요.	모든 인식의 바탕이에요.
상상하기	없는 것을 머릿속으로 그려요.	생각이 자유로워져요.
감정 고려하기	감정에 대해 관심을 갖고 생각해요.	감정을 알아차리고 이해하고 다스릴 수 있어요.
분류하기	같은 종류끼리 묶어요.	체계를 세우고 정리를 할 수 있어요.
비교하기	정도의 차이를 견주어요.	순서를 정할 수 있어요. 더 나은 것을 선택할 수 있어요.
관계 찾기	서로 어떻게 연결되어 있는지 찾아봐요.	세상을 더 깊고 넓게 이해해요.
비유하기	다른 것에 빗대어 표현해요.	느낌이 생생해져요. 새로운 것도 쉽게 이해돼요.
이유 찾기	이유나 원인 혹은 근거를 찾아요.	깊이 있게 이해할 수 있어요. 의견도 튼튼해져요.
추리하기	알고 있는 정보를 이용해서 새로운 사실을 알아내요.	하나를 가지고 열을 찾아내요.
예와 반례 들기	구체적인 예나 반대되는 예를 들어요.	쉽게 이해할 수 있어요. 쉽게 반박할 수 있어요.
대안 찾기	문제를 해결할 수 있는 방법을 찾아요.	쉽게 좌절하지 않아요. 자주적인 사람이 돼요.
결과 예측하기	결과를 미리 추측해요.	말과 행동을 신중히 하게 돼요.
개념 정의하기	세상 모든 것의 의미를 정확하게 때로는 자기 나름의 언어로 이해해요.	생각이 정확해져요. 생각에 중심을 가져요.
다르게 표현하기	다른 방식으로 표현해요.	여러 방식으로 생각을 표현할 수 있어요.
가치 고려하기	가치(중요한 것, 옳은 것, 좋은 것)를 기준으로 생각해요.	가치 있는 것을 지키게 돼요
장단점 찾기	장점과 단점을 찾아요.	선택을 잘 할 수 있어요.
남의 입장에 서보기	다른 사람의 입장에 서서 생각해요.	다른 사람을 이해하게 돼요.
가설 세우기	모르는 것에 대한 설명에 도전해요.	새로운 사실을 발견하게 돼요.
숨은 전제 찾기	기본 바탕이 되는 생각(대전제)을 찾아봐요.	편견이나 선입견을 피해요.
다양한 관점에서 보기	여러 측면에서 생각해 봐요.	치우침 없이 전체를 볼 수 있어요.
오류 피하기	잘못된 생각의 과정을 찾아 피해요.	생각을 바르게 할 수 있어요.

| 사고기술 – 질문과 발표 문형 |

사고기술	질문	발표 문형
질문 만들기	궁금한 게 있으면 질문해 볼까요?	~까요?(인가요?)
관찰하기	자세히 볼까요?(들어볼까요?)	~가 보입니다. (들립니다. 냄새가 납니다. 만져집니다.)
공통점과 차이점 찾기	같은 점(다른 점)은 뭘까요?	~ 와 ~는 같습니다. (비슷합니다. 다릅니다.)
상상하기	만약 ~라면 어떨지 상상해 보겠어요?	만약 ~ 라면,
감정 고려하기	어떤 감정이 생기나요?(느낌이 드나요?)	마음(감정, 기분)이 ~ (~를 느꼈습니다.)
분류하기	~은 어디에 속할까요?	~ 은 ~ 에 속합니다.
비교하기	~와 ~ 중에서 어떤 게 더 ~할까요?	~이 ~보다 더 ~ 합니다.
관계 찾기	어떤 관계가 있을까요?	~ 관계입니다.
비유하기	~을 (~에) 비유해 볼까요?	~은 ~처럼 ~합니다.
이유 찾기	왜 그렇게 생각하나요? 왜 그렇게 되었을까요? 왜 그렇게 했을까요?	왜냐하면 ~ 이기 때문입니다.
추리하기	이것을 보고 무엇을 추리할 수 있을까요?	그러므로 ~
예와 반례 들기	예(반례)를 들어 볼까요?	예를 들면 ~ (반례를 들면)
대안 찾기	어떻게 하면 될까요? 해결책은 무엇인가요?	대안은(해결방법은) ~
결과 예측하기	어떻게 될까요?	~면 ~될 거라고 생각합니다.
개념 정의하기	~이란 뭘까요?	~ 은 ~ 입니다.
다르게 표현하기	(다르게) 표현해 볼까요?	다르게 표현하면, ~입니다.
가치 고려하기	중요한 게 뭘까요? (좋은 점이 뭘까요?)	~ 가 중요합니다. ~ 가 좋습니다.
장단점 찾기	장점이(단점이) 뭘까요?	장점은(단점은) ~입니다.
남의 입장에 서보기	~의 마음(상황)은 어떨까요?	(누구)는 ~ 것 같습니다.
가설 세우기	왜 이런 일이 일어났을까요? 어떤 가설을 세울 수 있을까요?	아마 ~ 일겁니다.
숨은 전제 찾기	숨겨진 전제(가정)가 뭘까요?	이 말의 숨은 전제는 ~
다양한 관점에서 보기	~ 면에서 보면 어떨까요?	~ 에서 보면
오류 피하기	어떤 오류가 있을까요?	~는 ~오류입니다.

사고기술	예시 문장
질문 만들기	진정한 친구란 어떤 친구일**까요?**
관찰하기	하얀 눈이 내리는 것이 **보입니다.** 아이들의 웃음소리가 **들립니다.**
공통점과 차이점 찾기	동생과 나는 얼굴이 **비슷합니다.(다릅니다.)**
상상하기	**만약** 사람에게 손이 없**다면**, 지금처럼 과학이 발달하지 못했을 겁니다.
감정 고려하기	**마음이** 슬픕니다. 편안함을 **느꼈습니다.**
분류하기	사람은 동물에 **속합니다.**
비교하기	하늘**이** 바다**보다 더** 넓습니다.
관계 찾기	꽃과 꿀벌은 서로 돕는 **관계입니다.**
비유하기	마음이 바람처럼 자유롭습니다.
이유 찾기	**왜냐하면** 마음이 아름답기 **때문입니다.** **왜냐하면** 바람이 세게 불었기 **때문입니다.** **왜냐하면** 친구를 도와주고 싶었기 **때문입니다.**
추리하기	숫돌이는 축구를 잘합니다. **그러므로** 숫돌이를 학급 축구대표로 뽑아야 합니다.
예와 반례 들기	가을에 낙엽이 지는 나무의 **예를 들면** 은행나무, 단풍나무입니다. **반례를 들면** 소나무가 있습니다.
대안 찾기	환경오염을 막기 위해 필요한 **대안은** 쓰레기를 줄이는 겁니다.
결과 예측하기	종이를 태우면 재가 **될 거라고 생각합니다.**
개념 정의하기	우정은 친구로서의 정**입니다.**
다르게 표현하기	손가락으로 하트를 그리는 것은, **(다르게 표현하면)** 사랑한다는 말입니다.
가치 고려하기	모든 생명체에게는 맑은 공기가 **중요합니다.**
장단점 찾기	볼펜의 **장점은** 간편하다는 겁니다. 볼펜의 **단점은** 잘 지워지지 않는다는 겁니다.
남의 입장에 서보기	친구는 화가 날 **것 같습니다.**
가설 세우기	바닥에 떨어져 있는 것은 **아마** 과자 부스러기**일 겁니다.**
숨은 전제 찾기	삼촌은 내가 남자니까 무용을 하면 안 된다고 하십니다. 삼촌 말의 **숨은 전제는** 모든 남자는 무용을 하면 안 된다는 겁니다.
다양한 관점에서 보기	댐건설은 생태계 보호의 **관점에서 보면** 바람직하지 않은 것입니다
오류 피하기	자꾸 겁을 주는 건 힘에 호소하는 **오류입니다.**

사고기술의 명칭, 내용과 효과, 질문과 발표 문형, 예시문장은 평소 다양한 형태로 적절히 변형하여 사용하면서 학생들에게 익숙해지도록 하면 좋습니다.

---

* 이 책에서 소개한 다차원적 사고력과 사고기술, 철학적 탐구공동체에 대한 좀 더 자세한 내용을 알고 싶은 경우 《지혜로운 생각을 키우는 철학수업 레시피》, 《생각하는 교실 철학하는 아이들》, 《생각을 키우는 토론수업 레시피》를 참고하시기 바랍니다.

04 왜 놀이로 사고기술을 연습하는가?

넓은 의미의 놀이는 "즐거움을 얻기 위해 자발적으로 행하는 모든 활동"을 뜻합니다. 다시 말해 놀이는 어떤 인위적인 목표를 정해놓고 행하는 것이 아니라 그저 즐겁기 위해 하는 것입니다. 호모 루덴스(Homo Ludens, 놀이하는 인간)라는 말이 있는 것처럼 놀이를 하며 즐거움을 추구하는 것은 인간의 본성입니다. 이렇게 볼 때, 생각도 즐거움을 얻고자 자발적으로 한다면 얼마든지 일종의 재미난 '놀이'가 될 수 있죠.

| 생각은 즐거운 것, 재미있는 것 |

놀이를 통해 사고기술을 연습하려는 까닭은 학생들에게 생각하는 것이 놀이처럼 즐겁고 재미있는 것이라는 것을 알게 해주고 싶기 때문입니다. 학생들이 생각하는 것을 지루하고 힘든 일이라고 여기게 된 것은 어쩌면 어른들 탓일지도 모릅니다. 다양한 생각을 존중하며 놀아주는 것이 아니라 마치 생각을 과제처럼 제시하여 반드시 하나의 정답만 찾아내야 하는 것처럼 인식하게 만들었기 때문이죠. 그래서 생각하는 일은 어려운 것이 아니라는 것, 즐거운 것이라는 것을 알게 해주고, 또 얼마든지 다양한 생각이 존재한다는 것을 통해 자연스럽게 생각하는 힘을 키우도록 하는 것이 이 책에서 놀이를 통해 사고기술을 연습하는 이유입니다. 비록 교사들이 교실을 생각하는 시공간으로 만들려고 해도 생각하기를 즐거워하는 학생들은 그리 많지 않을 수 있습니다. 그렇지만 우리는 학생들로 하여금 생각하는 것이 놀이처럼 재미있다고 느껴지도록 노력할 필요가 있습니다. 놀이는 학생들이 생각의 즐거움을 깨달을 수 있도록 이끄는 장치로서 제 역할을 충분히 할 수 있을 것입니다.

| 재미있는 놀이와 함께 점점 더 단련되는 사고기술 |

놀이로 사고기술을 단련하는 까닭은 사고기술을 그냥 쓰는 것이 아니라 잘 쓰는 것이 중요하기 때문입니다. 사고기술은 앞서도 설명한 것처럼 연습과 훈련을 통해 얼마든지 단련될 수 있습니다. 따라서 놀이라는 즐겁고 자연스러운 과정을 통해서 사고기술을 잘 쓸 수 있도록 자주 연습하려고 하는 것입니다. 다시 말해 이 책에서 제시하는 생각놀이는 그저 재미만 추구하는 놀이가 아니라 사고과정을 담아내고 그것을 연습한다는 분명한 목적이 있는 놀이입니다.

예를 들어 뒤에 2부에서 소개할 생각놀이 중 하나인 '의자에서 일으켜 세우기'(140쪽 참조)의 경우 '이유'를 만들어서 의자에 앉아 있는 사람을 일어나게 만들어야 합니다. 이유를 찾아내는 과정에서 논리적·비판적 사고가 사용되며, 상대방을 설득시킬 수 있을 만큼 그럴듯한 이유를 생각해내야 한다는 점에서 창의적 사고가, 또 상대방의 마음을 헤아리고 그가 받아들일 만한 이유를 제시해야 한다는 점에서 배려적 사고가 사용됩니다. 이처럼 '이유 찾기'라는 사고기술을 지식으로 가르치는 것이 아니라 놀이 속에서 자연스럽게 생각하는 힘이 발휘되고 연습하는 체험을 하게 되는 것입니다.

'놀이'의 힘

놀이를 하는 아이들을 관찰하면 아이들은 시간 가는 줄 모르고 깊이 몰입한다. 그리고 자발적으로 참여하며 새로운 놀이를 창조하기도 한다. 사고기술의 연습을 놀이방식으로 응용한 이유도 바로 이러한 놀이의 힘을 배움에 적절히 활용하기 위함이다. 다만 놀이 자체의 사전적 정의가 목적성 없이 재미만을 추구하는 것과 달리 2부에서 소개하는 사고기술을 단련하는 생각놀이들은 단순히 재미만 추구하는 것이 아니라 사고과정을 담아내고 연습하려는 뚜렷한 목적성을 가진 놀이이다.

| 교실을 생각하는 시공간으로 |

이 책에서 소개하는 생각놀이들은 이처럼 다양한 놀이 안에 사고과정을 담아내고 또 다양한 사고기술을 연습하려는 명확한 목적의식이 있는 만큼 목적 없이 즐거움 자체를 추구한다는 놀이의 사전적 정의에는 맞지 않을 수도 있습니다. 하지만 우리가 알고 있는 놀이의 형태들을 취하고 있고, 목적을 표면적으로 드러내지 않고 즐거움을 추구하는 가운데 자연스럽게 사고기술을 연습하게 되기 때문에 놀이라고 불러도 무방할 것 같습니다.

수업 시간에 생각놀이를 실천하는 것은 교실을 생각하는 시공간으로 만드는 기초가 됩니다. 놀이를 통해 연습한 사고기술은 향후 교실에서 생각하는 수업을 만들어가는 데도 유용한 도구가 될 것입니다. 학생들과 함께 놀이하면서 생각하는 수업을 위한 공동체 형성에 도움이 됩니다. 또한 이런 놀이들을 수업의 워밍업 활동이나 마무리 활동으로 활용해볼 수도 있으며, 놀이 활동이 교재(자극제)가 되어 탐구하는 수업으로 이어질 수 있습니다.

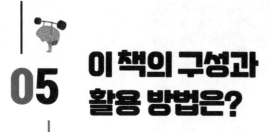

05 이 책의 구성과 활용 방법은?

이제 2부에서는 생각놀이 레시피가 본격적으로 전개됩니다. 사고기술과 친해지기 위한 워밍업인 '생각톱니 카드놀이'를 시작으로 질문 만들기, 관찰하기, 공통점과 차이점 찾기, 상상하기, 분류하기, 이유 찾기 등 23가지의 사고기술을 연습할 수 있는 놀이들과 그 실천 사례를 소개할 것입니다. 사례 안에는 실제 이루어진 대화를 소개함으로써 현장의 모습을 가능하면 자세히 재현할 수 있도록 노력하였습니다.

| 생각톱니와 함께 사고기술과 친해지자! |

첫 번째 사고기술 놀이를 소개하기에 앞서 제시된 생각톱니 카드놀이는 실질적인 사고기술의 연마라기보다는 그전에 학생들이 사고기술의 명칭, 사고기술 질문과 문장에 익숙해지도록 마련한 놀이입니다. 왜냐하면 학생들에게는 사고기술 명칭, 질문, 문장들이 꽤 낯설고 어렵게 느껴질 수 있기 때문이죠. 그래서 카드놀이를 하면서 '사고기술' 자체에 거부감 없이 친근하게 마음을 열고 다가설 수 있도록 포함한 것입니다. 생각톱니라는 명칭 또한 사고기술이라는 말이 주는 딱딱함에 지레 어려움을 느낄지 모를 어린 학생들을 위해 사고기술들이 맞물려 돌아가는 것에 비유하여 만들어낸 말입니다. 생각톱니 카드는 별도 제작하여 판매 중으로 학토재를 통해 구입하실 수 있습니다.

| 23가지 사고기술 연습을 위한 놀이와 복합 사고기술 놀이들 |

01번째부터는 본격적인 사고기술 놀이들을 소개합니다. 이 중 23번째까지 (42~277쪽 참조)는 23가지의 각 사고기술에 대한 자세한 설명과 함께 이를 연습할 수 있는 놀이 및 실천 사례를 담았습니다. 여기에서는 각 사고기술에 대해 이해하고, 이를 적절하게 활용하는 연습을 할 수 있도록 구성하였습니다. 그리고 24번째에는 둘 이상의 사고기술들이 복합적으로 사용되는 사고기술 놀이에 대한 것을 6가지 더 포함했습니다(278~304쪽 참조). 놀이가 아닌 활동들로 제시된 경우도 있는데 이는 해당 사고기술의 성격상 우리가 알고 있는 놀이의 형태로 제시하기가 쉽지 않아 학생들이 즐겁게 할 수 있는 활동으로 구성한 것입니다.

다만 오해가 없도록 덧붙이고 싶은 것이 있습니다. 각 사고기술을 연습하는 놀이나 활동이 오직 해당 사고기술만을 위한 연습은 아니라는 점입니다. 예를 들어 앞서도 잠깐 소개한 '의자에서 일으켜 세우기'는 이유 찾기 사고기술(놀이 사례는 140~143쪽 참조)을 주로 연습하기 위한 놀이입니다. 하지만 이 놀이를 할 때 오직 이유 찾기만 사용되는 것은 아닙니다. 왜냐하면 상대방이 받아들일 만한 적절한 이유를 대려면 여러 이유들을 머릿속에 떠올리고 이를 비교해봐야 하니까요. 상대방이 내가 제시하는 이유를 받아들일 것인지 결과를 예측하는 것도 필요합니다. 또 만약 상대방이 내가 제시한 이유를 받아들이지 않는다면 다른 대안이 될 수 있는 이유도 찾아내야 합니다. 이렇게 이유 찾기 놀이를 하는 과정에서 비교하기, 결과 예측하기, 대안찾기 등의 다른 사고기술들도 함께 사용되는 것입니다. 다만 각 사고기술을 연습한다고 분류해놓은 놀이나 활동은 '주로' 그 사고기술에 초점을 맞추어 구성되어 있다는 정도로 이해하시면 될 것 같습니다.

| 놀이 사례들의 구성 |

각 사고기술 놀이를 소개하는 2부는 각각 다음과 같이 구성되어 있습니다.

① 해당 사고기술에 대한 설명
② 놀이 개요(놀이 소개, 소요시간 및 준비사항, 놀이 사진, 놀이 시 유의사항 등)
③ 놀이 사례 - 놀이 및 대화의 진행 내용, 놀이 Tip 등
④ 놀이 후 성찰 - 놀이 후 교사와 학생의 소감
⑤ 이렇게도 할 수 있어요 - 해당 놀이의 변형 또는 다른 놀이 소개

끝으로 이 책의 활용 방법과 주의사항을 몇 가지 더 덧붙이면 다음과 같습니다.

① 사례에 적용된 교과 외에도 쉬는 시간, 창체 시간 등에서 활용 가능하며 가정에서도 해볼 수 있습니다.
② 사례에 적용된 특정 학년 외에 다른 학년에도 적용 가능합니다. 초등 사례가 중심이지만 유아나 중등, 또는 그 이상에서도 활용할 수 있습니다. 기본적으로 놀이이기 때문에 남녀노소 누구나 즐길 수 있습니다.
③ 여기 제시된 놀이를 바탕으로 각 학급의 사정에 맞게 변형을 하거나 학생들의 생각을 길러줄 수 있는 새로운 놀이를 만들어보시기 바랍니다. 이때 놀이는 학생들에게 즐거움을 줄 수 있는 것, 내용을 바꿔 반복적으로 사용할 수 있는 것, 별다른 준비물 없이 할 수 있는 것, 교과 내용과 연결될 수 있는 것, 퍼즐이나 보드게임에 응용할 수 있는 것이면 좋습니다.

④ 즐거움을 얻고 나면 끝나는 일반적인 놀이와 달리 사고기술 놀이는 사고기술을 연습하여 사고력을 향상시킨다는 뚜렷한 목적이 있습니다. 따라서 사고기술 놀이를 하고 나서 사고기술을 잘 사용하였는지 기준을 정하여 성찰하는 일이 꼭 필요합니다.

⑤ 수업 내용과 관련 없이 단순히 동기유발이나 수업 집중용으로만 놀이를 사용하기보다는 그날의 수업 주제와 연결되도록 하면 좋습니다. 예를 들어 그날 탐구해보고자 하는 수업 주제가 '우리가 이 세상에 존재하는 이유'라든지, '어떤 사회적 문제가 발생하게 되는 이유'를 찾아보는 것이라면 '왜냐하면 놀이'를 수업 전에 활용해볼 수 있을 겁니다.

⑥ 놀이의 난이도는 학생들의 수준에 맞게 조절할 필요가 있습니다. 만약 학생들의 사고 경험이 부족하다면 쉽고 단순한 놀이부터 시작해서 점차적으로 복잡한 추론을 요구하는 형태의 놀이로 가고, 학생들의 사고 수준이 어느 정도 단련되었다면 도전적인 난이도의 추론 능력을 요하는 놀이를 해볼 수도 있을 겁니다.

⑦ 놀이를 수업에 전면적으로 도입하면 경우에 따라 오히려 사고하고 탐구하는 분위기를 해칠 가능성도 있습니다. 학생, 학급의 상황과 맥락에 따라 전체적인 수업의 흐름을 해치지 않는 적절한 범위 내에서 놀이를 활용하시기 바랍니다.

우리 함께 놀이로
생각하는 힘을 키워볼까?

앞선 PART 1에서 우리는 생성형 인공지능의 등장으로 더욱 변화무쌍해진 오늘의 세상에 꼭 필요한 유연한 문제해결력의 기반이 되는 좋은 사고의 중요성을 짚어보았다. 앞으로의 교실에서는 일상적으로 학생들의 생각하는 힘을 키우는 교육이 자연스럽게 이루어질 필요가 있다. 하지만 생각보다 많은 교사들이 방법적인 부분을 막연해하는 경우가 많다. 즉 '어떻게 할 것인지'가 고민인 것이다. 이에 이제부터는 좋은 사고를 하기 위해 필요한 다양한 기술들을 단련하는 여러 가지 생각놀이들을 소개할 것이다. 편의상 23가지 사고기술로 분류하기는 했지만, 실제 우리가 삶에서 부딪히는 문제 상황들은 복잡하게 얽혀 있는 경우가 많아서 특정 사고기술만으로 좋은 판단을 내리기 어려운 경우가 대부분이다. 다시 말해 하나의 사고기술만으로 섣불리 판단하거나 문제를 해결할 수 없다는 뜻이다. 하지만 훌륭한 야구선수가 되기 위해서는 일단 달리고, 던지고, 받고, 치는 등의 세부 기술에 대한 훈련을 충실히 하는 것이 중요한 것처럼, 좋은 생각을 위한 사고기술에 대한 세부 분류도 그러한 관점에서 이해해주기를 바란다. 각각의 기술에 대한 충분한 훈련과 연습이 이루어진다면 학생들이 마주하게 될 실제 문제해결 과정에서 마치 물 흐르듯 좋은 판단을 내릴 수 있는 기초체력이 쌓이게 될 것이다. 그럼 이제부터 교실 또는 가정에서 실천해볼 수 있는 다양한 생각놀이들을 만나보자.

PART

2

실천편

생각톱니 카드놀이

앞으로 이 책에서 소개하는 사고기술 용어들은 이를 처음 접하는 학생들에게는 다소 낯설고 어렵게 느껴질 수도 있습니다. 그래서 사고기술 놀이를 시작하기 전에 먼저 카드놀이를 매개로 사고기술 자체에 마음을 열고 친근감을 느낄 수 있도록 한 것이 '생각톱니 카드놀이'입니다. '생각톱니'라는 명칭은 사고기술들이 맞물려 돌아가는 것에 비유하여 만들어낸 말로 사고기술 용어들에 어려움을 느낄 수 있는 어린 학생들을 위해 김혜숙 박사가 창안한 것입니다.

'생각톱니 카드'는 카드놀이를 하면서 사고기술 명칭, 질문, 예시문장에 익숙해지기 위해 기본 모델을 고안한 것입니다. 이를 학생들이 이해하기 쉬운 형태가 되도록 연구회원들과 함께 고민하여 다듬었습니다. 그리고 카드놀이 방법을 연구하여 실제 학생들에게 적용해보면서 수정·보완하여 제작한 것입니다. 여기에서는 이 '생각톱니 카드'와 관련해 2가지 놀이를 소개하려 합니다.

자, 우리 함께
생각톱니 카드놀이를 하며
사고기술과 조금 친해져 볼까요?

'생각톱니 카드놀이'를 시작하기 전에

- **카드의 구성**: 생각톱니 카드는 이름카드, 질문카드, 예시카드의 3종류의 카드로 구성되어 있습니다.

  · 이름카드: 23가지 사고기술의 이름과 내용 및 효과, 이해를 돕기 위한 이미지가 제시되어 있습니다.
  · 질문카드: 23가지 사고기술 질문이 담겨 있습니다.
  · 예시카드: 23가지 사고기술의 기본 문형과 대표적인 예시문장이 제시되어 있습니다.

- **카드의 활용**: 생각톱니 카드는 짝 맞추기, 미싱(Missing) 게임, 고 피쉬(Go fish) 게임, 폭탄 넘기기, 스피드 게임 등의 형태로 놀이할 수 있습니다. 질문카드를 독서, 토의 · 토론에 활용할 수 있고, 질문카드 및 예시카드를 글쓰기 지도에 활용할 수도 있습니다.

- 여기서는 '생각톱니 카드'로 할 수 있는 대표적인 놀이 두 가지 정도만을 소개하였습니다. 그 외의 더 다양한 활용 방법은 생각톱니 카드 매뉴얼(학토재를 통해 카드 세트 구입 가능)을 참고하시기 바랍니다.

미싱 게임

미싱 게임(Missing game)은 생각톱니 이름들 중 빠진 것을 찾는 놀이이다. 사라진 카드의 이름을 맞히는 놀이를 하는 과정에서 자연스럽게 여러 생각톱니 이름을 익힐 수 있다. 여기에서는 초등학교 4학년 창체시간에 실천해본 놀이를 소개한다.

소요 시간	40분	수업 대상	초등학교 4학년	수업 교과	창체
준비 사항	생각톱니 이름카드(모둠별 1세트)				
유의 사항	1. 카드의 이미지를 살펴보고 마음에 드는 생각톱니를 고르는 활동을 통해 사고기술에 대해 자세하게 가르치기보다는 사고기술에 대한 관심을 불러일으키는 데 초점을 맞춘다. 2. 생각톱니 이름을 효과적으로 익히는 것이 놀이의 주목적이므로 첫 단계에서는 카드의 개수를 소량으로 시작하여 점차 개수를 늘려 놀이를 진행한다. 놀이에 사용할 카드는 학생들의 수준과 관심 등을 고려하여 적절하게 선택한다.				

▶ 모둠별로 책상 위에 생각톱니 이름카드를 펼쳐놓고 미싱 게임을 하는 아이들의 모습

1. 생각톱니 이름카드 이미지 살펴보기

교사: 생각톱니 이름카드 중 이미 알고 있는 것이 있나요?

학생들: 관찰하기요. 과학 시간에 배웠어요.

교사: 이름카드 중 뜻이 잘 이해되지 않는 것을 하나 골라보세요. 카드의 그림을 보면서 그 생각톱니에 대해 알게 된 것을 말해보세요.

윤이: '분류하기'요. 그림을 보니 같은 구멍으로 같은 모양의 도형들이 나와요. 같은 것들끼리 모으는 건가 봐요.

이안: 저는 '오류 피하기'가 무슨 뜻인지 잘 모르겠어요. 그런데 그림을 보니까 뭔가 잘못된 것을 나타내는 것 같아요. 저 그림은 컴퓨터에 이상이 있을 때 볼 수 있거든요.

분류하기　　　　　오류 피하기

2. 마음에 드는 생각톱니 고르기

교사: 생각톱니 이름카드 중 가장 마음에 드는 것을 하나 고르고 그것을 선택한 이유를 말해봅시다.

윤아: '추리하기'요. 탐정 그림이 있어서 제가 탐정이 된 것 같거든요.

이안: '대안 찾기'요. 반짝이는 아이디어 그림이 있어서 마음에 들어요.

주호: '장단점 찾기'요. 이 생각톱니가 있으면 친구의 다양한 면을 생각해볼 수 있을 것 같아요.

생각톱니 이름			
추리하기	결과 예측하기	가치 고려하기	가설 세우기
예와 반례 들기	개념 정의하기	대안 찾기	숨은 전제 찾기
장단점 찾기	오류 피하기	남의 입장에 서보기	다양한 관점에서 보기

◆ 생각톱니 이름카드 이미지는 사고기술이 어떤 것인지 직관적으로 이해하는 데 도움을 주므로 사고기술에 대한 대략적인 감을 잡는 데 활용하면 좋다.

◆ 칠판에 생각톱니 이름카드를 붙이거나 사고기술 이름을 쓴 다음, 마음에 드는 사고기술 밑에 학생의 이름을 쓰도록 하면 학급에서 선호하는 사고기술을 한눈에 알 수 있다. 학생에게 왼쪽 표와 같은 생각톱니 리스트를 주고 마음에 드는 생각톱니를 체크하도록 할 수도 있다.

3. 미싱 게임하기

교사: 이제 모둠별로 생각톱니 이름카드를 이용한 미싱 게임을 해봅시다. 여기서 '미싱'은 없어졌다는 뜻입니다.

윤아: 그러면 카드가 사라지는 건가요?

교사: 맞습니다. 사라진 생각톱니 카드가 무엇인지 알아맞히는 놀이입니다.

교사: 처음부터 모든 카드를 사용하면 너무 어려우니까 적은 수의 카드로 시작하고 점차 개수를 늘려 놀이를 진행하겠습니다.

교사: 먼저 생각톱니 카드를 이름이 보이도록 바닥에 펼쳐놓고 술래를 뽑아주세요.

교사: 술래는 카드 한 장을 숨겨주세요. 이때 다른 학생들은 보면 안 됩니다. 눈을 감아 주세요.

교사: 자, 이제 눈을 뜨고 어떤 카드가 사라졌는지 맞혀봅시다.

이안: 정답! '비교하기'가 없네!

교사: 정답을 맞힌 사람이 술래가 되어 놀이를 계속 진행하도록 합니다.

◆ 카드 이름을 잘 외우지 못하는 학생들을 위해 이전 활동에서 카드 이름에 익숙해질 기회를 충분히 주고 시작하는 것이 좋다.

◆ 술래는 게임 참여 학생들이 충분히 카드 이름을 확인할 수 있는 시간을 주도록 한다.

4. 소감 발표하기

교사: 생각톱니 이름카드를 이용하여 미싱 게임을 해보았습니다. PMI로 활동 소감을 발표해 봅시다.

P	미싱 게임을 하며 사라진 생각톱니 이름을 맞히는 것이 재미있었습니다.
M	생각톱니 중 마음에 드는 것이 많았는데 하나만 고르는 것이 어려웠습니다.
I	우리에게 이렇게 많은 생각톱니가 있다는 것이 흥미로웠습니다.

◆ PMI: Plus(좋았던 점), Minus(어려웠던 점), Interest(흥미로웠던 점)

5. 생각톱니 비유하기

교사: 생각톱니를 다른 것에 빗대어 비유하는 문장을 만들어봅시다.

윤아: 생각톱니는 (장난감)이다. 왜냐하면 생각톱니로 친구들하고 놀이할 수 있기 때문이다.

이안: 생각톱니는 (퍼즐)이다. 왜냐하면 복잡한 생각을 하나씩 풀어서 맞출 수 있기 때문이다.

◆ 비유하는 문장 만들기를 통해 생각톱니에 대한 생각이나 느낌을 간단하게 정리할 수 있다. 또 이를 공유하면 학생들 마음속에 생각톱니에 대한 이미지가 어떻게 형성되어 있는지 파악할 수 있다.

교사의 놀이 성찰

사고기술을 처음 접하는 학생들의 이해를 돕기 위해 '생각톱니 이름카드'의 이미지를 활용하였다. 사고기술을 나타내는 이미지를 통해 학생들은 해당 사고기술이 어떤 것인지 감을 잡을 수 있었다.

저마다 가장 마음에 드는 사고기술을 고르고 그 이유를 말해보는 활동에서는 각 사고기술의 특징에 대해 자연스럽게 살펴볼 수 있었으며, 각자의 성향에 따라 선호하는 사고기술이 있음을 확인할 수 있었다. 예를 들어 남학생들은 상상하기를 무척 좋아했고, 남녀 공통으로 추리하기를 좋아했다.

미싱 게임을 통해서는 학생들이 조금 더 편안하고 즐겁게 생각톱니 이름에 익숙해질수 있었다. 생각톱니 카드놀이를 통해 어떤 생각을 하기 위해서는 여러 가지 생각의 기술들이 필요하다는 것을 학생들이 스스로 이해할 수 있는 기회가 된 것 같다.

이렇게 놀이할 수도 있어요

스피드 게임　　생각톱니에 대한 여러 이해 활동을 한 후에 시도해볼 수 있는 놀이이다. 미싱 게임이 생각톱니 이름을 익히는 데 도움이 된다면, 이 스피드 게임은 생각톱니의 의미를 놀이에서 활용해야 하므로 생각톱니 각각의 특징과 의미에 대해 좀 더 집중해서 생각해볼 수 있다.

1. 팀을 둘로 나누기
2. 한 팀은 이름카드 중 하나를 뽑아 해당 생각톱니를 설명하기
3. 다른 한 팀은 생각톱니에 대한 설명을 듣고 생각톱니 이름 맞히기
4. 제한 시간 3분 동안 진행하고 몇 문제를 맞혔는지 확인하기
5. 두 팀의 역할을 서로 바꾸어 다시 한번 진행하기

짝 맞추기

짝 맞추기는 생각톱니 이름카드와 예시카드를 같은 사고기술끼리 짝이 되도록 맞추는 놀이이다. 이름카드의 내용과 예시카드에 적힌 문장을 연결하면서 해당 사고기술에 대해 이해할 수 있다.

소요 시간	40분	수업 대상	초등학교 2학년	수업 교과	창체
준비 사항	생각톱니 카드(이름카드, 예시카드)				
유의 사항	1. 놀이 전 학생들이 모둠원과 충분히 상의하여 생각톱니 이름카드와 예시카드를 스스로 연결할 수 있도록 지도한다. 2. 짝을 지어야 할 카드의 양이 너무 많으면 놀이가 제대로 이루어지지 않는다. 따라서 처음에는 카드의 개수를 소량으로 시작하고 점차 개수를 늘려 놀이를 진행한다.				

▶ 모둠별로 짝 맞추기 놀이에 참여하는 모습과 짝 맞추기 카드

1. 생각톱니 이름카드와 예시카드 짝 알아보기[1]

교사: 오늘은 생각톱니 이름카드와 예시카드의 짝을 맞추는 놀이를 할 거예요. 놀이를 하기 전에 생각톱니 이름카드와 그 짝이 되는 예시카드가 무엇인지 먼저 살펴봅시다.

교사: 생각톱니 이름에 어울리는 예시카드의 문장을 찾아볼까요?

윤아: '질문 만들기'와 '진정한 친구란 어떤 친구일까?'요.

이안: '감정 고려하기'에 '마음이 슬픕니다.'라는 문장이 어울리는 것 같아요.

생각톱니 이름	예시문장
질문 만들기	① 진정한 친구란 어떤 친구일까?
관찰하기	② 하얀 눈이 내리는 것이 보입니다.
감정 고려하기	③ 마음이 슬픕니다.
분류하기	④ 사람은 동물에 속합니다.

◆ 교사와 함께하는 연습은 왼쪽 표와 같이 몇 가지만 하고 가급적 학생들이 스스로 해볼 수 있도록 한다.

교사: 맞아요. 이제 모둠원과 협력하여 이름카드와 예시카드를 짝지어 보세요. 이름카드에 힌트가 되는 내용이 적혀 있으니 참고하세요. 그래도 잘 모르는 것은 질문하고요.

이안: 선생님. '가설 세우기'와 짝이 되는 예시카드가 무엇인지 잘 모르겠어요.

교사: 가설은 모르는 것에 대해 아마 ~일거라고 설명해보는 겁니다.

이안: 아하! 그러면 '바닥에 떨어져 있는 것은 아마 과자 부스러기일 겁니다'와 짝이네요!

이름카드와 예시카드 짝 맞추기

1. 생각톱니 카드놀이에 사용된 카드의 출처는 《생각톱니카드》 (학토재, 2022)이다.

2. 짝 맞추기 놀이하기

교사: 모둠별로 생각톱니 이름카드와 예시카드를 이용한 짝
　　　맞추기 놀이를 해보겠습니다. 먼저 생각톱니 카드 두
　　　종류를 각각 다른 쪽에 펼쳐서 뒤집어 놓으세요.

교사: 놀이할 순서를 정하고 자기 차례가 되면 양쪽에서 동시
　　　에 하나씩 뒤집어주세요.

교사: 짝이 맞으면 가져가고, 맞지 않으면 친구들에게 보여준
　　　뒤 제자리에 다시 뒤집어 내려놓습니다.

윤아: '비교하기'와 '하늘이 바다보다 더 넓습니다'가 나왔
　　　네. 맞았다!

교사: 이와 같은 방식으로 돌아가며 놀이하고, 많은 카드를
　　　가져가는 사람이 이깁니다.

3. 소감 발표하기

교사: 생각톱니 이름카드와 예시카드 짝 맞추기 놀이를 해보
　　　았습니다. 활동 소감을 발표해봅시다.

윤아: 예시문장을 보고 생각톱니 이름을 떠올리는 것이 어
　　　려웠습니다.

이안: 짝 맞추기 놀이를 하면서 생각톱니 이름과 예시문장
　　　을 연결하는 것이 흥미로웠습니다.

◆ '만약~다면'과 같이 생각톱
　니의 문장 형식을 확인하고
　이를 통해 생각톱니 이름을
　유추할 수 있음을 알려주면
　학생들이 좀 더 쉽게 생각톱
　니 이름카드와 예시카드를
　짝지을 수 있다.

◆ 카드 짝을 기억할 수 있는
　제한시간을 준 뒤에 놀이할
　수도 있다.

◆ 두 명씩 짝을 지어 놀이하
　면 카드 위치를 기억하는 데
　도움이 되고 두 카드의 짝이
　맞는지 의논할 수 있다.

교사의 놀이 성찰

생각톱니 이름과 예시문장에 익숙해질 수 있도록 짝 맞추기 활동을 했다. 짝 맞추기 놀이를 하기 전 학생들이 짝이 되는 생각톱니 이름과 예시문장을 알아보면서 혼동 되는 부분을 명확히 하는 디딤 활동을 하는 것이 중요했다.

놀이 중에 학생들이 상황에 맞게 놀이 방법을 조금씩 변경하려고 했는데 문제가 되 는 것이 아니라면 허용하는 것이 참여의 적극성과 창의성을 높이는 데 도움이 되겠 다는 생각이 들었다.

이렇게 놀이할 수도 있어요

고 피쉬 게임(2~4인) 학생들에게 익숙한 고피쉬 게임을 활용한 놀이로 편안하고 즐겁게 참여할 수 있다. 친구에게 짝이 되는 카드를 물어보면서 사고기술 이름과 예시 문장 익히기가 자연스럽게 이루어질 수 있다.

1. 이름카드와 예시카드를 섞고 각자 5장씩 가져가기
   (상대방이 나의 카드를 볼 수 없도록 하기)
2. 나머지 카드는 뒷면이 위로 가도록 하여 테이블 중앙에 놓기
3. 놀이할 순서 정하기
4. 자신의 차례가 되었을 때, 같은 짝의 카드가 있으면 내려놓고, 없는 경우 다른 사람 중 한 명을 지목하여 자신에게 필요한 카드가 있는지 물어보기
5. 질문을 받은 사람이 카드를 가지고 있는 경우, 반드시 해당 카드를 주어야 하며, 없는 경우 질문한 사람은 '고 피쉬'를 외치고 카드 더미에서 한 장을 가져오기
6. 자신의 카드를 제일 먼저 모두 내려놓는 사람이 승!

질문 만들기

"어, 이게 뭐야?"

"어떻게 해야 돼지?"

"왜 그럴까?"

세상에 이런 질문이 없다면 과연 생각을 적극적으로 할 수 있을까요?

만약 궁금한 것이 하나도 없다면 학생들이 스스로 진지하게 뭔가를 생각하고 배우려 할까요?

현재의 교육은 학생들의 흥미나 질문과 관계없이 이루어지는 경우가 많습니다. 이는 학생들을 그들의 교실 수업, 즉 배움에서 소외시키는 원인이 됩니다.

그러므로 학생들이 자기 질문을 만들게 돕는 일은 주체적인 배움의 기초일 뿐만 아니라 학생들이 자기 생각과 삶의 주인이 되게 하는 데 매우 중요한 일입니다.

여러분 궁금한 게 있으면 질문을 해볼까요?

'질문 만들기' 놀이를 시작하기 전에

내용	궁금한 것을 질문으로 만들어요.
효과	생각의 문이 열려요. 자기 주도적 배움이 가능해요.
발문	궁금한 게 있으면 질문해 볼까요?
발표문형	~ 까요?(인가요?)
예시문장	진정한 친구란 어떤 친구**일까요?(인가요?)**

- **질문의 기원** - 질문은 호기심, 궁금함, 어색함, 어려움, 낯섦, 혼란, 놀라움 등에서 비롯됩니다. 어떤 것이든 지금까지 알고 있는 것으로는 설명이 안 되거나 해결이 안 되기 때문에 질문이 생기는 거지요. 하지만 학생들이 이런 호기심, 궁금함을 점점 잃어가고 있습니다. 미처 궁금해 하기도 전에 수많은 답들이 주어지기 때문입니다. 따라서 질문할 줄 아는 학생들을 원한다면 우선 너무나 많은 지식으로 아이들의 머리를 채우지 않아야 합니다. 학생들이 세상을 이미 확정된 곳으로 생각하지 않고 스스로 질문하고 생각할 수 있도록 빈틈을 많이 주어야 합니다.

- **생각을 여는 질문** - 보통 열린 질문, 확장적 질문 혹은 생각의 과정을 묻는 절차적 질문이 생각을 열어준다고 하지만 사실 어떤 질문이든 교사가 그 질문을 어떻게 다루느냐에 따라 달라집니다. 특히 언뜻 보기에 관련이 없거나 단순한 내용을 묻는 질문도 그 배경을 들어보면 깊이 있게 생각해볼 여지가 많기 때문입니다.

- **질문하기와 질문 만들기** - 우리는 보통 '질문 만들기'라는 말보다 '질문을 한다'라고 말합니다. 그런데 굳이 사고기술로 '질문 만들기'라는 용어를 사용한 이유는 적절한 답을 더 잘 찾아가도록 질문을 명확하게 다듬는 것까지 포함하기 때문입니다.

- **학생들의 질문을 돕는 자세** - 가장 중요한 것은 학생들의 질문을 무시하지 않고 진심으로 존중하는 교사의 태도입니다. 교사가 보기에 엉성하고 엉터리처럼 보인다고 해도 쉽게 평가하지 않아야 합니다. "그런데 궁금했니?" "왜 궁금했니?" 하면서 관심을 표해주는 것이 중요합니다. 물론 텍스트를 제시할 때도 답으로 가득한 것보다는 뭔가 학생들이 채워야 할 빈자리가 있어서 학생들의 호기심과 궁금증, 낯섦 등을 자극할 수 있는 것이 좋겠지요. 학생들이 질문을 못하는 것이 아니라 우리 어른들이 학생들이 질문을 하도록 제대로 돕지 못하는 경우가 많습니다. 학생들의 질문에 열린 마음으로 다가가세요.

까삼총사

문장을 '~까?'로 바꾸고(까바), 궁금한 것을 '~까?'로 만들고(까만), 친구들과 '~까?'라고 질문을 주고받는(까주) 놀이이다. 어떤 말이든 상관없이 문장을 의문문으로 바꾸면 되는 놀이로, 자유롭고 편안하게 질문으로 놀다 보면 질문 만드는 것에 대해 긍정적으로 생각하게 될 것이다.

소요 시간	10분	수업 대상	초등학교 2학년	수업 교과	창체
준비 사항	까주고받기용 공(또는 주고받기를 할 수 있는 물건)				
유의 사항	1. 까삼총사 놀이를 할 때 상대방을 놀리거나 비방하는 말을 제외한 모든 말이 허용됨을 공지한다. 서로 존중하는 마음으로, 어떤 질문을 하더라도 포용될 수 있도록 안전하고 편안한 분위기를 만들어 함께 배우고 즐기도록 하는 것이 중요하다. 2. 까만들기 놀이를 할 때 질문의 주제는 학생들이 정하는 것이 더 좋다. 놀이의 주도권이 자신들에게 있다는 것을 느껴 더욱 적극적으로 참여하게 된다. 3. 까주고받기 놀이할 때 아래와 같은 몇 가지 규칙을 정해두고, 규칙을 어길 경우 놀이에서 진다고 하면 학생들이 질문을 좀 더 신중하게 만들게 된다. 규칙은 상황에 따라 추가하거나 수정할 수 있다. ① 상대방이 했던 질문과 같은 질문을 한 경우 ② 상대방을 비하하는 질문을 한 경우 ③ 비슷한 질문을 3번 이상 연속으로 한 경우				

▶ 까만들기 놀이를 하고 있는 아이들의 모습(왼쪽)과 '공'을 주고받으며 까주고받기를 하는 모습(오른쪽)

?! 놀이 과정 재해히 들여다보기

1. 까바꾸기 : 평서문을 의문문 '~까?'로 바꾸기

교사: 선생님이 보여주는 문장(지구는 태양 주위를 돕니다)에 '까'를 넣어 질문으로 바꾸어봅시다.

다같이: 지구는 태양 주위를 돕니까?

교사: 이번에는 은호가 문장을 만들어보고, 우리가 질문으로 바꾸어봅시다.

은호: 나는 배고픕니다.

우리: 나는 배고픕니까?

교사: 은호가 다음 사람을 지목하면 그 사람이 한 문장을 말해주세요.

은호: 저는 아현이를 지목하겠습니다.

아현: 봄에는 꽃이 핍니다.

한비: 봄에는 꽃이 핍니까?

◆ 미리 여러 종류의 문장을 준비하여 학생들에게 '~까'를 붙여 의문문으로 바꾸는 연습을 하게 한다. 익숙해지면 학생 스스로 문장을 만들고 그 문장으로 질문을 만들어 발표하는 기회를 많이 준다.

◆ 교과서의 문장들을 의문문으로 바꿔서 읽어보는 활동도 재미있다.

2. 까만들기 : 관심 있는 주제 또는 물건에 대한 질문 만들기

교사: 여기 '우유'가 있어요. 우유에 관한 질문을 다양하게 만들어봅시다.

규영: 우유입니까?

이현: 우유를 먹어도 됩니까?

은유: 우유는 어떻게 만들어집니까?

한비: 우유의 종류는 무엇이 있습니까?

은호: 우유를 싫어할 수도 있습니까?

은수: 우유를 좋아하는 사람이 있습니까?

혜미: 우유를 먹고 배 아픈 적이 있습니까?

교사: 어떤 주제로 까만들기를 더 해볼까요?

한비: 핸드폰으로 까만들기를 해보고 싶어요.

교사: 좋아요. 핸드폰으로 까만들기 놀이를 한 번 더 해봅시다.

◆ '무엇으로 질문을 만들어볼까요?'라고 물어보면서 학생들에게 주제 선택에 주도권을 주면 더 적극적으로 참여하게 된다.

◆ 제한 시간 안에 많은 질문을 만들도록 하면 더 적극적으로 참여한다.

3. 까주고받기 : 질문을 서로 주고받기

교사: 이번에는 선생님과 함께 까주고받기 놀이를 해봅시다. 질문에 대답은 하지 않고, 질문만 주고받는 놀이입니다. 질문을 하지 못하거나 대답을 하면 놀이가 끝납니다. 이쪽부터 돌아가면서 선생님에게 질문을 합니다.

◆ 학생들이 같은 유형의 질문을 반복할 때, 교사는 새로운 유형의 질문을 해서 분위기를 전환해준다.

교사: (첫 번째 규영 학생을 쳐다보며) 잘 잤습니까? 규영: 왜 자야 합니까? **교사: 밥을 먹고 왔습니까?** 이현: 식탁이 있습니까? **교사: 학교에 어떻게 왔습니까?** 은유: 코로나는 언제 사라질 것 같습니까? **교사: 경주에 가본 적이 있습니까?** 한비: 커피를 먹어본 적이 있습니까? **교사: 어떤 노래를 가장 좋아합니까?** 은호: 추운 겨울을 좋아합니까? **교사: 아니요… 앗! 선생님이 대답을 했네요. 여러분이 이겼습니다.**	
교사: 이제 짝과 함께 까주고받기 놀이를 해보겠습니다. 선생님처럼 질문에 답하면 안 됩니다. 계속 질문만 주고받으세요. 진주: 학원을 다닙니까? 시연: 오렌지를 먹어봤습니까? 진주: 사과를 먹어봤습니까? 시연: 어떤 책을 좋아합니까? 진주: 넘어진 적이 있습니까? 시연: 목이 마릅니까? 진주: 몸이 간지럽습니까? 시연: 학교에 왜 왔습니까? 진주: 어떻게 집에 갈 겁니까? 시연: 친구가 있습니까? 진주: 언제 태어났습니까? 시연: 어디서 노는 걸 제일 좋아합니까? 진주: 숙제를 했습니까? 시연: 달리기를 좋아합니까? 진주: 왜 태어났습니까? 시연: 내가 웃깁니까? 진주: 네. 하하하하. 제가 졌네요. 학생들: 한 번 더 해요! **교사 : 좋아요! 그럼 이번에는 모두 음악을 들으며 자유롭게 돌아다니다가 음악이 멈추면 까주고받기 놀이를 하고 싶은 친구를 만나 놀이해봅시다.**	◆ 까주고받기 놀이는 교사 대 학생, 학생 대 학생, 모둠 대 모둠 등 다양하게 변형할 수 있다. ◆ 까주고받기 놀이를 할 때 실제 공을 주고받으면서 하면 더 재미있게 할 수 있다.

학기 초에 까삼총사 놀이를 자주 한다. 책을 읽고 까만들기를 하고, 수학이나 과학 시간에는 까바꾸기를 하고, 그림책을 읽고 까주고받기 놀이를 한다. 놀이가 무척 간 단해서 학생들이 참 좋아한다. 까삼총사 놀이를 자주 하다 보면 어느새 학생들이 질 문을 많이 하고 한층 적극적인 태도로 활동에 임하게 된다. 그러면서 점점 더 질문 하는 교실로 성장해간다. 그러나 어떤 학급은 질문만 많고 생각이 오가지 않은 경우 도 있었다. 왜 그럴까? 그것은 질문을 대하는 태도, 즉 서로를 존중하는 태도를 가르 치지 못하고 활동에 초점을 두었기 때문이다. 학생들에게 어떤 질문이든 존중하고 경청하며 그 질문의 가치를 알아주고 반응해주는 것이 중요함을 가르쳐야 한다. 그 럴 때 좋은 질문들이 오가고 함께 성장할 수 있다.

이렇게 놀이할 수도 있어요

질문나무 만들기

1. 그림(또는 사진)을 한 장 선택하기
2. 그림과 관련된 까만들기를 하여 붙임쪽지에 적기
3. 붙임쪽지에 질문나무에 붙이기

질문 비행기

1. 주제어 제시하기
2. 주제어와 관련된 질문을 종이에 적기
3. 종이비행기를 접어 질문 바구니를 향해 날리기
4. 질문 바구니에 있는 종이비행기를 펼쳐 질문을 확인하고 이야기하기

질문 수직선

1. 무엇이든 떠오르는 질문 2가지를 붙임쪽지에 적기
2. 칠판에 수직선을 그린 후, 왼쪽에는 닫힌 질문, 오른쪽에는 열린 질문이라고 적기

닫힌 질문 ◀━━━━━━━━━━━━━━━━━━━▶ 열린 질문

3. 예/아니오로 대답할 수 있는 질문이나 정답이 있는 질문을 한 경우 왼쪽에, 답이 다 양하게 나올 수 있는 질문을 한 경우 오른쪽에 붙임쪽지 붙이기

꼬질꼬질 놀이

꼬리에 꼬리를 무는 질문 놀이를 줄여서 '꼬질꼬질 놀이'라고 한다. 이 놀이는 질문과 답이 계속 꼬리에 꼬리를 물고 이어지는 연속질문 놀이이다. 앞의 대답을 다음 질문으로 만들어야 하기 때문에 경청하게 되고, 더 나은 질문을 만들기 위해 노력하다 보니 질문의 수준이 점점 높아지게 된다.

소요 시간	10분	수업 대상	초등학교 3학년	수업 교과	창체
준비 사항	없음				
유의 사항	1. 질문에 대한 대답을 듣고 그 대답에 꼬리를 물어 질문하기 때문에 친구의 말에 경청해야 좋은 질문을 만들 수 있다는 것을 미리 강조한다. 2. 대답이 구체적이고 명확할수록 꼬리에 꼬리를 무는 질문을 잘 만들 수 있음을 지도한다. 3. 질문의 주제는 학생들이 정하는 것이 좋다. 놀이의 주도권이 자신들에게 있다는 것을 느낄 때 더 적극적으로 참여하게 된다. 4. 여러 명이 함께할 경우 질문하는 사람이 공이나 마이크를 들고 말하고, 그 외의 사람들은 조용히 해야 한다는 규칙을 정하면 더 집중할 수 있다.				

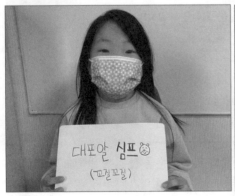

▶ 그림책 주인공이 되어 인터뷰 놀이하기(왼쪽)와 마이크를 들고 질문하는 장면(오른쪽)

1. 꼬질꼬질 놀이에서 대답할 사람 ◎를 정하기

교사: 꼬질꼬질 놀이를 할 때 대답을 해줄 한 명의 친구가 필요합니다. 대답은 구체적으로 해줘야 질문을 잘 이어갈 수 있어요. 누가 해볼래요?

이현: 저요, 제가 어떤 질문이든지 대답해보겠습니다.

2. ◎에게 질문하고 ◎는 대답하기

은호: 오늘 어떤 책을 읽었나요?

이현: 작은 아씨들 책을 읽었습니다.

3. ◎의 대답을 이용하여 이어지는 질문하고 ◎는 다시 대답하기

한비: 왜 작은 아씨들 책을 읽었습니까?

이현: 재미가 있고 교훈적인 면도 많이 있기 때문이죠.

4. 질문과 답을 계속하다가 더 이상 답을 못하거나 질문을 못할 때 놀이를 끝맺기

규영: 교훈적인 내용이 있는 또 다른 책을 알고 있나요?

이현: 이솝우화 책이 그런 것 같아요.

재은: 왜 이솝우화 책을 좋아하나요?

이현: 생일날 선물로 받았는데 재밌고 감동적이기도 해서요.

은유: 생일날 뭘 했나요?

이현: 선물 받은 보드게임도 하고 가족들과 생일 파티를 했어요.

하연: 생일 케이크를 먹고 어떤 소원을 빌었나요?

이현: 코로나가 제발 사라지게 해달라고 빌었습니다.

규영: 코로나가 사라지려면 어떻게 해야 할까요?

이현: 그건 제가 잘 모르지만 지구를 아껴줘야 할 것 같아요.

은유: 지구를 아껴준다는 말은 무슨 뜻인가요?

이현: 나쁜 바이러스가 생기지 않도록 지구를 깨끗하게 해주는 것입니다.

은호: 지구를 깨끗하게 하려면 어떻게 해야 하나요?

이현: 쓰레기를 버리지 말고, 플라스틱을 안 써야 합니다.

재은: 쓰레기를 만들지 않을 수 있을까요?

이현: 음… 대답하기 너무 어려워요!

◆ 이 사례는 일반적인 꼬질꼬질 놀이를 실시한 것이다.

◆ 연속질문 놀이이므로 첫 번째 질문이 중요하다. 편안하고 쉽게 대답할 수 있는 질문으로 시작하도록 안내하면 질문과 대답이 서로 잘 오갈 수 있다.

◆ 자신을 기자라고 생각하고 질문하게 하면 좀 더 예의를 갖춰 질문하게 된다.

◆ 예/아니오로 대답하지 않게 열린 질문을 하도록 지도한다. 단답형으로 답할 경우, 다시 한 번 질문하도록 한다.

1. 꼬질꼬질에서 대답할 사람(심프 역할)을 정하기

교사: 《대포알 심프 그림책》(존비닝햄 글 그림, 비룡소)을 읽고, 대포알이 된 심프에게 질문을 해보려고 합니다. 심프 역할을 해줄 친구가 있나요?

한비: 저요, 제가 심프 역할을 하고 싶어요!

2. 심프 역할에게 질문하고 심프 역할은 대답하기

아현: 주인에게 버려졌을 때 기분이 어땠습니까?

한비: 정말 속상하고 무서웠습니다.

3. 심프 역할의 대답을 이용하여 이어지는 질문하고 심프 역할은 다시 대답하기

은유: 무서웠을 때 어떻게 했나요?

한비: 도와줄 수 있는 사람을 만나고 싶어서 걷고 또 걸었어요.

4. 질문과 답을 계속 하다가 더 이상 답을 못하거나 질문을 못할 때 놀이를 끝맺기

시연: 그래서 그 사람을 만났나요?

한비: 네, 서커스단 어릿광대를 만났어요. 어릿광대는 정말 잘 해주셨어요.

세린: 어릿광대에게 하고 싶은 말이 있나요?

한비: 정말 고맙습니다. 저를 살려주셨어요!

은호: 어릿광대에게 고마워서 대포 속으로 들어가서 대포알로 나온 건가요?

한비: 우연히 쏙 들어갔는데 펑 쏘는 게 재밌어 보였어요, 그리고 어릿광대가 쫓겨나면 저도 갈 곳이 없어지니까 무서워서 하게 되었습니다.

규영: 대포에서 나올 때 무섭지 않았어요?

한비: 엄청 무섭기도 했어요. 하지만 박수도 받고 인기도 많아져서 무서운 걸 잊었어요. 진짜 재밌기도 했어요.

진주: 앞으로의 계획은 어떠신가요?

한비: 대포알 심프 유튜브를 만들어서 전 세계 사람들에게 보여주겠습니다.

◆ 이 사례는 그림책을 읽고 꼬질꼬질 놀이를 한 것이다.

◆ 그림책 정보
존 버닝햄(글·그림), 《대포알 심프》(이상희 옮김), 비룡소, 2001
- 주인에게 버려진 검은 개 심프가 어릿광대의 대포알 공연에 참여하게 되며 자기의 자리를 찾아가는 내용

◆ 책 속의 인물을 인터뷰할 때는 책에 나온 이야기를 바탕으로 해야 하므로 학생들이 책 내용을 충분히 파악한 후 꼬질꼬질 놀이를 할 수 있도록 지도한다.

◆ 책 속 인물이 지금 눈앞에 있다고 상상하고 질문하는 것도 좋다. 예를 들어, 임진왜란이 끝난 후 이순신 장군을 모시고 진행하는 인터뷰라면 더욱 흥미진진할 것이다.

교사의 놀이 성찰

학생들이 자기 자신에게 질문할 줄 아는 사람으로 자랐으면 좋겠다. 그래서 평소 질문 만들기 활동을 많이 한다. 자신들이 만든 질문으로 토론을 하고, 이야기를 만들고, 문제를 만들어 해결해가는 과정을 겪으며 학생들의 자존감이 높아지고, 질문을 대하는 태도가 달라졌다. 처음에는 소란스럽고 수업 시간을 헛되이 보내는 것 같지만, 점차 학생들이 '스스로 질문을 던지고 답을 찾아가는 모습'을 보게 될 것이다. 물론 그 과정에서 교사도 끝없이 질문하게 되며 함께 성장할 수 있을 것이다.

이렇게 놀이할 수도 있어요

등 뒤의 낱말을 찾아라 교실을 돌아다니며 서로 질문을 하며 정답을 찾아가는 과정이 즐겁다. 모두 동등한 참여 기회를 얻는 놀이라서 좋아한다. 또한 칠판의 단어들을 보며 힌트를 얻을 수 있어서 쉽게 놀이에 집중할 수 있다.

1. 글이나 자료를 준비하고 그 안에서 학생들 인원수만큼 단어 찾아내기
2. 찾아낸 단어를 칠판에 적고 한 가지씩 선택하여 등 뒤에 붙이기
3. 학생들끼리 서로 질문하며 그 단어가 무엇인지 알아내기

질문 선정 피라미드 놀이 반 전체에서 함께 나눌 질문을 선정할 때 사용하면 좋다. 자신의 질문이 선정되도록 정성껏 질문을 만들게 된다.

1. 글이나 자료를 읽고 그것과 관련된 질문을 한 가지 적기
2. 교실을 돌아다니며 친구를 만나 자신의 질문과 친구의 질문 중 다 같이 생각을 나누기에 좋은 질문을 한 가지 고르기
3. 2:2로 친구들을 만나 이야기나누기에 더 좋은 질문을 한 가지 고르기
4. 4:4로 친구들을 만나 이야기나누기에 더 좋은 질문을 한 가지 고르기

인물 질문 매칭 놀이(Matching game) 질문과 인물의 삶을 연결함으로써 질문이 탄생하게 된 배경, 맥락까지 파악할 수 있다.

1. 위인전 인물의 이름과 그 인물이 했던 질문을 카드로 만들기
   예) "우주가 어떻게 시작되었고 왜 존재하는가?" - 스티븐 호킹
      "하루 종일 일하고도 백성들은 왜 배가 고플까" - 정약용
      "나도 전기 같은 마법을 부릴 수 있을까?" - 니콜라 테슬라
2. 카드를 늘어놓고 인물의 이름과 그 인물의 질문을 찾으면 카드를 획득
3. 카드를 많이 얻은 사람이 승!

관찰하기

"와, 빨간 꽃들 사이에 하얀 꽃이 하나 피어 있어요!"
"친구의 얼굴이 슬퍼 보여요."

질문이 우리의 생각을 열기도 하지만 오감에 의한 관찰 역시 생각하는 데 매우 중요합니다. 어떨 때는 관찰을 통해 질문이 생겨나기도 하지요.

하지만 최근에는 학생들이 사물이나 자연을 직접 만나서 만지고 냄새 맡고 보면서 관찰하기보다 화면을 통해 만나는 경우가 많습니다. 몸의 감각을 골고루 제대로 키우지 못하는 것은 정말 안타까운 일입니다.

학생들의 감각을 깨우고 길러주는 일은 학생들이 주변의 세상과 사람들을 차근차근 몸으로 만나고 그와 더불어 생각은 물론 자기 존재를 느끼고 성장시켜나가는 데 매우 중요한 일입니다.

관찰은 좋은 질문을 만듭니다.
지금부터 함께 자세히
살펴볼까요?

내용	오감을 활짝 열고 차근차근 자세히 보고 들어요.
효과	마음과 생각을 두드리고 자극해요.
발문	자세히 볼까요?(들어볼까요?)
발표문형	~가 보입니다. (들립니다. 냄새가 납니다. 만져집니다.)
예시문장	하얀 눈이 꽃처럼 내리는 것이 **보입니다.** 아이들의 웃음소리가 **들립니다.**

- **관찰의 의미** - 관찰은 우리가 감각기관을 통해 우리 외부의 대상을 만나는 일입니다. 그것도 그냥 단순히 보거나 듣는 것이 아니라 어떤 감정이나 의지, 목적 등을 가지고 찬찬히 들여다보는 것을 뜻합니다. 생각이 작용하는 몸의 작용이지요. 단순히 보이거나 들리는 것과는 다릅니다. 우리는 이렇게 관찰된 것을 통해 세상을 인식하기 시작하고, 그런 인식을 다듬어가면서 세상과 삶과 사람에 대해 이해하고 판단합니다.

- **사람의 감각** - 사람은 오감을 통해 세상을 관찰하고 만납니다. 다양한 감각들이 고루 발휘되면서 우리의 정서와 생각을 자극하고 여는 거지요. 특히 시각과 후각은 우리들의 인식작용에 매우 중요하다고 합니다. 그런데 요즘 대부분의 학생들은 이러한 오감을 활짝 열고 만날 수 있는 자연과 자주 접하지 못합니다. 주변은 온통 콘크리트로 둘러싸여 있고, 그마저도 2차원 평면에서 만납니다. 매우 안타까운 일입니다.

- **읽기로서의 관찰** - 읽기라는 말은 매우 포괄적인 의미입니다. 글을 읽기도 하지만 표정이나 상황을 읽기도 합니다. 읽기 역시 관찰처럼 대상을 우리의 인식 안으로 끌어들이는 활동이지요. 따라서 관찰하기에 포괄적 의미의 읽기도 포함시키려고 합니다.

- **관찰의 영역** - 보통 관찰을 과학 활동으로 분류하지만, 최근에는 예술이나 윤리의 맥락으로 넓어지고 있습니다. 관찰이 우리 인식의 출발이라고 볼 때 당연한 일이지요. 하지만 우리가 관찰한 것이 착각이거나 왜곡일 수 있다는 점을 항상 염두에 두어야 합니다. 더구나 최근에는 관찰자와 관찰 대상의 상호작용도 중시되고 있습니다. 관찰자에 따라 관찰 내용이 달라지는 거지요. 따라서 다른 사람의 관찰 내용에 대해서 귀를 기울여야 합니다. 물론 관찰되지 않는다고 없는 게 아니라는 점도 늘 생각해야 합니다.

바뀐 곳 찾기

친구를 자세히 관찰하여 친구의 변화된 점을 찾는 놀이이다. 주로 시각정보를 활용한 관찰을 연습할 수 있는 놀이인데 방법은 간단하지만, 우리 감각의 상당 부분이 시각정보에 의존함을 깨닫게 해주는 매우 의미 있는 놀이이다.

소요 시간	10분	수업 대상	초등학교 1학년	수업 교과	창체, 통합교과
준비 사항	도서 《엄마 관찰사전》(활동 전 함께 읽기)				
유의 사항	1. 교사가 학생들의 연령이나 수준에 맞게 시범을 먼저 보이는 것이 좋다. 저학년일수록 자세한 시범을 보여주면 학생들이 쉽게 놀이에 참여할 수 있다. 하지만 이때 아이들이 교사의 시범에 갇혀 창의적인 변화를 주지 못할 수 있음도 유의해야 한다. 2. 눈에 보이는 부분을 변화시켜야 한다는 사실을 한 번 더 주지시킨다. 변화를 주는 게 어렵다면 도구를 활용하여 눈에 띄도록 해도 좋다. 3. 놀이를 하기 전에 《엄마 관찰사전》 책을 같이 읽으면서 관찰의 의미와 방법에 대해 사전에 지도하면 더 효과적이다. ★《엄마 관찰사전》- 아이의 시점에서 관찰한 엄마의 모습과 마음을 담은 글이다. (전현정 글, 주니어김영사)				

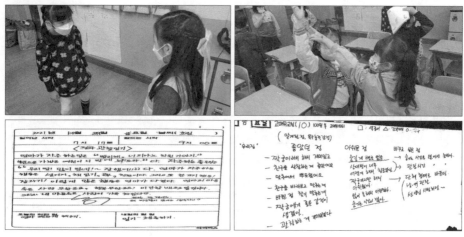

▶ 서로 친구 자세히 관찰하기(왼쪽/위), 바뀐 곳 찾기(오른쪽/위), 엄마 관찰 일기쓰기(왼쪽/아래), 소감 발표하기(오른쪽 아래)

놀이 과정 자세히 들여다보기

1. 짝끼리 서로 마주 보기

교사: 두 사람이 짝이 되어 서로 마주 서서 바라보세요.
서준: 선생님, 좀 쑥스러워요.
로운: 웃겨요.

◆학생 활동 전 교사의 시범이 있으면 훨씬 효과적이다.

2. 짝을 머리끝에서 발끝까지 관찰하기

교사: 지금부터 상대방을 머리끝에서 발끝까지 자세히 관찰하세요. 그리고 관찰한 내용은 잘 기억해두세요. 메모해도 좋아요.

◆변화를 줄 때 주위의 물건을 사용해도 좋다.

3. 서로 뒤돌아서서 세 군데 바꾸기

교사: 이제 뒤돌아서서 자신의 모습 중 세 군데를 바꿔보세요. 시간은 1분입니다.

◆지나치게 미세한 변화라서 눈에 띄기 힘든 경우가 많다. 따라서 놀이하기 전에 눈에 확실하게 띄는 부분을 바꾸어야 한다고 이야기하는 게 좋다.

4. 서로의 바뀐 모습 찾기

교사: 시간이 다 되었습니다. 서로 마주보세요. 주어진 시간 동안 짝이 바꾼 세 군데를 찾아보세요. 자세히 살펴보아야 합니다.
서준: 선생님, 도저히 찾을 수가 없어요. 도와주세요.
로운: 왜 못 찾지. 참 답답하다.
현아: 머리를 귀 뒤로 넘겼네. 바로 보여.
지은: 우리는 다 찾았어요! 너무 쉬워요.
서준: 아, 오른쪽 소매를 걷었구나.

◆시간 여유가 있다면 심화관찰 놀이로 다섯 군데를 바꾸고 찾기 놀이를 이어서 할 수 있다.

5. 소감 발표하기

교사: 바뀐 곳 찾기 놀이를 해보았습니다. 지금부터 '좋아바'로 놀이 소감을 발표해보세요. 우선 좋았던 점은 무엇인가요?

◆'좋아바' 활동은 좋았던 점, 아쉬운 점, 바꾸고 싶은 점을 의미한다.

서준: 친구를 자세히 바라본 게 처음이에요. 좋았어요.

로운: 친구가 바꾼 부분을 제가 찾아서 뿌듯했어요.

현아: 바뀐 점을 찾아서 맞히는 게 재미있었어요.

지은: 짝에게 좋은 마음이 생겼어요.

교사: 아쉬운 점이 있나요?

서준: 어떤 부분을 바꾸어야 할지 고민이 돼요.

로운: 상대방이 너무 어렵게 해서 힘들었어요.

현아: 짝끼리만 해서 아쉬워요.

지은: 시간이 너무 짧아서 많이 못해서 아쉬워요.

교사: 바꾸고 싶은 점이 있나요?

서준: 바꾸는 시간과 맞히는 시간을 더 오래하면 좋겠어요.

로운: 두 사람씩 해도 재미있을 거 같아요.

현아: 동작을 바꾸고 맞혀도 좋을 거 같아요.

6. (선택 활동) 엄마 관찰 일기 쓰기

교사: 시각으로는 엄마의 표정과 행동을, 청각으로는 엄마가 자주 하는 말을 관찰하여 일기장에 적어 보세요. 여러분이 찾은 '엄마가 자주 하는 행동과 말'을 통해서 엄마의 마음이 어떨지 추측해서 엄마 마음 설명서까지 적어 보세요.

◆ 초등 1-1, 2 통합 계절을 오감으로 느끼기 차시와 연계할 수 있다.

◆ 선택 활동 표현 방법을 글, 그림, 시 등 여러 방법으로 열어두는 것도 좋다. 왜냐하면 학생들마다 좋아하는 방법이 다를 수 있기 때문이다.

💬 교사의 놀이 성찰

관찰은 대인관계에서도 큰 힘을 발휘하므로 주의 깊은 관찰력은 상대방의 마음을 얻는 데 도움을 준다. 끊임없이 상대방을 관찰해 교감할 수 있도록 노력하고 상대방의 말을 잘 들어줄 때 더 좋은 관계로 이어질 수 있다. 학급에 상대방과 다툼을 일으키고 남과 잘 어울리지 못하는 학생이 있었다. 그래서 '친구사랑주간'을 맞이하여 상대방에 대한 이해를 높여주기 위해 '바뀐 곳 찾기 놀이'를 해 보았다. 바뀐 곳 찾기 놀이를 하면 관심을 가지고 상대를 살피게 되고 상대방의 표정을 보고 감정 상태를 짐작할 수 있게 된다. 그 결과 해야 할 말, 해야 할 행동을 선택해서 자신을 조절할 수 있는 능력이 생기게 된다. "친구를 자꾸 쳐다보고 자세히 살펴보니 친구랑 더 친해진 것 같고 좋은 감정이 생기게 돼요."라는 말을 하는 학생들을 보면서 그 학생뿐 아니라 반 전체가 화기애애해질 것이라는 믿음이 생기게 되었다.

이렇게 놀이할 수도 있어요

돋보기 놀이 돋보기로 크게 보게 되면 사물의 보지 못했던 부분을 발견할 수도 있고, 다른 관점에서 사물을 바라볼 수도 있다.

1. 돋보기로 확대한 화면 보여주기
2. 점점 축소되는 화면을 보면서 사물 알아맞히기
3. 소감 발표하기

탐정 놀이 평소 가지고 다니는 학용품을 이용해서 즐기는 놀이로 오감 중에 시각에 집중해야 하지만, 무엇보다 물건의 위치에 대한 관찰이 매우 중요하다.

1. 네 명이 한 모둠이 되어 물건을 대여섯 개 늘어놓기
2. 한 명은 눈을 가리고 나머지 학생들이 물건을 배열하기
3. 눈을 뜨고 3~5초 정도 물건을 응시하고 다시 눈을 감기
4. 나머지 학생들이 물건을 다시 배열하기
5. 눈을 감은 아이는 다시 눈을 뜨고 처음 순서대로 물건을 배열하기
6. 돌아가면서 눈을 감고 배열 순서를 맞혀보기

진짜~ 한 사람 찾기 놀이 제시한 상황에 맞는 사람을 찾는 관찰 놀이다. 이 놀이는 '신 사탕 먹은 친구 찾기', '립싱크하는 친구 찾기', '진짜 무거운 상자 드는 친구 찾기' 등 다양한 상황 제시로 변형해볼 수 있다.

1. 연출 상황 알려주기
2. 참여자 중 1명만 상황에 맞는 행동을 하고 나머지는 진짜를 찾지 못하게 방해하는 거짓된 연기하기
3. 관찰자는 진짜 ~한 사람 찾아내기

잠자리 꽁꽁

'잠자리 꽁꽁'은 안대를 낀 술래가 숨어있는 잠자리 친구들을 찾는 놀이다. 술래는 아무것도 보이지 않는 상태에서 소리에 집중하고 평소에 잘 쓰지 않았던 손과 발의 촉각을 깨우고 체험한다. 잠자리들 역시 술래에게 들키지 않을 적절한 장소를 찾기 위해 세밀한 시각적 관찰을 경험하게 된다.

소요 시간	10분	수업 대상	초등학교 1학년	수업 교과	창체, 국어
준비 사항	안대 서너 개, '잠자리 꽁꽁' 노래				
유의 사항	1. 술래는 안대를 제대로 써야 한다는 규칙을 강조한다. 이때 이 놀이의 목적을 알려주면 학생들이 좀 더 자발적으로 규칙을 지키게 도울 수 있다. 2. 놀이장소는 교실 등 활동의 범위가 제한될 수 있는 실내가 좋다. 만약 교실에서 할 경우에 교실은 장애물이 많으므로 놀이 전에 술래에게 조심할 것을 당부하고 나머지 학생들에게는 위험한 장소에 숨지 않도록 안내한다. 3. 숨어있는 나머지 학생들은 소리를 내거나 움직일 수 없다는 규칙을 학생들에게 꼭 주지시킨다.				

▶ 술래 뽑기(왼쪽/위), 안대 쓴 술래의 모습(오른쪽/위), 잠자리를 잡아라 활동 모습(왼쪽/아래), 동시 쓰기(오른쪽 아래)

놀이 Tip 🔔

1. 놀이 안내하기

교사: '잠자리 꽁꽁' 놀이를 하려고 해요. 술래가 안대를 끼고 나머지 친구들을 찾는 놀이예요. 술래는 앞이 안 보이는 대신 귀와 손발을 잘 사용해야겠죠? 나머지 잠자리들도 술래에게 안 잡힐 만한 장소를 잘 살펴야 해요.

2. 술래 정하고 안대쓰기

교사: 술래를 하고 싶은 사람이 있나요?

교사: 술래는 눈앞이 완전히 보이지 않도록 안대를 바르게 써야 해요.

3. 잠자리들은 '잠자리 꽁꽁'노래 들으면서 잠잘 곳을 찾아다니기

교사: '잠자리 꽁꽁' 노래가 나오면 여러분들은 잠자리가 되는 겁니다. 노래가 끝나기 전까지 자유롭게 날아다니면서 숨을 곳을 찾으세요.

4. 노래가 끝나면 잠자리들은 적당한 장소에 앉아 잠자기

교사: 노래가 끝났으니 이제 잠자리들은 자리에 앉아서 잠을 잡니다.

교사: 소리를 내거나 움직이면 안 돼요. 그래야 술래에게 잡히지 않겠죠?

5. 술래는 잠자리 찾아다니기

교사: 이제 술래는 잠자리를 잡으러 출발합니다. 반드시 두 손을 앞으로 뻗어 장애물을 확인하면서 천천히 움직여야 합니다.

교사: 잠자리들은 지금 어떻게 해야 하나요?

서준: 자고 있어요.

로운: 말하지 않고 움직이지 않아요.

6. 술래에게 잡힌 잠자리들은 정해진 벌칙 수행하기

교사: 술래가 잠자리를 5마리 잡았네요. 그럼 잠자리들의 벌칙 수행이 있겠습니다. 체력을 기르기 위한 팔 벌려 뛰기 10번이에요. 시작!

◆ 저학년의 경우 서로 술래를 하고 싶어하기 때문에 뽑기로 하는 것이 시간절약에 효과적이다.

◆ 술래는 한 명에서 시작하여 여러 명이 해도 좋다.

◆ 놀이 시작 전에 반드시 술래가 안내를 제대로 썼는지 확인한다.

◆ 잡힌 잠자리는 학급에서 정한 벌칙을 수행한다. 벌칙은 되도록 재밌고 가벼운 것으로 한다.

7. 소감 발표하기

교사: 좋았던 점이 있나요?

서준: 술래가 돼서 처음에는 앞이 안 보이니까 무서웠는데 손으로 만지면서 위험한 것들을 잘 피할 수 있었어요. 신기해요.

로운: 보이지 않으니깐 소리에 더 집중하게 되었어요.

현아: 술래가 가까이 왔을 때 너무 두근거리고 가슴이 터질 것 같았어요.

지은: 친구들과 함께하는 것 자체로 재미있고 좋아요.

교사: 아쉬운 점이 있었나요?

서준: 술래를 못 해서 아쉬워요.

로운: 술래가 다가올 때 움직일 수가 없으니깐 속상했어요.

현아: 시간이 너무 짧아 많이 못해서 아쉬워요.

교사: 바꾸고 싶은 점이 있나요?

서준: 술래만 움직이지 말고 잠자리도 움직이게 해주세요.

현아: 술래를 한 사람만 하지 말고 더 해주세요.

8. (선택) 동시로 생각과 느낌 표현하기

교사: 잡으러 가는 술래의 감각, 잡히는 잠자리의 감각을 실감나게 시로 표현해봅시다.

◆ '좋아바' 활동은 좋았던 점, 아쉬운 점, 바꾸고 싶은 점을 의미한다.

◆ 초등 1-1, 2 통합 계절을 오감으로 느끼기 차시와 연계할 수 있다.

◆ 5학년 역사수업 시간(일본 순사와 독립군)후 놀이를 적용해도 좋다.

◆ 소감을 시짓기로

💬 **교사의 놀이 성찰**

자투리 시간이 남을 때마다 학생들이 먼저 '잠자리 꽁꽁' 놀이를 하자고 조르곤 한다. 안대를 끼고 잠자리를 잡으러 갈 때, 술래가 가까이 왔을 때 느끼는 감각이 너무 생생하고 흥분이 된다고 한다. 1학년 가을 책 내용 중 '잠자리를 잡아라' 차시가 있다. 잠자리 날개를 한 아이를 다른 편이 잡는 내용이다. 교과서에 제시한 활동으로 했을 경우, 뛰고 잡는 활동을 주로 하게 된다. 그래서 학생들의 오감을 좀 더 자극하는 활동으로 바꾸기 위해서 안대를 착용한(시각을 차단한) 사람과 숨어있는 잠자리 찾기 활동으로 바꿨다. 이처럼 쫓고 쫓기는 관계에 자연스럽게 감정이입이 된 학생들은 오감을 깨우는 경험을 하게 되었고, 그 경험을 동시로 표현하라고 하니 즐겁고 생생한 동시가 탄생할 수 있었다.

이렇게 놀이할 수도 있어요

눈먼 자동차 아무것도 보이지 않은 상태에서 친구의 촉각 신호에 따라 움직이고 또 집중해야 하므로 스릴이 넘친다. 친구에 대한 믿음이 평소보다 몇 배로 더 필요한 두려움과 긴장이 가득한 감각 놀이다.

1. 두 명이 짝이 되어 역할(차와 운전자) 정하기
2. 차는 안대를 착용하고 운전자는 차에게 미리 정한 촉각 신호(멈춰, 직진, 후진, 우회전, 좌회전)를 전달하기
3. 전달받은 신호대로 움직이기

감각의 달인 이 놀이는 자신의 온 감각을 집중하는 놀이로 마지막에 남은 사람을 감각의 달인으로 선정하여 축하해준다.

1. 다 같이 한 줄로 서고 앞뒤 간격을 약간 벌리기
2. 놀이가 시작되면 모든 사람들은 눈을 감고 고개 숙이기
3. 맨 앞에 서 있는 사람이 술래가 되어 누군가의 등 뒤로 가서 서기
4. 눈을 감고 고개를 숙인 사람들은 술래가 자기 등 뒤에 왔다고 생각하면 등을 돌려 확인하기
5. 술래가 실제로 온 것이 맞으면 확인한 사람은 새로운 술래가 되고 아닌 경우 줄밖으로 나오며 같은 방식으로 계속 진행하기

신호등 생존 놀이 교사가 숨어있는 생존자에게 세 가지 지시를 하고 술래는 생존자를 잡는 놀이이다. 구석에 숨어 있는 생존자를 움직이게 하고 술래 근처에서 멈추게 하거나 박수라는 청각적인 정보까지 주면 술래가 좀 더 쉽게 찾을 수 있다.

1. 선정된 술래는 안대로 눈을 가린 뒤 30초 정도 기다리기
2. 나머지 생존자들은 술래에게 잡히지 않을 만한 곳에 자리 잡기
3. 선생님이 신호를 하면 생존자들을 찾으러 다니기
4. 숨어 있던 생존자들은 선생님의 세 가지 지시(빨강-멈춰, 노랑-멈춰서 박수, 초록-움직여)에 따라 움직이기
5. 생존자가 다섯 명 정도 남았을 때 놀이 멈추기

공통점과 차이점 찾기

"친구의 마음이 이해돼요. 예전에 제게도 비슷한 일이 있었거든요."

"우리는 의견이 모두 달라요. 그렇다고 싸울 필요는 없어요. 서로 맞춰가면 되니까요."

공통점을 통해 우리들은 세상이 서로 연결되어 있다는 것, 생각과 생각, 사람과 사람, 사람과 동물 혹은 자연이 서로 연결되어 있다는 것을 느끼고 이해합니다. 반면 차이점은 그 모든 하나하나의 존재를 구별하게 합니다.

이러한 유사성과 차이에 대한 인식을 바탕으로 우리는 공감도 하고 분류도 하고 비교도 하면서 우리들의 이해와 판단을 만들어갑니다.

그러므로 공통점과 차이점을 잘 찾도록 아이들을 돕는 것은 학생들이 세상에 대해 사람에 대해 그리고 자신에 대해 제대로 이해하는 데 매우 중요한 일입니다.

비슷한 점(다른 점, 같은 점)은 뭘까요?
우리 함께 찾아봅시다!

'공통점과 차이점 찾기' 놀이를 시작하기 전에

내용	비슷한 점, 같은 점, 다른 점을 찾아요.
효과	모든 인식의 바탕이에요.
발문	비슷한 점(같은 점, 다른 점)은 뭘까요?
발표문형	~ 와 ~는 같습니다.(비슷합니다. 다릅니다.)
예시문장	동생과 나는 얼굴이 **비슷합니다(다릅니다)**.

- **공통점과 차이점 찾기의 중요성** - 공통점과 차이점 찾기는 인류가 생존을 위해 진화시킨 소중한 사고기술이기도 합니다. 내게 유리한 것과 위험한 것을 구별하는 것은 매우 중요하기 때문입니다. 우리들 생각의 대부분은 이 공통점과 차이점에 대한 구분을 바탕으로 시작됩니다.

- **공통점과 차이점 찾기와 관찰하기와의 관계** - 공통점과 차이점을 찾기 전에 대상들의 특징을 잘 관찰해야 합니다. 특성이 잘 관찰되었을 때 공통점과 차이점을 제대로 찾을 수 있기 때문입니다.

- **기준을 가지고 공통점과 차이점 찾기** - 기준은 매우 중요합니다. 기준이 있어야 공통점과 차이점이 좀 더 명백해지기 때문입니다. 그렇다고 기준을 먼저 제시하는 것이 항상 바람직하지는 않습니다. 학생들의 창의적 기준을 막을 수 있기 때문입니다. 학생들에게 기준을 먼저 제시하지 않고 공통점과 차이점을 맘껏 찾아보라고 하면 우리 어른들은 미처 생각하지 못한 창의적인 기준들이 마구 생겨납니다.

- **공통점과 차이점 찾기 연습 단계** - 어릴수록 구체적인 물건으로 연습하고 점점 낱말이나 문장, 그림의 공통점 차이점 찾기도 연습합니다. 고학년인 경우에는 행동, 글이나 상황, 혹은 사건의 공통점과 차이점을 찾아보게도 합니다. 공통점과 차이점을 중심으로 자주 글을 써보게 하는 것도 좋습니다. 서술형 평가와 논술형 평가의 기본기를 착실하게 다질 수 있습니다.

같음이 다름이 놀이

출제자가 사람, 동물, 식물, 사물 등 무엇이든 공통점이나 차이점이 있는 대상 둘을 묶어 '같음이' 또는 '다름이'라고 부르면 다른 사람들은 출제자가 생각한 그 공통점 또는 차이점이 무엇인지 알아맞히는 놀이이다. 2학년 통합교과 시간에 세계의 전통 옷 분류하기 활동 전에 실시하였다.

소요 시간	30분	수업 대상	초등학교 2학년	수업 교과	통합교과
준비 사항	없음				
유의 사항	1. 학생이 출제자가 되어 '같음이'나 '다름이'라고 말한 둘의 공통점이나 차이점이 객관적이지 않을 때 문제를 잘못 냈다며 비난하기보다는 이를 기회로 주관적 기준과 객관적 기준에 대해 지도한다. 또한, '같음이'나 '다름이'로 묶인 둘이 같은지, 비슷한지, 다른지가 모호할 경우 함께 대화해보며 기준의 모호성에 대해서도 지도한다. 2. 학생들 사이의 공통점과 차이점으로 '같음이 다름이 놀이'를 할 경우, 학생들의 단점이나 약점 등을 소재로 하지 않도록 미리 약속을 한다.				

▶ 같음이 다름이 활동 모습

놀이 과정 자세히 들여다보기

1. 'O와 ●는 같음이야. 어떤 점이 같을까?'라고 묻기

교사: 시은이와 예서는 '같음이'야. 왜 '같음이'라고 불렀을까?

서연: 둘 사이에 같은 점이 있어서요?

교사: 어떻게 그렇게 단번에 알았어? 그래 맞아. 공통점이 있어서야. 그러면 어떤 공통점이 있을까?

연우: 시은이랑 예서는 둘 다 안경을 썼어요!

2. '△와 ▲는 다름이야. 어떤 점이 다를까?'라고 묻기

교사: 그런데 바로 그 시은이와 예서는 '다름이'야 왜 '다름이'라고 불렀을까?

서연: 서로 다른 게 있어서?

교사: 맞아, 차이점이 있어서야. 그러면 둘은 어떤 차이점이 있을까?

연우: 시은이는 머리가 긴데, 예서는 짧잖아요!

3. 공통점이나 차이점을 맞히면 다른 사람이 문제 내기

교사: 이번에는 선생님 말고 다른 학생이 문제를 내볼까?

민혁: 제가 해볼래요! 저도 해보고 싶어요!

교사: 그래. 이번에는 민혁이가 문제를 내보자.

민혁: 시은이와 승현이는 같음이야.

학생들: (여기저기서) 정답! 정답!

하온: 정답은 □인가?

민혁: 아니야!

은우: 그럼 정답은 ◇인가?

민혁: 정답! 맞았어!

4. 문제 내고 맞히기를 반복하기

어떤 점이 같을까?

어떤 점이 다를까?

놀이 Tip

◆ 저학년의 경우 같은 반 학생들의 공통점과 차이점으로 같음이 다름이 놀이를 하면 자신들이 놀이의 소재가 되기 때문에 더 재미있어 한다.

◆ 같음이 다름이 놀이 소재를 교실 안의 다양한 물건들로 해도 좋다.

◆ 교사가 아주 쉬운 문제로 시범을 보이면 학생들이 놀이 방법을 이해하는 데 도움이 된다.

◆ 저학년 학생들이라고 해도 학생들이 주도적으로 놀이를 진행할 수 있도록 교사는 개입을 줄이는 것이 좋다.

◆ 공통점이나 차이점을 갖는 대상의 수를 셋 이상으로 늘려서 놀이의 난이도를 높일 수도 있다.

※ 두 대상의 공통점이 모호한 경우의 지도 예시

출제자: 승현이와 연준이는 같음이야!

서연: 정답! 둘 다 돌봄 교실에 간다는 거?(오답이 계속 이어진다.)

출제자: 정답은 승현이와 연준이의 키가 같다는 거야.

지훈: 어? 안 같은데?

서윤: 키가 비슷하긴 해. 그러면 같다고 해야 하나?

민주: 같다고 할 수 없어.

교사: 얼마만큼 차이가 나야 비슷하다고 할 수 있을까?

도하: 한 3Cm?

지유: 선생님, 제 키는 주아랑 비슷하지만 수지랑은 비슷하지 않아요.

교사: 어떤 기준으로 주아랑은 비슷하고 수지랑은 비슷하지 않다고 한 거지?

지유: …….

교사: 이렇게 어디까지를 비슷하다고 할지, 어디부터 비슷하지 않다고 할지가 분명하지 않을 때 '기준이 모호하다'고 할 수 있어.

하은: 아~ 애매모호요?

교사: 아니. '애매하다'는 어떤 말이 무엇을 가리키는지가 분명하지 않을 때를 말해. 예를 들면 '차'라고 하면 뭐가 떠오르니? 길에 다니는 차? 아니면 끓여 마시는 차? 그러니까 어떤 차인지 분명하지 않잖아. 이런 때 애매하다고 해.

※ 주관적 기준을 사용한 경우의 지도 예시

출제자: 예서와 수지는 다름이야!

서연: 정답! 예서는 머리가 단발이고, 수지는 훨씬 더 기니까?

연우: 정답! 예서는 분홍 옷이고 수지는 다른 색이니까?
(오답이 계속 이어진다.)

출제자: 정답은 예서는 귀엽고 수지는 안 귀엽다…

지훈: 뭐라고? 수지는 안 귀엽다고?

출제자: 예서는 귀엽고 수지는 예쁘다는 거야.

서윤: 나는 예서가 귀엽다고 생각하지 않아! 예서는 귀여운 동생 같은 친구가 아니라 그냥 친구야!

민주: 선생님, 저런 걸로 문제를 내도 돼요?

교사: 귀엽다거나 안 귀엽다는 판단은 사람에 따라 다르게 할 수 있겠지? 어떤 사람은 누군가가 귀엽다고 생각하는 반면 다른 사람은 그 사람이 귀엽지 않다고 생각할 수도 있겠지? 그런데 이렇게 사람마다 달리 판단할 수 있는 걸로 문제를 내면 어떻게 될까?

◆ 모호성에 대한 지도 시 그와 자주 헷갈리는 애매성에 대해서도 함께 지도하면 모호성을 좀 더 명확히 이해시킬 수 있다.

학생들: 문제를 맞힐 수가 없어요.

교사: 모두가 동의할 수는 없는 자신만의 기준을 주관적 기준이라고 해. 그리고 모두 동의할 수 있는 기준을 객관적 기준이라고 해. 같음이, 다름이를 출제할 때 이제부터는 객관적 기준을 사용해야겠지?

 교사의 놀이 성찰

여러 교과에 분류하기 학습활동이 나온다. 분류를 잘하려면 대상들의 공통점과 차이점을 정확히 알아야 한다. 2학년 2학기 통합교과 〈겨울〉에도 세계 여러 나라의 전통 옷을 분류하는 활동이 나오는데, 옷들의 가시적인 공통점, 차이점뿐만 아니라 그 옷들에 대한 기초상식이 있어야 성공적으로 분류할 수 있다. 상식은 단번에 채워질 수 없으므로 우선 공통점과 차이점이 무엇인지, 그걸 판단할 때 기준이 어때야 하는지, 공통점과 차이점을 판단하기 모호한 경우는 언제인지 등을 알게 하려고 이 놀이를 하였다. 학생들은 소재가 자신들이어서 그런지 매우 재미있어했다. 그리고 객관적 기준, 모호성 같은 다소 어려운 개념도 쉽게 받아들이는 모습이었다. 그래서인지 그 뒤에 한 세계 전통 옷 분류는 공통점과 차이점을 바탕으로 기준을 잘 세워 분류할 수 있었다. 한편 놀이하는 과정에서 출제자 입장에서는 오답이지만 실제로는 공통점이나 차이점이 맞는 경우도 있었다. 즉 비록 정답은 아니라도 정답을 맞히는 과정에서 학생들이 더 많은 공통점과 차이점을 발견하고 있었던 것이다.

 이렇게 놀이할 수도 있어요

같음이 다름이 보드게임

1. 전체 학생을 4모둠으로 나누고 모둠별 말을 준비하기
2. 칠판에 사물카드+자연카드를 붙이고 공통점과 차이점의 기준이 되는 항목들로 만든 말판(부록 308쪽 참조)을 준비하기
3. 한 모둠씩 돌아가며 주사위를 굴린 뒤 나온 눈만큼 말을 옮기고 기준 확인하기
4. 칠판에 붙어 있는 카드 중 2장을 모둠원이 함께 고르고 옮긴 칸에 적혀 있는 기준을 적용하여 공통점이나 차이점을 말하기(예) 말이 '쓰임'에 왔을 때, 컵과 숟가락 카드를 고른 뒤, '둘 다 식사하는 데 쓰인다'고 하기
5. 먼저 종착점에 도착한 모둠이 승!

그래 본 적 있니?

친구의 경험을 듣고 그것을 자신의 경험과 비교하여 둘 사이의 공통점과 차이점을 발견하고 더 나아가 서로에 대한 이해와 공감대가 더 깊고 넓어지도록 돕는 놀이이다. 국어 시간 '경험으로 시 짓기'에 앞서 진행하였다.

소요 시간	40분	수업 대상	초등학교 2학년	수업 교과	국어
준비 사항	없음				
유의 사항	1. '밥을 먹었다'와 같은 피상적인 경험으로 놀이하지 않도록 유도한다. 그런 경험에서는 공통점을 발견하더라도 의미가 없기 때문이다. 만약 밥을 먹은 경험이 어떤 특별한 상황에서의 경험이라면, 그 상황까지 구체적으로 적도록 하여 인상적인 경험의 예가 될 수 있게 한다. 2. 학생들이 자리를 옮겨가며 놀이하는 과정에서 미끄러지거나 부딪히지 않도록 지도한다.				

◀ 학생들이 둥글게 모여 앉아서 놀이하는 모습

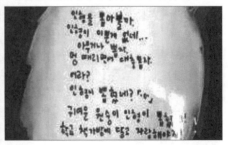

▲ 놀이 후 학생들이 쓴 시

1. A4용지를 4칸으로 접어 인상 깊었던 경험을 4가지 적기

인상 깊었던 경험1	인상 깊었던 경험2
인상 깊었던 경험4	인상 깊었던 경험4

◀ A4용지 접는 방법

서연: 선생님, '인상 깊었던 경험'이 뭐예요?

교사: 그건 잊히지 않고 지금까지도 기억나는 경험이라고 할 수 있지.

연우: 아, 생각이 안 나네. 내가 무슨 경험을 했더라?

교사: 선생님이 예를 들어볼게. 선생님이 어렸을 때, 선생님 할머니는 선생님을 무척 정성스럽게 돌봐주셨어. 선생님이 어느 날 음식을 먹고 체했을 때, 다 나을 때까지 등을 두드리고 손을 주무르고 손끝을 따주셨어. 체해서 몹시 괴로웠는데 할머니가 그렇게 해 주셔서 마음도 안심이 되고 금방 나을 수 있었어.

서연: 아, 저도 그런 적 있어요. 제가 체한 엄마의 등을 두드려드렸어요.

연우: 저는 아직도 생각이 안 나요. 뭐가 있지?

교사: 아까 말한 그 경험이 선생님한테 자꾸 떠오르는 이유는 할머니의 따스함과 정성, 사랑 같은 게 고마웠기 때문인 거 같아. 너희들도 어떤 일을 겪으며 기억에 남는 느낌이나 감정이 들었던 적이 있을 거 같아.

지훈: 이것도 되나? 엄마랑 산책할 때 어떤 애를 보고 학원 친구인 줄 알고 인사했는데 그 애가 아니었어요.

교사: 그래서 당황스러웠나보구나. 그런 인상 깊은 경험이 있었네!

※ 가까스로 떠올린 경험을 종이에 적기보다 말해버리는 학생들이 많은 이유는, 그 경험이 선생님이 적으라고 하는 '인상 깊은 경험'에 속하는지 확신이 들지 않기 때문일 수도 있고, 생각난 것을 참지 못하고 즉시 말해야 하는 저학년 학생들의 특성 때문일 수도 있다. 학생들이 떠올린 경험을 너도나도 말하는 바람에 소란스러우면서도 한편으로는 경험이 잘 안 떠오른다는 학생들에게 적잖이 힌트를 주는 일이 되었다.

◆ 학생들이 특별한 경험을 떠올리지 못할 때는 객관적으로 특별한 경험을 떠올리라고 요구하기보다는 흔하더라도 어떤 생각이나 느낌이 특별했던 경험을 떠올리라고 조언해주면 좋을 것이다.

◆ 놀이 전 떠오르지 않던 자신의 인상 깊은 경험이 놀이 과정이나 놀이 후에 한층 더 풍성하게 떠오르는 경우가 있으므로 놀이 전 경험 리스트가 완벽하지 않아도 된다.

2. 학생들의 경험을 표로 종합해놓기

※ 인상 깊었던 경험이 떠오르지 않는다고 하소연하는 일부
학생들에게는 매일 하교 전 몇 줄로 하루를 기록한 뒤 발
표했던 내용을 다시 사용해보라고 권하거나, 다른 학생
이 적은 경험을 읽어주면서 힌트를 주었다. 그러다 보니
어느새 모두 4가지씩의 경험을 적어내서 종합표로 정리
할 수 있었다. 이렇게 어렵게 떠올리고 선정한 경험인 만
큼 비슷하거나 같은 경험이 있는 친구를 발견했을 때 그
친구와의 유대감은 더욱 깊어질 거라는 생각이 들었다.

◆ 경험의 '공통점과 차이점 찾
기'에 초점이 맞춰진 놀이라
하더라도 경험 리스트 작성
이 진지하고 진정성 있게 이
루어져야 한다. 왜냐하면 단
순히 경험상의 공통점과 차
이점을 찾는 데서 끝나는 게
아니라 진정성 있는 경험을
나누는 가운데 공통점과 차
이점을 찾아보는 것이 유의
미하기 때문이다.

아이들의 경험을 종합한 표(일부 예시)

김ㅁㅁ	1	동생이 내 목을 졸라서 죽기 직전까지 간 적이 있다.
	2	피구에서 마지막 한 사람을 맞혀본 적이 있다.
	3	2학년 2반에 처음 왔을 때 설레고 긴장됐다.
	4	어떤 친구 세 명이 나한테 까불다가 나한테 맞고 울었다.
이ㅇㅇ	1	아빠와 체스를 했다
	2	필통을 깜박하고 집에 놓고 온 적이 있다.
	3	오른쪽 팔이 부러진 적이 있다.
	4	깜박하고 물통을 안 가져와서 오다가 편의점에서 물을 산 적이 있다.
최△△	1	달고나를 먹어봤는데 생각보다 맛이 없었다.
	…	

3. 그래 본 적 있니? 놀이하기

교사: 교실 중앙에 각자 의자를 가지고 와서 원형으로 앉으세요.

교사: (원 중앙의 발판을 밟으며) 선생님은 체했을 때 할머니
께서 등을 두드려주셨던 경험이 있어. 그래 본 적 있니?

교사: 선생님이 말한 경험과 같거나 비슷한 경험이 있으면 '네!'
라고 대답하고 선생님이 밟고 있던 발판을 한 번 밟은 뒤
자신이 앉았던 의자가 아닌 다른 의자에 앉으세요.

학생들: 네. (재빨리 빈자리를 찾아 이동한다)

교사: 선생님도 빈자리에 앉을게요. 그럼 자리에 앉지 못한
학생이 술래가 되어 놀이를 이어가겠습니다. 아, 서연이
가 못 앉았네요.

서연: 네. 이제 제가 술래예요. 나는 아빠가 코로나 2차 백신을 맞고 응급실에 가셨던 경험이 있어. 그래 본 적 있니?

학생들: 네.(경험에 공통점이 있는 학생들은 재빨리 이동한다)

교사: 이번에는 연우가 술래네요. 놀이를 계속 이어갑시다.

연우: 나는 뽑기를 해본 경험이 있어. 그래 본 적 있니?

학생들: 네~! (뽑기 경험이 있는 많은 학생들이 이동한다)

교사: (놀이가 상당히 진행되고 나서) 자. 이번에는 서윤이가 술래입니다.

지훈: 나도 술래 해보고 싶다.

서윤: 그래? 그럼 내가 양보할게. 나는 내 경험을 다 말했거든.

교사: (준비된 경험이 모두 소진된 후) 이제 놀이를 마칠게요.

4. 선생님이 나눠준 표를 보며 누구의 어떤 경험이 다른 사람의 어떤 경험과 같거나 비슷한지, 어떤 차이가 있는지 살펴보기

서연: 아까는 몰랐는데, ㅇㅇㅇ의 4가지 경험이 다 저도 해본 거예요. ㅇㅇㅇ와 저는 많이 다른 줄 알았는데, 대박이네요!

지훈: 서연이 아빠가 코로나 2차 백신을 맞고 응급실에 가셨다고 했는데, 우리 아빠는 1차 때 응급실에 가셨었어요.

연우: 저도 서연이처럼 오빠 물건을 숨겨서 밤까지 오빠가 못 찾은 적이 있지만 숨긴 물건은 달라요.

서윤: 뽑기를 해본 친구들이 많은데, 어떤 애는 인형을 뽑고 어떤 애는 달고나를 뽑고 그랬네요. 저도 뽑기를 꼭 해보고 싶어요.

※ 모두의 경험이 정리된 표를 보며 대화함으로써 학생들은 놀이할 때 미처 몰랐던 공통점과 차이점까지 찾아낼 수 있었다. 특정 친구와 경험의 공통점이 많다는 것을 새롭게 발견하는 학생도 있었다. 또, 친구와 자신의 경험에 공통점과 차이점이 동시에 있다는 것을 발견하는 경우도 있었다. 또한 여러 학생의 여러 경험을 한 번에 비교하여 공통점과 차이점을 종합적으로 찾아내는 경우도 있었다.

자신이 겪은 일을 시로 표현할 때 학생들은 시의 형식을 갖추는 데에도 어려움을 느끼지만, 오히려 시의 소재가 될 수 있는 적절한 경험을 떠올려 선택하는 데에 더 많은 어려움을 호소하기도 한다. 자신의 경험이 선생님이나 다른 친구들의 경험과 어떤 공통점을 가지며, 그래서 공감받는다는 사실을 알게 되면 학생들이 좀 더 쉽게 그 경험을 시의 소재로 삼을 수 있을 것이라고 생각하여 시 쓰기에 앞서 이 놀이를 했다.

놀이를 할 때 교사가 정확히 안내하지 않아도 학생들은 나름대로의 기준을 갖고 경험의 공통점과 차이점을 판단하고 있었다. 자연스럽게 사고기술 연습이 되었다.

이 놀이를 하다 보면, 되도록 많은 친구들이 새 자리를 찾아 움직이도록 일부러 아주 일반적인 경험을 말하는 학생이 있는가 하면 자신만의 특별한 경험을 말하면서 독자성을 드러내는 학생도 있다. 또 계속 술래 역할이 하고 싶어서 일부러 늦게 자리를 찾아가는 학생이 있는가 하면, 자리를 못 차지해 술래가 될까 두려워 마음도 몸도 급한 학생을 발견할 수 있다. 부끄러운 경험도 스스럼없이 말하는 학생이 있는가 하면, 남들을 의식하며 흠 없고 자랑스러운 경험만 말하는 학생도 있다. 이처럼 학생들은 다양한 형태로 자신을 드러내고 서로 몸을 부대끼는 동안 금세 친해진다. 교사로서 학생들에 대해 더 알게 되는 기회가 되는 것은 덤이다.

이 놀이 후 학생들 대부분이 놀이에서 발표했던 경험으로 시를 지을 줄 알았는데, 물론 그런 학생들도 있었지만, 친구들의 경험을 듣고 자신의 다른 경험이 생각나서 그것을 소재로 시를 짓는 학생들도 있었다. 비록 시의 운율 등은 잘 맞지 않았지만, 학생들은 자기 경험에 대한 자부심이 생겨서인지 아니면 공통점과 공감으로 인해 일종의 안심을 한 것인지, 시에 자신의 경험을 구체적으로 자신 있게 담아냈다.

인상 깊은
경험은…?

이렇게 놀이할 수도 있어요

즉석으로 하는 '그래본 적 있니?' 어색하고 서먹서먹한 분위기의 학년 초에 학생들끼리 빨리 친해지도록 하고 싶으면 이런 방식으로 놀이를 변형하여 진행해볼 수 있다.

1. 경험을 미리 작성하지 않고 즉석에서 경험을 말하며 놀이를 하기
2. 그 외에는 '그래본 적 있니'의 기본 절차를 따름

상상하기

소설 《빨강머리 앤》을 보면 주인공 앤은 어려서부터 고아로 여기저기를 떠돌았는데, 그런 외로운 생활의 어려움과 슬픔을 견딜 수 있었던 것은 상상력 때문이라고 이야기하죠.

"상상력이 없었다면 아마 난 외로워서 죽었을 거예요."

"유리에 비친 내 모습을 난 친구라고 생각했어요. 그리고 그 아이에게 모든 내 마음을 털어놓았죠."

이처럼 상상은 정말 특별한 생각입니다. 여러 가지 제약들로부터 우리의 생각을 풀어주고 자유롭게 해줍니다. 따로 정해진 정답은 없습니다. 엄격한 논리나 기준이나 근거에 집착할 필요도 없죠. 학생들이 상상하는 것을 좋아하는 이유도 바로 이 자유로움 때문일 것입니다.

상상을 이끄는 '만약에~'라는 말을 마법의 말이라고 합니다. 우리들의 생각을 신기한 또 다른 세계로 이끌기 때문입니다. 그러므로 학생들에게 상상력을 키워주는 것은 또 다른 세상을 향해 나아가는 너무나 중요한 발판입니다.

만약 ~라면 어떨지 상상해볼까요?

'상상하기' 놀이를 시작하기 전에

내용	없는 것을 머릿속으로 그려요.
효과	생각이 자유로워져요. 새로운 것을 발견하고 발명해요.
발문	만약 ~라면 어떨지 상상해볼까요?
발표문형	만약 ~ 라면, ~일 겁니다.
예시문장	**만약** 사람에게 손이 없**다면**, 지금처럼 과학이 발달하지 못했**을 겁니다**.

- **상상의 의미** - 상상이란 실제가 아닌 것을 마음속으로 그려보는 일입니다. 기억된 내용을 상상하기도 하고, 새롭게 구성하여 상상하기도 합니다. 이때 중요한 것은 상상을 위한 여유의 시간과 마음입니다. 꽉 찬 시간과 마음으로는 상상의 날개가 펴지지 않습니다.

- **발견과 발명을 이끄는 상상** - 우리 삶의 무수한 발견과 발명은 상상에서 비롯합니다. 모두 지금 있지 않은 것에 대한 상상을 통해 또한 현재의 주어진 기준을 넘어서는 상상을 통해 이루어지는 것입니다. 인공지능시대에 상상은 인류가 반드시 지켜야 할 정말 커다란 정신적 보물입니다.

- **상상의 영역** - 과학과 예술은 수많은 상상으로 이루어집니다. 하지만 최근에는 도덕적 상상력에 대해서 관심이 높아지고 있습니다. 도덕적인 삶을 실천하는 데 있어서 다른 사람의 입장을 이해하고 공감하는 것이 매우 중요한데 그건 바로 상상을 통해 이루어지기 때문입니다.

- **상상의 토대** - 상상이 아무것도 없는 무에서만 튀어나온다고 생각한다면 큰 오해입니다. 상상은 그 상상을 위한 경험과 기억과 정보 혹은 지식들을 기반으로 합니다. 그런 것들이 풍부할수록 상상의 양과 질이 좋아집니다. 물론 지나침 혹은 과다함은 상상을 오히려 가둬버릴 수도 있지만 말입니다.

별자리 만들기

밤하늘의 별들을 올려다보며 갖가지 별자리와 그 탄생 이야기를 상상했던 고대 목동들을 따라 해보는 놀이이다. 학생들은 검은 도화지에 자유롭게 물감을 뿌린 뒤 그 안에서 어떤 형태를 발견하거나 상상하여 별자리로 이어보고 탄생 신화도 지어보게 된다.

소요 시간	40분×2	수업 대상	초등학교 2학년	수업 교과	통합교과
준비 사항	■ 학생 수 + 여분의 8절 검은 도화지, 밝은 색상의 수채 물감, 물통, 학생 수만큼의 붓, 신문지 ■ 학생들에게 다양한 별자리 탄생 신화 읽어주고 그 별자리 사진 함께 보며 이야기 나누기				
유의 사항	1. 별들을 이어서 만든 모양이 그 별자리명과 어울리지 않더라도 학생의 상상력을 존중한다. 2. 별자리 탄생 이야기의 전개 역시 비논리적이고 개연성이 낮더라도 그럴 수 있음을 인정하고 격려한다.				

▶ 검은도화지에 물감으로 별을 흩뿌리는 학생들의 모습 (위)과 점심 먹으러 가야 하는데도 이야기 쓰기를 계속하고 싶다며 혼자 쓰고 있는 한 학생의 모습

1. 신문지 위에 검은 도화지를 빈틈없이 연결하여 펼쳐놓고 그 위에 물감을 뿌려 수많은 별 만들기

교사: 물감을 묻힌 붓을 연필, 볼펜, 가위, 자 등으로 툭툭 쳐서 도화지 위에 물감을 뿌려 봅시다.

현서: 선생님. 물감이 우주의 별처럼 보여요!

교사: 맞아요. 여러분이 방금 새로운 우주를 창조했네요.

2. 모두 일어나 멀찍이서 별들이 총총한 하늘을 지긋이 보기

교사: 이제 별들이 만들어내는 형태를 보고 자신이 아는 사물이나 생물을 상상해봅시다.

3. 별들을 연결해 별자리 만들기

교사: 별들을 보면서 어떤 모양이 상상되면 그 도화지를 가져가세요. 그리고 노란 색연필로 별들을 연결하는 선을 그어서 별자리를 만드세요.

4. 별자리 탄생 이야기 짓기

교사: 그동안 선생님께 들었던 많은 별자리 탄생 신화를 떠올리면서 여러분이 만든 별자리의 탄생 이야기를 상상하고 글로 써보세요.

학생이 만든 별자리와 탄생 이야기①	학생이 만든 별자리와 탄생 이야기②
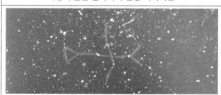	

그리스 어부 바다 에 한상어가 놀고있었다. 근데 어느날 사냥군들에 게 잡혀갔다. 그리고 산들에랑 제우스 에 밥이돼 였다. 제우스는 너무 맛있어 또 구해 오라고 했지만, 그 상어는 통이에서 세상에 한 마리 밖에없는 상어 였다. 제우스는 또 먹고싶어 그 상어를 별자리로 올려줬더 그것보는 제우스는 상어자리를 보면 군침을 흘린에

그리스로마신화에 재우스가 키우던 애이가 있었다. 아이는 10살이고 말을 좋아한다. 어느날 재우스가 말을 가져와서. 아이한테주었다. 하지만 아이 가 좋아 하지 많았 어요. 재우스는 힘들 게 가지온 말을죽어서 아이는 슬퍼했 다. 그래서 말을 별 자리로 만들어서 아이는 말별 자리를 계속봐서 동상자리 가돼였다.

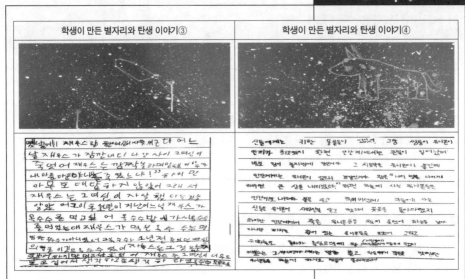

학생이 만든 별자리와 탄생 이야기③ | 학생이 만든 별자리와 탄생 이야기④

5. 자신이 만든 별자리 보여주며 탄생 이야기 발표하기

현서: 옛날에 제우스랑 한 여신이 살았어. 어느 날…(이야기를 이어나간다)

은우: 그리스로마 신화에서 제우스의 아내 중에 여신은 두 명 밖에 없으니까 또 다른 여신 아내가 등장하면 안 돼요!

교사: 정말 그럴까?

하온: 상상하기니까 괜찮아요!

지윤: 이건 원래대로 할 필요 없어요!

주안: 별자리도 우리가 맘대로 만든 거니까 탄생 이야기도 맘대로 쓸 수 있어요!

2학년 통합교과 교과서는 '봄', '여름', '가을', '겨울'의 4가지로, 각 계절의 특성과 계절에 따른 변화를 다룬다. 계절에 따라 변하는 것 중에는 저 멀리 하늘에서 반짝이는 별자리도 있다. 그래서 마지막 계절인 겨울을 맞이하여 한동안 학생들과 함께 별자리 이야기를 읽었다.

별자리 이야기를 읽으며 학생들은 별자리들이 누군가의 상상으로 만들어졌다는 것을 알게 되었다. 그러면서 학생들에게도 별자리를 직접 보고 싶은 욕구, 상상해내고 싶은 동기가 생겼다. 그래서 이 별자리 만들기 놀이를 하게 된 것이다.

학생들은 물감을 뿌리며 즐거워했고, 수많은 물감 자국 속에서 어떤 형태를 찾으려 집중했다. 그리고 어떤 학생은 만들어낸 별자리에 어울리는 탄생 이야기를 지어보며 샘솟는 아이디어에 밥 먹는 것을 잠시 미루기도 했다. 학생들이 자유로운 상상력을 마음껏 펼칠 수 있는 수업이었다.

이렇게 놀이할 수도 있어요

별 스티커로 별자리 만들기 검은 도화지에 물감을 뿌려서 우주 공간을 만들어보는 활동을 생략할 수 있다. 물감을 뿌리는 대신에 검은 도화지 위의 원하는 위치에 별 스티커를 붙여서 별자리를 만들게 하면 된다.

그럼 뭘까?

늘 같은 용도로만 사용해오던 물건의 새로운 용도를 상상해서 말해보는 놀이이다. 학생들은 이 놀이를 통해 고정관념처럼 굳어있던 일상생활 속 물건의 용도에서 벗어나 즐겁게 자유로운 상상력을 펼칠 수 있다(〈종이 봉지 공주〉의 뒷이야기를 상상하여 지어보는 활동 전에 진행하였다).

소요 시간	40분	수업 대상	초등학교 2학년	수업 교과	국어
준비 사항	없음				
유의 사항	1. 학생이 새롭게 찾아내서 말한 용도가 교사는 이미 알고 있는 용도이더라도 그 학생 입장에서는 새롭게 찾아낸 용도일 수 있음을 유의하여 함부로 틀렸다고 하지 말아야 한다.				

▶ '그럼 뭘까?' 활동 중 한 학생이 '접시'라고 말한 모형시계 뒷면(왼쪽 위), 한 학생이 '여름 모자'라고 말한 바구니(오른쪽)

?! 놀이 과정 자세히 들여다보기

1. 교사가 먼저 시범 보여주기

교사: 이건 책상이 아니야, 이게 책상인 줄 알았지? 봐! 나한텐 의자야!(책상에 턱 걸터앉아 편안해하는 모습 보이기) 높이도 나한테 딱~ 맞네!

현서: 어? 그러네!

2. 더 많은 용도 상상해보게 하기

교사: 이 책상이 또 뭐가 될 수 있을까?

현서: 침대? 두 개 붙이면 침대처럼 누울 수 있어요.

교사: 하하! 너희들에겐 그렇겠다! 또?

은우: 책들의 집이요. 서랍에 책들이 살고 있으니까.

교사: 오~ 책들이 서랍 속에서 살고 있는 거구나! 또?

하온: 머리 보호하는 헬멧 같은 거. 지진 나면 밑으로 머리 넣어야 하니까.

교사: 갖고 다니지는 못하는 헬멧이겠네. 또?

지윤: 앞 친구가 자꾸 뒤를 돌아볼 때 붙지 않게 막아주는 방패(바리케이트)요. (앞 친구에게) 그만 좀 돌아봐!

주안: 단짝 친구요. 집에 갈 때까지 꼭 붙어있으니까(책상을 쓰다듬으며).

교사: 너희들 책상과 참 가까운 사이였구나!

3. 두 번째 물건 고르고, 학생들이 말해보게 하기

교사: 이건 의자가 아니야. 그럼 뭘까?

현서: 책상이요. 이렇게 바닥에 앉아 의자에 책 놓고 공부할 수 있으니까.

교사: 유독 바닥에 앉고 싶은 날 그렇게 공부하면 되겠다. 또?

은우: 오뚝이요. 이렇게 기울었다 섰다 하니까.

교사: 오호, 그러다 뒤로 넘어가기도 하지! 또?

하온: 체요. 여기 구멍이 있어서 덩어리는 안 빠져나가고 작은 거는 밑으로 내려오게 할 수 있으니까.

교사: 또?

지윤: 길고양이 집이요. 고양이가 의자 밑에 들어가서 자면 좋을 것 같아요.

◆ 간단한 놀이이므로 절차를 따로 설명하지 않고 교사가 먼저 시범을 보인 뒤 더 해보자는 식으로 유도하여 자연스럽게 놀이를 이어가게 할 수 있다.

◆ 교사가 시범을 보일 때 그동안 혼자만 알고 있던 사실을 공개하는 것처럼 극적인 요소를 첨가하여 말하면 학생들이 놀이에 좀 더 흥미를 보이며, 그래서 더 즐겁게 몰입하여 놀이할 수 있게 된다.

◆ 학생들의 상상 결과에 대해 '그렇구나', '좋아', '그걸 몰랐었네' 등의 반응을 보여 자유로운 상상을 북돋는 게 좋다.

◆ 두 번째 물건도 교사가 선정하되, 이번에는 교사 시범 없이 바로 학생들이 말하게 하여 주도권이 학생들로 옮겨가도록 한다.

교사: 우리 반에서 길고양이 집 만들 때 남는 의자로 할 걸 그랬나?

현서: 운동기구요. 아령처럼 들고 운동할 수 있으니까.

교사: 이렇게?(학생 대신 교사가 시범 보이기)

은우: 불가사리 간식이요. 요기 쇠 부분만 뜯어 먹으면 돼요.

교사: 국어책에서 읽은 그 불가사리 말이지? 그렇구나~! 또?

하온: 장난감 말이요. 이렇게 거꾸로 앉아서 달리는 시늉할 수 있으니까.

지윤: 밑에 층 1학년 화 돋우는 물건이요. 지금 1학년들 시끄러워서 화나겠다.

4. 학생들이 직접 물건을 고르고 '이건 ●●가 아니야, ▲▲야, 왜냐하면 ~할 수 있으니까!'라고 말하며 놀이를 이어가기

교사: 이제 너희들이 직접 물건을 골라서 다른 용도를 상상하고 말해볼까?

현서: 저기 가서 물건을 직접 들고 말해도 돼요?

교사: 그러면 더 좋지!

은우: (교실 앞쪽에 둔 모형 시계를 들고) 이건 시계가 아니야! 이건 접시야. 이렇게 뒤집어서 음식을 올려놓을 수 있으니까! 몰랐지?

하온: (투명자를 눈에 대고) 이건 자가 아니야. 눈가리개였어!

지윤: (자기 안경을 가리키며) 그럼, 이것도 안경이 아니야. 눈 보호대야.

주안: 선글라스도 선글라스가 아니야. 잠잘 때 쓰는 안대야.

유리: (교실 한편에 전시해둔, 자신이 직접 만든 과일 바구니를 머리에 쓰며) 이건 바구니가 아니야. 여름 모자야! 멋지지?

서연: 이건 마스크 줄이 아니야! (줄을 돌리며) 중국집 요리사가 수타면 연습하는 기구야.

호연: (거울로 가서 들여다보며) 이건 거울이 아니야. 다른 세계를 보여주는 물건이야.

동혁: (지우개를 바닥에 던지며) 이건 지우개가 아니야. 탱탱볼이야.

세작: 이건 실내화가 아니야. 위급할 때 유리창 깨는 망치야.

지원: 이건 물통이 아니야. 야구방망이야.

철민: 이건 종합장이 아니야. 펼쳐서 귀마개로 쓰는 거야.

지수: (교실 앞에 놓아둔 발목 줄넘기를 가져와서 지팡이 짚은 시늉하며) 이건 발목 줄넘기가 아니야. 지팡이야.

아영: 이건 지우개랑 연필이 아니야. (지우개에 연필을 꽂아 로봇 모양으로 만들며) 이렇게 결합해서 로봇 만드는 부품이야.

소미: (커다란 털 필통에 머리를 대고 엎드리며) 이건 필통이 아니야. 베개야.

교사: 와~ 정말 상상력들이 대단하구나! 이제 그런 상상력을 발휘해서 〈종이 봉지 공주〉의 뒷이야기를 지어볼까?

현서: 힝, 더 하고 싶어요. 선생님!

은우: 너무 재미있었어요!

2학년 국어 교과서에 〈종이 봉지 공주〉 이야기가 나온다. 용이 불을 내뿜어 공주의 아름다운 옷들이 몽땅 탔을 때 공주는 종이 봉지를 주워서 입는다. 그 장면에서 우리 반 학생들은 기겁을 하며 어떻게 종이 봉지가 옷이 될 수 있냐고 했다. '봉지가 크면 몸을 집어넣을 수도 있지 않겠어?' 라고 했지만, 그래도 옷은 아니라는 거다. 그래서 '그래? 정말 그러니?'라며 시작한 놀이가 바로 이 '그럼 뭘까?' 놀이이다. 학생들의 고정관념을 깨주기 위해 일부러 아주 당연한 듯이 '이건 책상이 아니야. 이건 나한테 의자야!'라고 말했다.

사실 일상적인 물건의 기존 용도들은 대부분 어른들에게서 전수받은 것이다. 어른들이 그렇게 쓰는 것을 보고 자란 아이들도 그렇게 사용하는 것이다. 우리 반 학생들도 옷에 대한 고정관념에 이미 사로잡혀서 공주가 종이 봉지를 옷으로 사용하는 걸 '말도 안 된다!'고 했다. 어쩌면 공주에 대한 고정관념이 있었는지도 모른다. 공주는 무조건 아름답고 멋진 옷을 입어야 한다는…

이 놀이로 그런 틀을 벗어던지면서 학생들이 참 즐거워했다. 그리고 더 하고 싶어 했다. 아마도 자유로움을 느꼈나 보다. 이렇게 자유로워지고 말랑말랑해진 사고로 〈종이 봉지 공주〉의 뒷이야기를 지었다. 공주가 왕자를 구해서 행복하게 산다는 틀에 박힌 엔딩은 거의 없었다. 공주가 왕자 구하기에 실패하거나, 구했더라도 다른 이유로 두 사람이 헤어지거나, 공주마저 용에게 잡아먹히거나. 자유로운 뒷이야기가 펼쳐졌다.

상상은 이처럼 사고의 자유인 것 같다. 다른 사고기술들과는 달리 얽매이는 규칙이 적은 자유로운 사고라서 누구에게나 즐겁고, 아직 고정관념이 많지 않은 아이들이 어른보다 더 잘할 수 있는 사고인 것도 같다.

모둠 대항 그럼 뭘까? 놀이

1. 제시한 물건의 다른 용도를 두 모둠이 번갈아 가며 대기
2. 더 많은 가짓수의 용도를 댄 모둠이 승리
3. 토너먼트식으로 게임하여 최종 우승 모둠 가리기
4. 우승 모둠에겐 '상상왕'이라는 별명 지어주기

감정 고려하기

"친구들과 함께 이야기 나누는 것이 재미있어요."

"나무를 보면 마음이 포근해져요."

현대인은 감정이 메말랐다고들 합니다. 만약 감정이 없다면 우리는 어떤 모습일까요? 상상이 잘 안 가기도 하지만, 솔직히 상상하기도 싫은 질문입니다. 왜냐하면 감정은 사람됨을 이루는 아주 중요한 요소이기 때문입니다.

감정은 희로애락과 선호 등을 통해 우리를 드러냅니다. 나아가 우리의 감각과 생각, 행동의 중간 어디쯤에서 그들을 읽어주고 평가하고 조정하기도 합니다. 우리들의 생각이나 행동에 커다란 영향을 주는 거지요.

이런 점에서 최근 감정에 대한 관심이 높아지고, 감정교육도 활발해지는 것은 매우 다행스런 일입니다. 이제 감정을 사고기술의 관점에서도 바라보면 좋겠습니다.

어떤 감정이 생기나요?
(또는 느낌이 드나요?)

내용	나나 다른 사람의 감정에 대해 관심을 갖고 생각해요.
효과	감정을 알아차리고 이해하고 다스릴 수 있어요.
발문	어떤 감정이 생기나요?(느낌이 드나요?)
발표문형	마음(감정, 기분)이 ~ (~를 느꼈습니다.)
예시문장	**마음이** 슬픕니다. 편안함을 **느꼈습니다.**

- **감정에 대한 인식들** - 오랫동안 감정은 부정적 평가를 받아왔습니다. 이성을 망가뜨리는 주범으로 절제되어야 할 것으로 치부된 거죠. 하지만 현대에 들어 감정은 사람을 사람답게 할 뿐 아니라 생각과 행동을 바르게 이끄는 데 매우 중요한 것으로 생각합니다. 감정에 대한 재발견이지요.

- **감정 고려하기** - 감정을 고려한다고 할 때는 세 가지 차원이 있습니다. 하나는 감정 자체를 하나의 판단으로 간주하는 겁니다. 다른 하나는 감정에 대해서 생각하는 것이고 나머지 하나는 감정을 다른 생각의 도구로 쓰는 겁니다. 그리고 위의 세 차원은 매우 밀접하게 얽혀있습니다.

- **감정과 느낌** - 느낌과 감정을 구별하기도 합니다. 하지만 여기에서는 감정의 범주로 묶으려고 합니다. 그래서 느낌, 기분, 감정이라는 말의 혼용은 자연스러운 일입니다. 정서 역시 보다 지속적인 상태라는 점에서 조금 다른 의미를 가지지만 감정에 포함시키려고 합니다.

- **감정에 대한 평가** - 감정교육은 대개 감정 용어 익히기, 감정 알아차리기, 바람직한 감정의 표현 등을 중심으로 이루어집니다. 하지만 감정 자체의 바람직함을 따져보는 것도 중요합니다. 왜냐하면 어떤 감정은 잘못된 정보나 오해 혹은 왜곡에서 비롯될 수 있기 때문입니다.

감정 스피드퀴즈

팀으로 나눠 감정단어를 몸짓과 얼굴표정으로 설명하여 빨리 맞히면 이기는 놀이이다. 감정에 대한 흥미를 끌어낼 수 있고, 감정 언어 표현력을 키울 수 있다. 학기 초 친교 활동으로 감정에 대한 경험을 공유하고 서로에 대해 좀 더 친밀해질 수 있는 놀이이다.

소요 시간	20분	수업 대상	초등학교 6학년	수업 교과	창체
준비 사항	감정카드, 타이머				
유의 사항	1. 다양한 감정단어 알기를 수업한 후 활동을 하면 효과적이다. 2. 활동 후 감정 일기 쓰기, 감정 이야기 만들기 등의 수업으로 연계할 수도 있다. 3. 개인전이나 모둠 대항전 활동으로 진행해도 효과적이다.				

▶ 감정단어를 표정과 몸짓으로 표현하고, 이를 보고 알아맞히는 아이들의 모습

1. 감정단어 알아보기

교사: 지금 현재의 기분, 감정을 감정카드에서 찾아보고 말해볼까요?

윤아: 지금 저는 걱정스럽습니다. 왜냐하면 학원에서 시험을 치기 때문입니다.

이안: 오늘 재밌는 일이 있을 거 같아서 기분이 참 좋습니다.

주호: 얼굴에 자꾸 뽀루지가 나서 짜증이 납니다.

교사: 그 외에 어떤 감정이 더 있나 살펴봅시다.

2. 전체 인원을 두 팀으로 나누기

교사: 두 팀으로 나눠 '감정 스피드퀴즈' 놀이를 하려고 해요. 표정이나 몸짓만 보고 감정단어를 많이 맞힌 팀이 이기는 놀이입니다.

3. 감정카드를 바구니에 담아두기

교사: 감정이 적힌 감정카드도 2개의 바구니에 나눠서 담아둘게요.

4. 각 팀에서 한 명이 나와서 바구니에 든 감정카드 하나 선택하기

교사: 각 팀의 첫 번째 주자는 교실 앞에 있는 바구니에서 감정카드 하나를 집습니다. 그리고 자기 팀에 가서 문제를 내는 거예요. 놀이시간은 3분입니다. 타이머 소리가 울리면 놀이를 마쳐요. '자, 시작!'

5. 팀 친구들에게 감정단어를 몸짓, 표정으로만 표현하기

교사: 자, 첫 번째 주자는 이제 자기 팀에 가서 그 감정을 표정과 몸짓으로 표현해보세요. 먼저 그 감정이 어떤 것인지 이해가 되어야겠죠?

윤아: 이건 잘 모르겠는데요?

교사: 그럼 그 카드를 얼른 바구니에 다시 넣고 다른 카드를 뽑아 가세요.

▲ 감정카드 예시

6. 나머지 팀원은 어떤 감정을 표현했는지 알아맞히기

교사: 지금 어떤 감정을 표현하고 있는지 맞혀보세요.

7. 계속 이어서 문제 내고, 많이 맞힌 순서로 승부 가리기

교사: 알아맞히거나, 끝까지 못 맞혀 '패스'를 하면 팀의 다른 학생
이 이어서 하면 됩니다. 이제 각 팀이 몇 개씩 맞혔는지 확인
해볼까요?

이안: A팀은 6개, B팀은 7개입니다.

교사: 감정카드를 7개 맞힌 B팀이 이겼습니다.

8. 놀이 후 소감 나누기

교사: 재미있었거나 어려웠던 점을 이야기해볼까요?

윤아: '화나다' 카드는 동생이 자주 귀찮게 하기 때문에 제가 화를
잘 내서 얼굴표정이나 몸으로 표현하기가 쉬웠어요.

이안: 친구 얼굴표정으로 감정 알아맞히기가 너무 어려웠어요.

교사: 몸으로 감정표현 문제를 낸 친구들의 소감을 들어볼까요?

주호: 감정단어의 뜻은 아는데, 표정이나 몸짓으로 표현하려니까
어떻게 표현해야 할지 몰라서 어려웠어요.

해수: '홀가분하다'라는 단어는 낱말 뜻을 잘 몰라서 어려웠어요.

교사: 놀이하면서 알게 된 점은 무엇인지 이야기해볼까요?

승주: 얼굴표정과 몸짓으로도 감정이 나타난다는 것을 알았어요.

준서: 표정, 몸짓으로 알아맞히기 어려운 감정도 많은 거 같아요.

◆ 정규 수업 시간 외에
'감정 출석부' 활동을
할 수 있다. 감정카드
를 참고하여 그날 자
신의 기분이나 감정을
말하거나 표시하면 교
사는 이를 학생지도에
참고할 수 있다.

◆ 이때 각 팀은 패스한
것과 맞힌 카드를 분
리하여 모아둔다.

◆ 활동 후, 맞히지 못한
감정들을 누가 표현해
볼 수 있을지 물어보
고 아이들에게 기회를
준다.

◆ 심화활동으로 얼굴표
정 그리기를 하면 감정
단어에 더 친숙해질 수
있다.

◆ 알아맞힌 감정카드를
1개씩 나누어 갖고 그
감정을 느꼈던 경험 나
누기를 할 수도 있다.

 교사의 놀이 성찰

감정 스피드퀴즈에 학생들이 무척 재미있어하며 참여했다. 서로 빨리 맞히고 싶어
하는 경쟁 심리도 더해져 한층 활기차게 진행된 놀이이다. 수업 대상이 고학년이어
서 감정표현을 부끄러워하며 꺼릴 줄 알았는데 퀴즈 놀이 형태로 하니 적극적으로
단어에 어울리는 얼굴표정과 몸짓을 지으려 노력했다. 자신의 감정뿐 아니라 친구
들, 다른 사람의 감정을 찾으려 애썼고, 평소에 잘 인식하지 못하고 말로 표현하지
못했던 감정을 상상하고 추측하는 모습이었다.

이렇게 놀이할 수도 있어요

모둠별 퀴즈 놀이하기

1. 모둠을 조직하고 가위바위보로 문제를 낼 순서 정하기
2. 문제를 낼 친구는 감정카드 10장 선택하기
3. '시작'이라고 외치면 감정을 얼굴표정과 몸짓을 활용하여 정해진 시간(1분~1분 30초) 동안 모둠친구들에게 설명하기
4. 나머지 모둠 친구들은 어떤 감정단어를 표현하는 것인지 맞히기
5. 정답을 맞히거나 패스일 경우 다음 모둠원에게 설명 기회 넘기기
6. 정해진 시간 안에 가장 많은 감정단어를 맞힌 모둠이 승!

표정 몸짓 전달하기

1. 모둠원을 한 줄로 세우기
2. 첫 번째 학생을 제외한 나머지는 뒤로 돌아서기
3. 첫 번째 학생은 감정단어를 골라 감정에 어울리는 얼굴표정과 몸짓을 생각한 후, 두 번째 학생의 등을 두드려서 자신을 보게 하기
4. 두 번째 학생은 첫 번째 학생의 얼굴표정과 몸짓을 보며 감정단어를 추측한 뒤 앞 사람의 행동 반복하기
5. 마지막 모둠원은 표정, 몸짓을 바탕으로 감정단어 이름 맞히기
6. 정해진 시간 안에 가장 많이 맞힌 모둠이 승!

사진감정 맞히기

1. 다양한 표정이 드러난 사진(파일) 준비하기
2. 각 모둠의 인원수가 동일하게 모둠 조직하기
3. 각 모둠의 첫 번째 주자가 출발점에서 문제를 맞힐 준비하기
4. 사진 이미지의 일부분(크게 확대)만 보여주기
5. 사진 이미지 속 감정단어를 알아차리면 앞으로 나와 빠른 순으로 줄서기
6. 감정단어의 이름과 의미를 말한 후 사진 이미지와 같은 표정 짓기
7. 맞힌 학생은 모둠 점수 획득!

연극을 멈춰!

연극을 하는 과정에서 인물들의 감정이 적절한지 판단하는 놀이이다. 주어진 대본대로 연극하는 과정에서 부적절한 감정표현이 있으면 누구든 '멈춰!'라고 외치고 직접 고쳐본다. 그렇게 고친 이유를 이야기 나누면서 적절한 감정과 그 표현에 대해 함께 생각하고 행동하는 기회를 갖는다.

소요 시간	30~40분	수업 대상	초등학교 6학년	수업 교과	도덕
준비 사항	연극 대본 '동희의 후회'(부록 309쪽)				
유의 사항	1. 본 활동에 들어가기 전에 토론연극의 내용과 목적에 대해 이해하는 것이 효과적이다. 그래야 학생들이 장난치지 않고 감정에 대해 더욱 집중할 수 있기 때문이다. 2. 연극대본은 사례에 소개된 것 이외에도 다양하게 활용할 수 있다. 감정에 대해 학생들의 관심을 자극할 만한 것이면 무엇이라도 좋다. 3. 토론이 지나치게 길어지거나 심화되지 않는 것이 좋다. 이 활동의 목적은 학생들이 실제 생활 장면에서 감정과 관련된 부적절한 부분을 직관적으로 파악하고 적절하게 바꾸어 말하거나 행동해보는 데에 목적이 있기 때문이다.				

▶ 감정토론연극을 하고 있는 아이들의 모습(위/좌우)과 감정의 적절성 판단하기(아래)

1. 토론연극에 대해 이해하기

교사: 토론연극이 무엇인지 알아볼까요?

- 내용: 연극을 보다가 부적절한 장면이 있으면 고치기
- 목적: 적절한 감정이나 말, 행동에 대해 함께 생각하고 직접 행동해보기

교사: 오늘은 주로 감정에 주목해보는 토론연극이에요.

- 내용: 연극을 보다가 감정과 관련하여 부적절한 장면이 있으면 고치기
- 목적: 감정과 관련된 말이나 행동의 적절성에 대해 함께 토론하고 직접 행동해보기

2. 연극 대본 읽기

교사: 각자 역할을 정해 연극 대본 '동희의 후회'를 읽어봅시다.

3. 연극할 배우를 선정하고 연극하기

교사: 토론연극을 할 배우를 뽑으려고 해요. 동희, 희주, 명지, 지민이의 역할입니다.

학생들: (역할을 희망하여 맡은 4명의 학생들이 교실 앞쪽으로 나온다)

학생들: (연극 대본을 보며 각자 맡은 역할을 연기한다)

4. 부적절한 감정이나 표현에 '멈춰!' 외치고 고치기

교사: 연극을 하는 동안에 배우들의 감정과 관련된 말과 행동을 보고 바꾸고 싶은 장면에서 '멈춰'라고 외칩니다.

교사: 그리고 앞에 나와서 그 부분을 자신의 생각대로 고쳐서 연기에 참여해보는 거예요.

교사: 지금 멈춰!라고 했는데 누구의 역할을 대신하고 싶은 건가요?

승주: 희주의 역할을 제가 대신 해보고 싶습니다.

교사: 그럼 앞으로 나와서 희주 대신 해보세요.

승주: 동희야, 네 컴퓨터는 다음에 보는 게 어떨까? 우리 다른 놀이 하자.

◆ 토론연극의 목적과 의도 등에 대해 학생들에게 설명한 후 시작하는 것이 좋다.

◆ 대본은 부록(309쪽)에 실어놓음

◆ 배우는 감정을 과하게 표현할수록 좋고 연기에 열정적이고 표현력이 풍부한 자원자를 고른다.

◆ 활동 전에 미리 배우를 선정하여 연극을 연습해놓으면 훨씬 효과적으로 본 놀이를 실시할 수 있다.

◆ 지목당한 배우를 제외한 다른 배우들은 바뀌는 말이나 상황에 맞게 자연스럽게 자기 역할을 수행하도록 한다.

5. 고친 이유에 대해 간단히 토론하기

교사: 왜 그렇게 고쳤나요?

승주: 동희가 친구들에게 집과 컴퓨터를 자랑하는 것은 다른 친구, 특히 명지의 감정을 생각하지 않은 것이기 때문에 말리는 것이 옳다고 생각해요.

교사: 여러분은 어떻게 생각하나요?

교사: 혹시 이 부분을 다른 표정이나 말, 행동으로 바꿔보고 싶은 사람이 있나요?

6. 이후의 연극을 극본대로 계속 진행하고 4, 5를 끝까지 반복하기

교사: 연극을 계속 진행해봅시다.

7. 활동 후 소감을 나누기

교사: 토론연극을 한 소감을 발표해봅시다.

윤아: 연극을 보니 생생한 감정을 느낄 수 있었다.

이안: 연극을 하며 토론을 하니 더 재미있다.

주호: 적절한 감정을 판단하고 다시 연극하니 새로운 이야기 같다.

해수: 친구들의 감정을 고려해서 말해야겠다.

8. [선택] 극본 다시 쓰기

교사: 오늘의 놀이를 기반으로 해서 극본을 다시 써볼까요?

내가 쓰고 싶은 극본은…

◆ 토론이 지나치게 길어지거나 심화되지 않는 것이 좋다. 다양한 장면, 다양한 감정을 다루는 것이 중요하다.

◆ 선택심화활동으로 오늘의 활동을 중심으로 극본을 고쳐서 써보는 것도 좋다.

교사의 놀이 성찰

학생들은 토론연극 과정에서 연극의 내용을 더 잘 파악하고 생생한 감정을 느끼며 재미있어했다. 연극 장면에서 불편했던 부분의 말과 행동을 자신의 판단대로 자신의 말로 바꾸면서 연극 속 인물에게 공감했다. 연극에서 부적절한 감정표현과 잘못된 행동을 객관적 시각으로 보고 자신의 행동에 대해 성찰해보는 계기도 됐다. 자신의 의도와는 다르게 친구의 감정을 상하게 하는 말을 할 수 있겠다는 소감과 상처 주지 않으려면 친구를 고려하는 말과 넓은 마음을 가져야겠다는 소감을 이야기했다.

연극 속 문제 상황에 대해 토론하며 적절한 감정과 행동을 판단하고 찾아가는 과정에서 감정을 고려한 말로 친구들과 소통하고 공감을 받아야 함을 느끼며 이해했다. 학생들이 토론연극에 즐겁게 참여했고 짧은 시간이었지만 상황과 감정에 몰입한 수업으로 만족도가 높았다. 무심코 하는 말이 다른 사람에게 상처를 줄 수 있다는 것을 알고 상황을 잘 파악하여 적절한 감정으로 표현할 수 있었으면 하는 마음이다.

이렇게 놀이할 수도 있어요

관객이 배우의 동작 바꾸기

1. 문제가 될 만한 장면에서 배우들이 동작을 멈추도록 '멈춰!' 외치기
2. 그 장면에서 배우의 동작을 어떻게 바꾸고 싶은지 제안하기
3. 제안한 학생이 배우의 신체를 직접 움직여 동작을 바꿔주기
4. 어떤 이유(마음)로 배우의 동작을 바꿨는지 이야기하기
5. 바꾼 동작에 대해 이야기 나누기
6. 활동 소감 나누기

영상 보고 멈춰! 하기

1. 짧은 영상을 보고 감정과 관련하여 부적절한 장면에서 멈춰! 외치기
2. 부적절한 부분에 대해 이야기나누기
3. 해당부분에 대한 말이나 행동 등을 실연해보기
4. 활동 소감 나누기

분류하기

"이건 도자기로 만들었지만 컵이에요. 물 마실 때 쓰잖아요."
"사람은 동물에 속해요."

만약 우리에게 분류라는 사고기술이 없다면 정말 모든 것이 혼란스러울 것입니다. 머릿속이 정리되지 않으면, 실제 생활에서도 많은 것이 정리되지 않은 채 뒤죽박죽 뒤섞여있을 테니까요.

예를 들어 마트에 가면 물건들이 같은 종류끼리 모여서 다른 종류의 물건과 구분되어있습니다. 그래서 우리는 편리하게 물건을 살 수 있습니다. 세상의 대부분은 그렇게 같은 특징을 가진 것으로 묶여 다른 것들과 구별됩니다. 생각도 마찬가지입니다.

분류는 체계를 만들어주고 정리해줍니다. 그를 통해 우리는 세상을 좀 더 가지런하고 질서 있게 이해하고 또 새롭게 구성해갈 수 있습니다.

○○은 어디에 속할까요?
(또는 ○○은 어디로 나눠야 할까요?)

'분류하기' 놀이를 시작하기 전에

내용	같은 종류끼리 묶어요.
효과	체계를 세우고 정리를 할 수 있어요.
발문	~ 은 어디에 속할까요?
발표문형	~ 은 ~ 에 속합니다.
예시문장	사람은 동물에 **속합니다.**

- **분류의 기초** - 분류를 잘 하기 위해서는 먼저 관찰을 통해 대상의 특징을 잘 파악해야 합니다. 그리고 그를 바탕으로 공통되는 특징을 가진 것끼리 모을 수 있어야 합니다. 따라서 관찰하기와 공통점 차이점 찾기는 분류를 위해 꼭 필요한 기초적인 사고기술입니다.

- **분류의 다양한 의미** - 분류를 말 그대로 풀면 종류대로 나누는 것입니다. 다르게 표현하면 같은 종류끼리 묶는다는 의미이기도 합니다. 이것은 집합의 개념과 유사하며, 대상을 정의하는 중요한 절차이기도 합니다. 유리컵, 종이컵은 모두 컵이라는 하나의 집합에 속하는 것입니다.

- **분류의 기준** - 분류에서 기준은 매우 중요합니다. 이때 기준은 명료하면서도 엄밀해야 합니다. 물론 아무리 기준을 잘 만들어도 그 경계에 있는 것도 많습니다. 이럴 때는 기준을 더 세밀하게 하거나 아니면 경계의 영역을 따로 두기도 합니다.

- **분류의 유의점** - 분류가 불필요한 경우도 많고 또 편견이나 선입견을 조장할 때도 있습니다. 예를 들어 네 편과 내 편의 분류, 등급에 의한 사람의 분류, 지역이나 인종에 의한 분류, 심리검사에 의한 분류 등이 그런 위험을 가집니다. 특히 사람에 대한 분류는 늘 신중해야 합니다. 상황에 따라 활용할 뿐 그 대상을 특정 분류에 고착화시키지는 말아야 합니다.

단어 분류하기

미리 정해놓은 단어 또는 즉석에서 정한 단어를 기준에 따라 분류하는 놀이이다. 단어들의 여러 가지 속성을 고려하여 분류기준을 세우고, 그에 따라 분류해보는 활동을 통해 해당 사고기술을 연습할 수 있다.

소요 시간	40분	수업 대상	초등학교 3학년	수업 교과	창체
준비 사항	단어 카드(반 인원수만큼), 활동지(A4 종이, 반 인원수만큼)				
유의 사항	1. 과학에서 말하는 분류하기의 엄격한 기준을 따르지 않는다. 전체 단어를 두 묶음으로만 나누도록 하면 너무 어려워서 학생들이 의욕을 잃을 수 있다. 만약 학생들이 어려워한다면 세 묶음, 네 묶음도 허용해준다. 2. 학생들이 단어를 어느 쪽으로 분류할지 교사에게 질문할 경우에는 대신 분류해주지 말고 질문 속에 들어 있는 개념에 대해 되물어준다. 예를 들어 살아있는 것과 그렇지 않은 것으로 분류기준을 정한 학생이 "해리포터는 살아있는 건가요?"라고 물었다면 "살아있다는 건 뭘까?"라고 되물으며 학생이 한 번 더 사고할 기회를 준다. 3. 분류할 단어들을 교사가 제시해주는 경우, 제시하는 단어의 속성은 학생들의 수준을 고려한다. 저학년의 경우에는 비슷한 속성을 찾기 쉬운 2~3개의 단어군을 준비한다. 점차 비슷한 속성을 찾기 어려운 단어들을 준비한다.				

▶ 칠판에 붙인 단어들(위쪽)과 분류하기 놀이를 하고 있는 학생의 모습(오른쪽)

놀이 Tip 🔔

1. 분류가 무엇인지 이야기해보기

교사: 분류에 대해 알고 있는 것을 말해봅시다.

서준: 과학 시간에 들은 것 같아요. 나누는 거예요.

로운: 기준이 있어야 나눌 수 있어요.

교사: 우리 생활 속에서 분류는 언제 쓰일까요?

현아: 재활용 쓰레기를 종류별로 나눠서 버릴 때요.

지은: 방을 정리할 때요.

교사: 단어 분류하기 놀이는 보여주는 단어들을 잘 살펴보고 자신이 떠올린 기준에 따라 단어들을 나누는 놀이입니다.

2. 친구들이 적어 낸 단어를 하나씩 살펴보기

교사: 단어카드에 단어 하나씩을 적어서 내세요. 이제 단어를 하나씩 살펴보겠습니다. 뜻을 잘 모르는 단어가 있으면 물어보세요.

우주	해리포터	화산	숙제	연필
분홍색	유리	비행기	질소	우정
올챙이	모기	도윤 킹	짱구	마이 멜로디
용암	자살	개구리	표범	위티

현우: '유리'라는 단어는 물건 유리인지 짱구에 나온 캐릭터 이름인지 궁금해요.

3. 활동지에 자신이 정한 기준을 적고 분류하기

교사: 활동지에 자신이 정한 기준을 적어보세요. 그런 다음 기준에 맞게 단어들을 분류하여 적어봅시다.

서준: 선생님. 해리포터는 살아있는 건가요?

교사: 살아있다는 건 뭘까? 네 생각에는 해리포터가 살아 있다고 생각하니?

서준: 실제로 살아있는 것은 아닌 것 같아요. 그냥 캐릭터지요.

로운: 저는 해리포터가 살아 있다고 생각해요.

교사: 왜 그렇게 생각하니?

로운: 이야기 속에서 죽지 않았으니 살아있는 거라고 생각해요.

교사: 두 사람은 살아있다는 것의 의미를 다르게 생각하고 있구나. 왜 그렇게 생각하는지 서로 그 이유를 들어보고 토론하면서 분류해보면 정말 재미있겠다.

◆ 하나의 기준에 맞춰 단어를 두 부류로 분류하기를 몹시 어려워하여 활동에 참여하지 못할 경우 단어를 세 부류로도 나눌 수 있다고 말해준다.

4. 다 쓰고 난 후, 무작위로 활동지 발표자 뽑기

교사: 자신이 쓴 활동지를 발표해봅시다. 선생님이 뽑을게요.

5. 나누어진 단어들을 듣고 분류기준 맞히기

교사: 서준의 발표를 듣고 분류기준을 맞혀봅시다.

서준(발표자): 나는 '올챙이, 모기, 짱구, 개구리, 표범' 그리고 나머지로 나누었어. 무엇을 기준으로 나누었을까?

로운: 살아있는 것과 살아있지 않은 것?

서준(발표자): 정답~!

(이후 움직이는 것과 움직이지 않는 것, 실제로 존재하는 것과 그렇지 않은 것 등의 기준으로 발표)

6. 소감 발표하기

교사: 단어 분류하기 놀이를 해본 소감을 발표해 봅시다.

서준: 어떻게 나눌지 생각해보는 게 재미있었어요.

로운: 분류된 단어를 보고 기준을 맞혀보는 게 재밌어요.

현아: 과학시간에 분류해보았던 것이 떠올랐어요.

지은: 단어를 이쪽에 넣을지 저쪽에 넣을지 몰라서 고민했어요.

7. 분류를 하면서 궁금했던 부분으로 질문 만들기

교사: 단어를 분류하며 생긴 궁금증으로 질문을 만들어봅시다.

서준: 영화 안에서 살아있는 것도 살아 있다고 할 수 있을까?

로운: 용암은 살아있는 걸까?

현아: 사람이 키우는 나무는 자연일까?

◆ 시간 관계상 모두가 발표하지 못하는 경우 놀이가 끝난 후 활동지를 게시판에 게시해주고 궁금증을 쪽지에 적어보도록 하면 좋다.

◆ 초등 3학년 과학 기초탐구 분류 차시와 연결해볼 수 있다.

💬 교사의 놀이 성찰

단어를 분류할 때 학생들은 필연적으로 단어들의 속성과 분류기준의 속성에 대해 고민하게 된다. 그러한 과정에서 나온 학생들의 질문으로 대화를 나누었던 것이 기억에 남는다. 학생들의 질문을 되돌려주고, 예를 들어보고, 공통점과 차이점을 찾아보며 다양한 사고기술을 연습할 수 있는 점도 좋았다. 몇 번의 질문과 대답 끝에 나름의 결론을 내려 분류하는 학생들이 참 예뻤다. 다양한 토론거리를 만들어낼 수 있는 점도 단어 분류하기 놀이의 또 다른 장점이다. 놀이가 끝난 후에도 학생들이 놀이 과정에서 발생한 토론거리를 가지고 계속 대화하는 모습을 볼 수 있어 좋았다.

모둠이 함께 단어 분류하기 이렇게 변형하면 친구와 나의 생각이 다를 수 있음을 경험할 수 있다. 또한 모둠으로 하는 경우 발표 사례 역시 모둠 개수대로 줄어들기 때문에 모든 사례를 다룰 수 있다. 하지만 의견 내는 것을 어려워하는 학생의 경우 모둠 과제에 자신의 생각을 반영할 기회가 적어질 수 있다. 따라서 모둠의 생각과 나의 생각이 다른 경우에는 자신의 생각을 따로 기록하도록 하거나, 발언권을 골고루 가질 수 있도록 토킹 스틱(Talking stick)을 사용하면 좋다.

1. 분류기준을 정하고 단어 분류할 때 모둠원과 상의하기
2. 그 외에는 같은 절차로 진행하기

모둠 이동하여 분류기준 맞히기 이렇게 변형하면 다른 모둠의 분류기준에 대해 의논해볼 기회가 늘어난다. 모둠별로 점수를 부여한다면 재미를 더할 수도 있다.

1. 모둠별로 단어를 분류하기
   (활동지에 분류기준을 적지 않고 자기 모둠끼리만 알고 있기)
2. 각 모둠이 다른 모둠으로 이동하기
3. 친구들이 분류한 단어를 보고 분류기준 맞히기

단어가 되어 분류하여 보기(저학년용) 이렇게 변형하면 분류를 몸으로 느끼면서 놀이할 수 있고 참여도도 높일 수 있는 장점이 있다. 또한 모두가 함께 분류하기 때문에 분류에 대해 잘 몰라도 부담 없이 참여할 수 있다.

1. 분류할 단어를 학급 인원수에 맞게 목걸이로 만들어 걸기
2. 교사가 분류기준을 말해주면 이쪽, 또는 저쪽을 선택하여 이동하기
3. 단어를 어디로 분류하는 게 좋을지 반 학생들과 함께 고민하는 시간 갖기

세상 나누기

분류를 위한 적절한 기준을 정하여 세상을 몇 개의 나라로 나눈 뒤, 각 나라의 이름을 지어보는 놀이이다.

소요 시간	20분	수업 대상	초등학교 3학년	수업 교과	과학
준비 사항	세상 나누기 활동지(모둠별 1장- 부록 310쪽)				
유의 사항	1. 모둠별 경쟁보다는 반 전체 목표 달성을 강조하여 협동하도록 한다. 2. 학생들의 인식 범위에 맞게 세상 범위를 좁히거나 넓혀가며 놀이한다. - 우리 반 〈 우리 학교 〈 우리 마을 〈 우리 시(군) 〈 한국 〈 아시아 〈 세계 - 10살 〈 어린이 〈 초등학생 〈 청소년 - 동물/식물 〈 모든 생물 〈 모든 사물 3. 나눌 나라의 수가 많아질수록 난도가 올라간다는 점을 고려하여 처음에는 두 나라로 나누는 것부터 시작한다.				

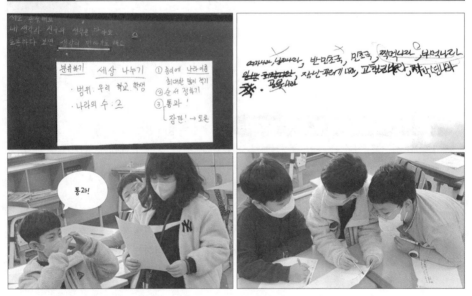

▶ 놀이 설명(왼쪽/위), 학생들이 적은 나라이름들(오른쪽/위), 모둠원의 발표를 듣고 통과시키는 장면(왼쪽/아래), 모둠 내 분류기준 토론(오른쪽 아래)

🗨️ 놀이 과정 자세히 들여다보기

놀이 Tip 🔔

1. 세상의 범위와 나눌 나라의 수를 정하기

교사: 세상이 어디까지인지, 나라를 몇 개로 할지 정하고 세상을 나누어보는 놀이를 해봅시다.

서준: 선생님, 무슨 말인지 잘 모르겠어요. 세상을 어떻게 나누어요?

교사: 예를 들어, 세상을 '전 세계 사람들'로 하고 나라를 '둘로 나누기'를 한다면, '남자 나라와 여자 나라'가 답이 될 수 있겠지요.

로운: 아하~! 무슨 뜻인지 알겠어요.

교사: 오늘은 '우리 학교'를 세상으로 하고 나라를 '둘로 나누기'를 해봅시다.

◆ 학년 특성과 경험의 범위를 고려하여 세상의 크기는 '우리 학교'로 정했다.

2. 제한 시간 내에 모둠끼리 여러 기준으로 세상 나누기

교사: 모둠이 함께 최대한 많은 방법으로 '우리 학교' 세상을 '둘'로 나누어봅시다. 나눈 내용은 활동지에 써봅시다.

학생들: 남자 나라와 여자 나라 / 안경 나라와 맨눈 나라 / 저학년 나라와 고학년 나라 / 외동 나라와 형제 나라 / 원래 나라와 전학 나라 / 지각나라와 안 지각나라… 선생님, 이렇게 나누어도 되나요?

◆ 5분 정도 제한 시간을 준다.

◆ '**나라와 ++나라로 나누어도 되나요?'와 같은 질문을 받았을 때는 '그렇게 나누면 세상을 둘로 나눌 수 있나요?'라고 질문을 되돌려주었다.

3. 모둠 발표순서 정하고 돌아가며 나라 이름 발표하기

교사: 이제 모둠 발표 순서를 정해보겠습니다. 사다리타기로 순서를 정하고 발표해 볼게요.

교사: 발표 모둠에서 '☆☆나라와 ◇◇나라' 라고 말하면, 나머지 친구들은 하나, 둘, 셋 한 뒤 '통과!'라고 하거나 '잠시!'라고 말합니다.

교사: 모두 다 '통과!'라고 하면 통과입니다. '잠시!'라고 누군가 말한다면 이 분류가 왜 잘못되었는지 말해보면 됩니다.

서준: 얘기해보니까 잘못되었으면 어떻게 하나요?

교사: 그것 말고 다른 것으로 발표를 합니다. 발표할 것이 다 떨어졌으면 탈락입니다.

로운: 선생님, 앞의 모둠에서 했던 것을 발표해도 되나요?

교사: 앞에서 발표했던 것을 다시 말할 수는 없습니다.

◆ 탈락한 뒤에도 다른 모둠들의 발표를 들으며 '통과' 또는 '잠시'를 외친다.

교사: 우리 반이 몇 바퀴 발표할 수 있는지 볼까요? 놀이를 시작해봅시다.

모둠 1: 안경 끼는 나라와 안경 안 끼는 나라!

모둠 2: 잠시! 렌즈 끼는 나라도 있기 때문에 안 됩니다.

모둠 1: 렌즈 끼는 사람도 안경 끼는 사람이잖아요.

모둠 2: 렌즈 끼는 거랑 안경 끼는 거는 다른데요. 우리 엄마는 낮에는 렌즈를 끼고 밤에는 집에서 안경을 껴요. 그런 사람도 있어요.

교사: 1모둠은 왜 렌즈 끼는 사람도 안경 끼는 사람이라고 생각하나요?

모둠 1: 안경 끼는 사람이 렌즈도 끼고 안경도 끼는데, 안경 안 끼는 사람은 아무것도 안 껴요.

교사: 그럼 1모둠이 생각하는 '안경 끼는 사람'이란 어떤 사람인가요?

모둠 1: 시력이 안 좋은 사람이요.

교사: 그렇다면 나라 이름을 바꾸어볼까요?

모둠 1: 눈이 좋은 나라와 눈이 안 좋은 나라요. 아니면 안경이 필요한 나라와 안경이 필요 없는 나라도 돼요.

◆ 우리 반 전체의 목표 달성을 다른 모둠도 응원하도록 분위기를 조성한다.

4. 얼마나 많은 분류기준을 만들었는지 확인하기

교사: 놀이가 끝났습니다. 우리 반에서 몇 개의 분류기준을 만들었나요?

학생들: 10개를 만들었어요.

교사: 함께 응원하며 놀이를 즐긴 우리 반을 칭찬합니다.

◆ 세상의 범위를 동물로 한다면 초등 3학년 과학의 동물 분류하기 차시와 연계할 수 있다.

5. 소감을 발표하기

교사: 놀이를 해보고 느낀 소감을 발표하여 봅시다.

서준: 우리 모둠에서는 분류기준을 3개 만들었는데. 다른 모둠이랑 기준이 겹치는 것도 두 개 있었어요.

로운: 우리 학교를 여러 가지 방법으로 나눌 수 있다는 게 신기했어요.

현아: 분류가 잘못되었다고 친구가 논리적으로 이야기하니까 나도 모르게 설득당하고 인정할 수밖에 없었어요. 그런데 그 느낌이 신기하고 재미있었어요.

세상의 범위를 어떻게 설정하느냐에 따라 다양하게 활용해볼 수 있는 놀이인 것 같다. 탈락한 학생들도 분류기준이 적절한지, 그렇지 않은지 함께 판단하고 토론해볼 수 있는 점이 좋았다. 분류를 잘하기 위해서는 개념 정의가 필요한 경우가 많았다. 그러다 보니 자연스럽게 개념의 속성을 따져 묻는 토론 장면을 끊임없이 볼 수 있었다. 다른 모둠의 분류기준에 대한 판단 단계에서 학생들의 경청을 이끌어낼 수 있었던 점도 좋았다. 세상을 두 나라로 분류해보니 어디에도 속하지 않는 부류가 나오기도 했다, 그때 '나라를 세 개로 하면 안 되나요?'라는 질문도 나왔다. 놀이를 통해 아이들이 '분류'에 익숙해진다면 세 나라, 네 나라 만드는 것도 도전해볼 수 있겠다는 생각이 들었다.

💡 이렇게 놀이할 수도 있어요

모둠 안에서 개인별로 놀이하기 이렇게 변형하면 개인적인 의견을 개진할 기회를 더 많이 가질 수 있다. 다만 활동에 어려움을 느끼는 학생도 있을 수 있으므로 모둠별 놀이가 익숙해진 뒤 실시하면 좋다.

1. 세상의 범위와 나눌 나라의 수를 정하기
2. 제한 시간 내에 개인별로 여러 기준으로 세상 나누기
3. 그 뒤 과정은 같음

나라의 이름을 듣고 그 안에 들어갈 것 찾기 이렇게 변형하면 안내된 분류기준에 해당하는 분류 대상만 찾으면 되므로 분류하기에 익숙하지 않은 학생들이 안정적으로 활동할 수 있다.

1. 교사가 세상의 범위, 나눈 나라의 수, 나라의 이름(분류기준)을 안내하기
2. 모둠별로 그 나라에 들어갈 구성원 찾기
3. 순서대로 발표하고 소감 나누기

나눈 결과에서 제대로 분류되지 않은 것 찾기 이렇게 변형하면 비판적 사고를 작동시켜 분류활동을 반성하고, 나아가 분류를 잘하는 방법에 대해 토론해볼 수 있다.

1. 세상을 나눈 결과 안내하기
   (예: 세상의 범위, 나눈 나라의 수, 나라의 이름, 구성원 포함)
2. ○○나라에 들어갈 수 없는 구성원 찾고 그 이유 나누기

비교하기

"엄마의 손이 내 손보다 더 작아요."

"올해 감 수확량이 최근 10년 동안 가장 많았어요."

살면서 우리는 알게 모르게 수많은 비교를 합니다. 양도 비교하고 질도 비교하죠. 그러면서 우리는 대상의 순서를 정하고 선택과 결정을 하기도 합니다. 그러니 '비교하기'는 현명한 의사결정을 위해서라도 꼭 필요한 사고기술이라고 할 수 있습니다.

하지만 때때로 불필요한 비교도 있습니다. 예컨대 자신의 능력이나 외모 등을 다른 사람과 비교하여 자신감을 잃어버리거나, 반대로 우월감을 갖는 등의 비교는 부정적인 영향을 미치기도 합니다. 이런 비교는 스스로를 있는 그대로 존중하지 않게 만들기도 합니다.

비교의 결과는 말로 표현되기도 하지만 부호나 그래픽 같은 시각적 도구들을 활용하여 좀 더 명시적으로 표현되기도 합니다.

△와 □ 중에서
어떤 게 더 ~ 할까요?

내용	정도의 차이를 서로 견주어요.
효과	순서를 정할 수 있어요. 더 나은 것을 선택할 수 있어요.
발문	~와 ~ 중에서 어떤 게 더 ~할까요?
발표문형	△이 ▢보다 더 ~ 합니다.
예시문장	하늘**이** 바다**보다 더** 넓습니다.

- **비교하기의 의미** - 사전을 보면 '둘 또는 그 이상의 사물이나 현상을 견주어 서로 간의 유사점과 공통점, 차이점 따위를 밝히는 일'이라고 되어있습니다. 그래서 보통 비교를 공통점 차이점 찾기와 같은 것으로 생각하지만 엄밀히 말하면 같지 않습니다.

- **견주어 보기** - 비교에서 중요한 말은 '견주다'라는 말입니다. 이 말은 '둘 이상의 사물을 질(質)이나 양(量) 따위에서 어떠한 차이가 있는지 알기 위하여 서로 대어보다.'라는 뜻입니다. 다시 말해 정도의 차이를 알아보는 것입니다. '더'나 '덜' 혹은 '가장'을 파악하는 거죠.

- **기준** - 공통점 차이점 찾기, 분류하기와 마찬가지로 비교하기에서 기준은 매우 중요합니다. 길이나 무게와 같은 양적 비교이든, 재미나 아름다움과 같은 질적 비교이든 반드시 기준이 필요합니다. 이런 점에서 '공통점과 차이점 찾기', '분류하기'와 '비교하기'는 기준을 가지고 생각하는 것으로써 비판적 사고에서 가장 핵심적인 사고기술입니다.

- **비교에 대한 성찰** - 비교는 꼭 필요한 사고기술이지만 부적절한 비교도 많습니다. 대한민국 사람들의 행복지수가 낮은 이유가 비교심리 때문이라고 말하고 있습니다. 따라서 비교할 때는 그 의미와 가치를 생각해보는 것도 필요합니다.

늘어나라!

'늘어나라' 놀이는 대상의 상태가 변화한 것을 그림으로 그리고, 그 변화의 전후를 비교하는 문장으로 표현하는 놀이이다. 간단하고 즐겁게 비교하기를 연습할 수 있다.

소요 시간	40분	수업 대상	초등학교 4학년	수업 교과	도덕
준비 사항	한 사람당 A4 1/2(세로), 색 사인펜, 색연필				
유의 사항	1.비교는 자칫 잘못하면 대조나 분류와 혼동할 수 있다. 비교는 두 가지 이상의 대상을 같은 기준으로 정도의 차이가 얼마나 나는지 견주어 보는 사고기술이라는 점을 교사가 정확히 이해하고 있어야 한다. 2.늘어나는 마술책 만들기에서 다양한 비교가 이루어질 수 있도록 사전에 기준을 고려한 비교하기 문장을 만들어보는 연습을 충분히 한다. 3.학생들이 다양한 기준을 제시하지 못할 때를 대비해서 미리 기준 목록을 마련해 놓고 학생들이 놓친 것을 제시해주는 것이 좋다. 학생들의 흥미나 관심에 따라 경험 세계를 넘어 추상적인 개념들의 비교까지도 해볼 수 있도록 고려한다.				

▶ 늘어나는 마술책을 통해 다양한 비교를 경험하는 활동 모습

놀이 Tip 🔔

1. 비교 연습하기

교사: 선생님이 가지고 있는 물건을 비교해보세요.

서연: 색연필이 연필보다 더 길어요.

연우: 색연필이 연필보다 더 굵어요.

지훈: 색연필이 연필보다 더 무거워요.

2. 비교할 때의 기준 알아보기

교사: 색연필이 연필보다 더 길다고 했는데 이때 기준은 무엇인가요?

서연: 길이입니다.

교사: 무엇인가를 비교할 때 어떤 기준이 있을까요?

서연: 빠르기, 무게, 높이, 깊이, 거리…

◆ 학생들이 발표한 기준을 칠판에 계속 써두고 늘어나라 마술책을 만들 때 참고할 수 있게 한다. 이때 학생들이 발표하지 않은 기준도 함께 써주면 좋다.

3. 비교하고 싶은 대상과 기준 정하기

교사: 무엇을 비교하고 싶은지, 비교기준은 무엇인지 정해보세요.

◆ 공책에 비교하고 싶은 대상과 기준을 적어두면 좋다.

4. 늘어나는 마술책 만들기

교사: 만드는 방법입니다.

① 모든 학생에게 A4용지 세로로 $\frac{1}{2}$ 을 나눠준다.

② 가운데를 접고 나서, 접힌 선을 기준으로 대문 접기를 한다.

③ 그 상태에서 그림①을 그리고, 펼친 다음 그림②를 그린다.

④ 그리는 위치가 바뀌지 않도록 연필로 ①, ②를 쓴다.

⑤ 연필로 밑그림을 그리고 나서 색연필로 색칠을 한다.

⑥ 색 사인펜으로 이름과 비교하기에 대한 설명을 쓴다.

◆ 작업을 빨리 마친 학생은 뒷면에 비교하는 문장을 쓰도록 안내한다.

바깥 쪽 그림①
안쪽 그림②
안쪽 그림②
바깥 쪽 그림①

5. '늘어나라' 놀이하기

교사: 모둠에서 차례대로 접힌 그림과 펼친 그림을 보고 비교하는 문장을 만들어보세요.

서연: 펼친 그림에 있는 기린의 목이 더 길어요.

연우: 펼친 그림에 있는 나무의 높이가 더 높아요.

지훈: 펼친 그림의 산이 더 높아요.

서윤: 펼친 그림의 바다가 더 깊어요.

민주: 펼친 그림의 사람의 머리카락이 더 길어지고 생각도 더 많아졌어요.

6. 소감 나누기

교사: 활동하고 나서 재미있었던 점, 새로 알게 된 점, 칭찬할 점 같은 것을 말해보세요.

서연: 기린 목이 길어지는 게 재미있었어요.

연우: 친구들 상상력이 참 대단해요.

지훈: 내 머리가 자라면 자랄수록 기억도 잘했으면 좋겠어요.

서윤: 비교할 때는 기준이 있어야 하는 걸 알았어요.

◆ 모든 학생이 나와서 발표하는 것은 시간이 많이 걸리므로 모둠에서 고루 발표할 수 있도록 한다.

◆ 시간이 되면 기준이 무엇인지 알아맞히는 놀이까지 하는 것이 좋다.

 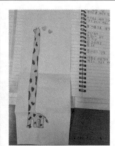

더 길어진 기린의 목

코로나19 팬데믹 전후

더 커지고 생각이 많아진 머리

더 커진 나무

'늘어나는 마술책'을 만드는 방법이 간단하다 보니 학생들이 비교를 위한 아이디어를 내는 데 시간을 좀 더 많이 쓸 수 있었다. 쉽게 떠올릴 수 있는 것도 좋지만, 주변에서 관찰한 것, 평소 느낀 것, 배운 것 따위를 비교해보는 것도 생각을 키우는 데 도움이 된다고 학생들에게 말해주었다.

소감 나누기를 할 때, 학생들은 비교하기가 무엇인지, 어떻게 비교해야 하는지, 비교하면 무엇이 도움이 되는지를 또렷하게 알게 되었다는 반응이 많았다. 중요한 것은 하나의 활동으로 끝내는 것이 아니라, 어떤 사고기술이 내면화되어 문제를 해결할 때 스스로 떠올려 작동되도록 꾸준히 익히도록 해야 한다는 것이다. 학생들의 사고활동에서 꾸준하게 적절한 사고가 일어나도록 교사가 관심을 가지고 성의 있게 도와야 할 일이다.

이렇게 놀이할 수도 있어요

모둠별 사물 비교하기

1. 두 개의 사물 준비하기
   (예: 지우개와 볼펜, 색종이와 책…)
2. 모둠별로 여러 가지 기준 정하기
3. 모둠별로 정한 기준에 따라 붙임쪽지에 사물 비교하기
4. 정해진 시간에 많이 비교할수록 잘한 것임
   또는 다른 모둠에서 정하지 않은 기준을 만들어 비교해도 잘한 것임

짝과 사물 비교하기

1. 두 개의 사물 이름카드 준비하기(칠판에 사물 이름을 써도 됨)
   (예: 갈매기와 참새, 나무와 풀…)
2. 짝끼리 놀이하기
   -각자 기준을 정하고 한 사람씩 완전한 문장으로 비교하기
3. 상대가 더 이상 기준에 따른 비교를 하지 못할 때까지 계속하기

짜잔! 마술책

사물을 기준에 따라 비교하거나, 사물의 전후를 비교하거나, 가치를 비교하는 놀이이다. 일상생활에서 자신도 모르게 하는 비교를 놀이를 통해 재미있으면서도 좀 더 분명하게 비교하는 연습을 하게 된다.

소요 시간	40분	수업 대상	초등학교 5학년	수업 교과	도덕
준비 사항	색지(또는 A4 용지나 색종이) 개인당 $1\frac{1}{2}$장, 붙임쪽지, 색 사인펜, 색연필, 활동지(부록 311쪽)				
유의 사항	1. 자연스럽게 비교를 유도하기 위해서는 비교의 전형적인 발표 문형인 '~ 더', '~덜', '가장'을 활용하여 비교 문장을 만드는 연습을 자주 하는 것이 좋다. 2. 비교하기와 관련된 교과 내용을 다루고 나서 미리 비교할 대상을 정해 오면, 본 차시에서는 '마술책'을 만들고 비교의 대상과 기준을 맞히는 놀이만 할 수 있어서 시간을 단축할 수 있다.				

▶ 성별을 기준으로 남자와 여자 비교한 학생의 그림

⁉️ 놀이 과정 재네히 들여다보기

1. 비교하기에 대해 알아보기

교사: 소영이와 선생님을 비교해보세요.

서연: 선생님은 키가 크고 소영이는 키가 작아요.

교사: 선생님이 소영이보다 더 크다는 거군요. 비교기준이 무엇인가요?

서연: 키요.

교사: 비교할 때는 기준이 중요해요. 같은 대상을 비교하더라도 기준이 무엇인지에 따라 달라지니까요. 예를 들어봅시다. 소영이와 선생님을 이제 나이를 기준으로 비교해 보세요.

연우: 선생님이 나이가 더 많아요. - 소영이가 나이가 더 어려요.

교사: 네, '~더'라는 말을 넣어 문장을 만드니까 비교가 더 정확하게 드러나네요. 그렇게 해봅시다. 하나 더 연습해볼까요? 이번에는 운동장과 교실을 넓이를 기준으로 비교해보세요.

지훈: 운동장이 교실보다 더 넓어요.

서윤: 교실이 운동장보다 더 좁아요.

◆ 둘 이상의 대상을 비교할 때 비교의 기준이 있다는 것을 학생들이 인식하도록 한다.

◆ 구체적인 대상 사이의 비교는 물론 추상적 개념 사이의 비교도 해볼 수 있다.

2. '짜잔! 마술책' 놀이 소개하기

교사: 마술책'을 만들고 처음 그림과 비교하여 나중 그림이 달라진 점, 비교기준이 무엇일지 알아맞히는 놀이를 해볼 거예요.

교사: 먼저 선생님이 만든 마술책을 보여줄게요. 꽃봉오리가 있지요? 펼치면 원래의 그림과 어떻게 달라져 있을까요? 기준이 무엇일까요?

서연: 더 큰 꽃봉오리가 있을 거 같아요. 크기가 기준이에요.

연우: 시든 꽃이 있을 거 같아요. 시간이 기준이에요.

◆ 미리 만들어놓은 '마술책'으로 흥미와 관심을 북돋는다.

3. '마술책' 만들기

교사: 이제 마술책을 만들어 봅시다. 동영상을 보면서 설명할게요.(학생들마다 마술책 자료를 나누어준다.)

교사: 비교하고 싶은 두 대상과 그 기준을 생각해보고 마술책에 그려보세요. 다른 사람이 보지 않도록 주의합니다. 기준과 비교하는 문장을 붙임쪽지에 메모해놓습니다.

◆ 마술책 동영상: https://www.youtube.com/watch?v=t9JxpZbGc14

◆ '마술책' 만드는 것을 힘들어하면 교사가 도와준다.

4. '짜잔! 마술책' 놀이를 하며 비교의 대상과 기준 맞히기

교사: 발표하고 싶은 사람은 앞에 나와서 자기가 만든 마술책의 그림 하나를 보여주세요. 1~2명에게 맞힐 수 있도록 발표 기회를 주세요.

서연: 펼치면 어떤 그림이 나올까요? 기준은 뭘까요?

연우: 나이가 더 많은 늙은 사람이 있을 것 같아요. 기준은 '나이'구요.

서연: 아닙니다. 지훈이가 말해주세요.

지훈: 머리카락이 긴 아이가 있을 것 같아요. 기준은 머리카락 길이입니다.

서연: (그림을 펴 보이면서) 맞았습니다.

교사: 하고 싶은 사람 나오세요. 똑같은 방식으로 하면 됩니다.

서윤: 펼치면 어떤 그림이 나올까요? 기준은 뭘까요?

민주: 색깔이 더 많은 나비가 나올 거 같아요. 기준은 색깔의 수입니다.

서윤: (그림을 펴 보이면서) 맞았습니다.

5. 소감 나누기

교사: 비교하기 놀이를 하면서 새롭게 알게 된 점, 더 궁금한 점이 있나요?

서연: 친구들이 생각하지도 못한 것을 비교해서 놀랐어요.

연우: 비교할 때 기준이 여러 개가 된다는 것이 재미있었어요.

지훈: 비교는 그냥 하면 되는 줄 알았는데 기준이 필요하다는 걸 알았어요.

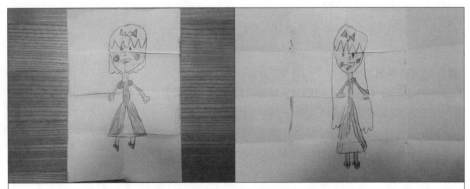

머리카락 길이를 기준으로 사람의 모습 비교한 학생의 그림

교사의 놀이 성찰

사람을 비교하는 경우 여러 가지 기준으로 비교할 수 있다. 그런데 키, 피부색, 경제적인 수준, 성적, 학벌 등을 기준으로 삼아 그렇지 않은 사람을 차별대우하는 경우가 있다. 자신이 기준이 되는 경우에는 자기와 처지가 같지 않은 사람을 차별하고 따돌리는 폭력을 가하는 바탕이 되기도 한다. 이처럼 일상에서 비교는 자칫 차별이나 편견으로 이어지고 있어서 비교하면 안 된다고 생각하는 경우가 있다. 비교하는 것 자체가 무조건 나쁜 것이고, 옳지 못한 것이고, 잘못된 것이라고 생각하는 경우가 있다. 그러나 비교 자체가 무조건 나쁜 것이 아니라 비교를 해도 되는 대상인지, 그 기준은 제대로 된 것인지를 비판적으로 검토해볼 필요가 있다. 비교할 때는 비교가 문제해결에 필요한 것인지, 좀 더 나은 생각이나 판단에 필요한 것인지, 새로움을 발견하는 데 필요한 것인지, 느낌을 풍요롭게 하는 데 필요한 것인지 등을 또렷이 알면 도움이 될 수 있다.

이렇게 놀이할 수도 있어요

비교를 통한 사실 찾기

1. '짜잔! 마술책' 놀이와 '비교대상과 기준 맞히기' 활동 동일하게 진행하기
2. '마술책'의 전후를 먼저 보여주기
3. 달라진 점과 비교의 기준 찾기

관계 찾기

"그게 나랑 무슨 상관이에요?"

따져볼수록 깊은 상관이 있는 일에도 아이들이 곧잘 이렇게 말합니다. 관계에 대해 깊이 생각해보지 않기 때문이죠. 하지만 이 세상의 모든 것은 서로 일정한 관계를 가지고 있습니다. 언뜻 보아 별 관계가 없는 것처럼 보이는 것들도 자세히 들여다보면 어떤 식으로든 연결되어 관계를 맺고 있죠.

우리가 뭔가를 이해한다는 것은 사실 그것이 다른 것들과 어떤 관계를 맺고 있는지 안다는 의미이기도 합니다. 어떤 것도 다른 것들과의 관계없이 자신을 드러낼 수는 없기 때문입니다. 홀로 존재하는 것은 없습니다. 따라서 아이들이 나와 타인 그리고 세상이 가지고 있는 다양한 관계를 찾아내는 것, 나아가 새로운 관계를 만들어가는 것은 자신뿐만 아니라 지구공동체 혹은 인류공동체의 일원으로서 매우 중요한 일입니다.

어떤 관계가 있을까요?
어떻게 연결되어 있을까요?

'관계찾기' 놀이를 시작하기 전에

내용	서로 어떻게 연결되어 있는지 찾아봐요.
효과	세상을 더 깊고 넓게 이해해요.
발문	어떤 관계가 있을까요?
발표문형	~ 관계입니다.
예시문장	꽃과 꿀벌은 서로 돕는 **관계입니다.**

- **관계의 다양성** - 관계는 정말 다양합니다. 인식의 기본이라고 하는 시간과 공간의 관계를 비롯해 물리적 세계의 역학관계, 인간관계 등 무궁무진한 관계의 망이 있습니다. 그 각각의 관계망 아래 또다시 하위의 무수한 관계들이 존재합니다.

- **생각의 관계망** - 23-사고기술은 사실 대부분 관계에 대한 사고활동입니다. 공통점이라는 관계, 비교라는 관계, 추리 과정의 관계 등등과 같은 것들입니다. 그럼에도 관계 찾기를 하나의 사고기술로 독립하여 강조하는 이유는 그 외에도 다양한 차원의 중요한 관계가 너무나 많기 때문입니다.

- **관계의 종류** - 우리의 생각을 이루고 이끄는 다양한 관계가 있지만, 그중에서도 시간의 전후 관계, 공간의 상하좌우앞뒤 관계, 인과관계, 포함관계, 부분전체, 목적수단 등은 기본적으로 매우 중요합니다.

- **관계의 표현** - '-보다, -전에, -처럼, 그러므로, 왜냐하면' 같이 관계를 나타내는 말에 익숙해지면 관계를 이해하는 데 도움이 됩니다. 또한 마인드맵과 씽킹맵처럼 생각이 가진 다양한 형태의 관계 그래픽을 활용하는 것도 좋은 방법입니다.

- **관계 찾기의 창의적 차원** - 관계를 찾는 것은 기준에 근거한 비판적인 사고기술이지만, 창의적인 사고기술이기도 합니다. 기존에 없던 새로운 관계가 만들어지기도 하기 때문입니다. 아이들이 가끔 엉뚱한 연결을 하고 관계를 만든다고 어른의 시각으로 섣불리 판단하면 안 됩니다. 왜냐하면 새로운 이해로의 확장일 수 있기 때문입니다.

말 잇기 놀이

낱말 혹은 문장을 서로 연결해보는 놀이이다. 낱말 잇기는 각 낱말들의 의미가 가진 관계를 찾아야 가능한 일이며, 문장 잇기 또한 문장과 문장 간의 관계에 대한 파악이 필요하다. 이러한 낱말이나 문장의 관계 파악과 잇기를 통해 의미의 세계가 구조화되고 확장된다. 즉 이해가 확장되는 것이다.

소요 시간	40분	수업 대상	초등학교 3학년	수업 교과	창체
준비 사항	말 잇기 놀이판(부록 312쪽), 말 잇기 놀이 문장 정리 활동지(부록 313쪽)				
유의 사항	1. 말 잇기 놀이는 낱말이든 문장이든 각각에 담긴 의미를 제대로 파악해야 가능한 일이다. 그러므로 놀이를 할 때는 학생들에게 친숙한 말이나 문장을 제시하는 것이 중요하다. 말 잇기 놀이판이 부록(312쪽)으로 제시되어 있지만, 참여 학생들의 연령이나 경험을 고려하여 직접 말 잇기 놀이판의 낱말 및 문장을 바꿔 사용하면 더 좋다. 2. 문장 잇기에서 이어주는 말에 주목할 필요는 없다. 학생들이 자기들이 알고 있는 수준에서 사용하도록 하는 것이 놀이의 흥미와 몰입을 해치지 않는다.				

〈수업자료 : 말 잇기 놀이판〉　　　　　　　　　　　　　　　　　　　　　　　[　]학년 [　]반 이름[　　　]

세 칸 앞으로!	청소, 방, 먼지, 감기, 쓸다	아이스크림, 여름, 더위, 에어컨, 두통	다른 친구와 말 위치를 바꾸세요	휴대전화, 분실, 학교, 집, 걱정	눈물, 감동, 슬픈, 혼자, 위로	수학, 100점, 상, 어렵다, 외식	도착
▲							
친구, 많다, 준비물, 돕다, 없다	하지 않다, 공부, 게임, 시간, 여행	동생, 울다, 위로, 아프다, 간호하다	어머니, 칭찬, 받다, 용돈, 동생	놀다, 학원, 지각, 늦다, 숙제	꽝! 한 번 쉬세요	머리, 피곤, 잠, 눕다, 앓다	다른 친구와 말 위치를 바꾸세요
							▲
배불러, 맛있는, 행복, 가족, 대화	내일, 시험, 준비, 긴장, 밤	두 칸 뒤로!	공부, 딱지, 핸드폰, 시간, 약속	병원, 몸살, 치료, 낫다, 주사	출발 위치로 돌아가세요	세수, 외출, 얼굴, 깨끗이, 상쾌하다	아버지, 꾸중, 게을리, 공부, 놀다
▲							
리코더, 점수, 연습, 결과, 열심히	배, 과식, 굶다, 허겁지겁, 늦게	한 칸 뒤로!	선생님, 칭찬, 기분, 보람, 봉사	비, 창문, 옷, 무지개, 잠기다	행복, 칭찬, 게임, 친구, 부모	바람, 춥다, 문, 배탈, 옷	출발

▶ 수업에서 사용한 말잇기 놀이판 예시

1. 여러 낱말들을 이용하여 문장 만들어보기

교사: 선생님이 칠판에 쓴 낱말들을 이용해서 문장을 만들어 보세요. 두 낱말 이상 함께 사용하는 겁니다.

> 학교, 친구, 선생님, 쉬는 시간, 수업 시간, 교실, 복도, 급식

현서: 학교 수업 시간에는 선생님 말씀을 잘 들어야 한다.

은우: 급식 먹으러 학교에 온다.

하온: 쉬는 시간에 복도에서 뛰지 않는다.

지윤: 학교에 오면 친구도 많고 선생님도 계셔서 참 좋다.

주안: 난 수업 시간보다 쉬는 시간이 훨씬 더 좋다.

◆ 낱말을 제시할 때는 아이들의 최근의 경험을 중심으로 하는 것이 좋으며, 학교 수업과 연계해도 좋다.

◆ 학생들에게 생각나는 낱말을 말하게 할 수도 있다.

2. 만든 문장을 잇는 문장 만들기

교사: 여러분이 만든 문장 다음에 올 수 있는 문장을 하나 더 만들어봅시다. 이어주는 말을 넣으면 더 좋겠죠?

현서: 이어주는 말이 뭐예요?

교사: 그러나, 그래서, 왜냐하면, 그 이유는 등등과 같은 말이에요.

은우: 선생님, '그리고'도 있어요.

하온: '하지만'도 있어요.

교사: 좋아요. 그럼 선생님이 예를 들어볼게요.

> 학교 수업 시간에는 선생님 말씀을 잘 들어야 한다.
> **하지만** 가끔 나는 딴 생각을 한다.

교사: 여러분도 해보세요. 급식 먹으러 학교에 온다.

지윤: 그래서 학교에 오는 게 즐겁다.

주안: 그러나 급식이 맛이 없다.

유리: 왜냐하면 엄마가 일을 다니시기 때문이다.

교사: 난 수업 시간보다 쉬는 시간이 훨씬 좋다.

현서: 왜냐하면 쉬는 시간은 자유롭기 때문이다.

은우: 하지만 아이들이 너무 떠들어서 귀가 아플 때도 많다.

◆ 고학년인 경우는 이어주는 말 각각이 앞문장과 뒤 문장을 어떤 관계로 이루어주는지 함께 알아보는 것이 좋다. 하지만 반드시 그럴 필요는 없으며 저학년인 경우는 더욱 불필요하다. 물론 질문하거나 언급하는 경우는 다르다.

3. 놀이판으로 '말 잇기 놀이'하기(2인 이상)

교사: 앞에서 해본 '여러 낱말들로 문장 만들기'와 '만든 문장을 잇는 문장 만들기'를 활용하여 친구들과 함께 '말 잇기 놀이'를 해 봅시다.

교사: 그럼 시작합니다. 가위바위보를 해서 이기면 자신의 말을 이동시키세요.(바위: 1칸, 가위: 2칸, 보: 3칸!)

하온: 가위 바위 보! 보로 이겼다! 3칸 이동!

교사: 자신의 말이 머무른 칸에 있는 5개의 낱말 중에 2-3개 낱말을 골라 한 문장으로 말하세요.

지윤: 내가 도착한 칸에 '비, 창문, 옷, 무지개, 잠기다'가 적혀 있네. 그러면 '비, 창문, 무지개'로 문장을 만들게. '**비**가 온 뒤 **창문** 너머에 **무지개**가 보였다.'

교사: 자신이 머무른 위치에서 말했던 문장을 활동지에 정리하세요.

학생들: (말 잇기 놀이 활동지에 적는다)

교사: 만약 한 문장으로 말하지 못하면 전에 있던 위치로 돌아가야 합니다.

주안: 아… 아무리 생각해도 문장이 안 떠오르네. 원래 위치로 돌아갈게.

교사: 자신의 말이 도착지에 도착한 후, 가위바위보에서 이겨 자신의 차례가 될 때마다 활동지에 정리했던 문장들을 잇는 문장 하나를 말합니다.

유리: 나는 아까 '비가 온 뒤 창문 너머에 무지개가 보였다.'를 만들었으니까 이번에는 '외출, 얼굴, 깨끗이'로 문장을 만들게. '나는 무지개를 보기 위해 **외출**한 뒤 **얼굴**을 **깨끗이** 씻었다.'

4. 말 잇기 놀이에 대한 소감을 발표하기

교사: 말놀이를 하면서 힘들거나 어려웠던 부분이 있었나요?

현서: 정해진 낱말들로만 문장을 만드는 것이 어려웠어요!

은우: 다음 문장이 자연스럽게 이어지도록 말하는 것이 어려웠습니다.

교사: 말놀이를 하면서 좋았던 부분은 없었나요?

하온: 친구들과 말판놀이 하는 게 재미있었어요!

지윤: 놀면서 생각하는 게 좋았어요!

◆ 말 놀이판, 문장 정리 활동지는 부록 활용 (312~313쪽)

◆ 문장을 만드는데 제한 시간을 두어 빠른 시간 안에 문장을 만들어내도록 할 수도 있다.

교사의 놀이 성찰

3학년 도덕 '공공장소에서의 규칙'을 주제로 하여 관련 낱말들로 규칙에 대한 문장을 만들어보았다. 또 규칙 준수를 해야 하는 이유에 대한 문장도 함께 만들어보았다. 그러고 난 뒤 두세 명씩 짝지어 '말 잇기 놀이'를 하였다. 학생들이 과연 주어진 낱말들로 문장 만들기를 잘 할 수 있을지 걱정이 되었으나 문장 만들기 연습을 미리 해본 덕분인지 잘 할 수 있었다. 다양한 주제로 말 잇기 놀이를 한다면 놀이 속에서 학생 주도로 낱말들 사이의 관계, 문장과 문장 사이의 관계를 찾아 이를 연결하는 문장을 만들 수 있을 것 같다.

이렇게 놀이할 수도 있어요

낱말을 이용해 비교하는 수학 문장 만들기

1. 숫자, 단위(시간/길이/무게/들이), 낱말들을 이용하여 문장 만들어보기
   (예) 800, mL, 주스 병 → 내가 들고 있는 주스 병의 들이는 약 800mL이다.

2. 만든 문장에 대한 비교하는 문장 만들어보기
   (예) 내가 들고 있는 주스 병의 들이는 약 800mL이다.
   → 옆 친구가 들고 있는 우유병의 들이는 주스 병 들이보다 300mL 적다.

3. 1번과 2번의 내용을 토대로 '말 잇기 놀이'하기

세 칸 앞으로!	문, 거리, 6, 3, m	에어컨, 시간, 두통, 5, 분	다른 친구와 말 위치를 바꾸세요	g, kg, 20, 40, 쌀	물, L, 콜라, mL, 사이다	수학, 시간, 분, 1, 30	도착
▲							
친구, 음료수, mL, 500, 350	2, 3, 게임, 시간, 여행	동생, 시간, 분, 50, 2	3000, 원, 5000, 용돈, 쓰다	시간, 분, 20, 약속, 2	꽝! 한 번 쉬세요	샴푸, 꿀, mL, 1800, 2400	다른 친구와 말 위치를 바꾸세요
							▲
높이, km, m, 1, 250	운동, 시험, 시간, 1, 3	두 칸 뒤로!	매실주스, 우유, L, 2, 1	트럭, 코끼리, t, 3, 8	출발 위치로 돌아가세요	책가방, 시금치, 450, g, 2100	km, m, 거리, 850, 2
▲							
분, 산책, 식사, 30, 40	상자, 2, 5, kg, 통	한 칸 뒤로!	100, 80, g, 과자, 라면	30, 50, cm, m, mm	12, 8, 시, 2, 시간	800, 400, 주스병, 음료수병, mL	출발

원숭이 엉덩이 공 릴레이

팀으로 나눠 '원숭이 엉덩이는 빨개'를 개사하고 둥글게 앉아 노래 부르면서 공 릴레이를 하는 놀이이다. 두 낱말을 연결하는 공유된 성질이 찾아 드러나기 때문에 좀 더 정확하게 사물들 긴의 관계를 파악할 수 있다.

소요 시간	40분	수업 대상	초등학교 3학년	수업 교과	창체, 체육
준비 사항	'원숭이 엉덩이는 빨개' 노래, '원숭이 엉덩이는 빨개' 노래 가사 만들기 활동지(부록 314쪽), 스펀지 공				
유의 사항	1. 학생들이 노래 개사를 할 때 낱말들의 공통점을 찾아내어 연결하는 것이 매우 중요하다. 하지만 그렇다고 그런 관계의 구조를 일일이 설명하는 것은 별로 바람직하지 않다. 가사의 구조를 학생들이 한눈에 볼 수 있도록 칠판이나 화면으로 보여주어 직관적으로 파악하도록 하는 것이 좋다. 2. 개사하기는 모두가 참여하여 함께 하는 활동이다. 개인 능력 차가 원인이 되어 활동 과정에서 갈등이 일어날 수 있다. 그러므로 활동 결과보다 활동 과정을 중심으로 참여 학생들에 대한 긍정적인 피드백을 주는 것이 좋다.				

▶ 둘러앉아 공 릴레이를 하고 있는 아이들의 모습(위)과 개사 활동지(오른쪽)

1. 낱말들을 연결하여 '원숭이 엉덩이는 빨개' 노래 가사 완성하기

교사: 먼저 '원숭이 엉덩이는 빨개' 노래를 들어봅시다. 그리고 칠판에 쓰인 낱말과 첫 가사를 연결해서 노래 가사를 완성해볼 거예요.

◆ 노래 가사를 화면으로 보여주는 것도 좋다.

> 낱말 : 원숭이 엉덩이, 사과, 바나나, 기차, 비행기, 백두산
> 첫 가사 : 원숭이 엉덩이는 빨개. 빨가면 (   )

현서: 원숭이 엉덩이는 빨개요.
은우: 빨가면 사과이고, 사과는 맛있어요.
하온: 맛있으면 바나나예요. 바나나는 길어요.

- 완성된 노래 가사

◆ 노래 가사를 칠판에 완성해나갈 때 학생들이 가사의 구조를 느낄 수 있도록 고려해야 한다.

> 원숭이 엉덩이는 **빨개** - **빨가면** 사과
>   - 사과는 **맛있어** - **맛있으면** 바나나
>   - 바나나는 **길어** - **길면** 기차
>   - 기차는 **빨라** - **빠르면** 비행기
>   - 비행기는 **높아** - **높으면** 백두산

2. 학급을 두 팀으로 나누기

3. 팀별로 '원숭이 엉덩이는 빨개' 개사하기

◆ 본 사례에서는 학급을 두 팀으로 나누어 진행하였다. 모둠이나 전체 활동으로 진행할 수도 있다.

교사: '원숭이 엉덩이는 빨개'처럼 우리도 새 가사를 만들어볼 거예요. 먼저 선생님과 함께 다 같이 만들어볼까요?

> 바다는 넓어 - 넓으면 마음 - 마음은 못 봐 - 못 보면 공기
> - 공기는 투명해 - 투명하면 비눗방울 - 비눗방울은 터져[1]

---

1. 원숭이 엉덩이는 빨개(2007), 인디스쿨, 웹 주소
   https://indischool.com/boards/colleagues/1016716

〈가팀 가사〉

호떡은 둥글어 - 둥글면 태양 - 태양은 뜨거워

- 뜨거우면 불 - 불은 빨게 - 빨가면 딸기 - 딸기는 맛없어
- 맛없으면 식용유 - 식용유는 미끄러워 - 미끄러우면 얼음
- 얼음은 투명해 - 투명하면 물 - 물은 액체 - 액체는 많아
- 많으면 사람 - 사람은 생명 - 생명은 소중해 - 소중한 건 가족
- 가족은 연인 - 연인은 사랑 - 사랑하면 커플 - 커플은 느끼해
- 느끼하면 버터 - 버터는 맛있어 - 맛있으면 떡볶이
- 떡볶이는 매워 - 매우면 양념치킨

〈나팀 가사〉

하늘은 파래 - 파라면 바다 - 바다는 넓어 - 넓으면 우주

- 우주는 까매 - 까마면 까마귀 - 까마귀는 높아
- 높으면 아파트 - 아파트는 길어 - 길면 빼빼로
- 빼빼로는 맛있어
- 맛있으면 라면 - 라면은 쫄깃해 - 쫄깃하면 젤리
- 젤리는 말캉해 - 말캉하면 푸딩 - 푸딩은 달콤해
- 달콤하면 초콜릿 - 초콜릿은 검어 - 검으면 콩
- 콩은 딱딱해 - 딱딱하면 호두 - 호두는 주름져
- 주름지면 할아버지 - 할아버지는 약해 - 약하면 종이

◆ 노래 가사를 만드는 과정이 쉽게 이루어져 공 릴레이가 수월하게 진행된다면, 노래 가사를 미리 만드는 과정 없이 바로 노래 부르며 공 넘기기 활동을 하는 것도 좋다. 제한 시간을 두고 많이 가사를 만드는 팀이 이기는 놀이를 할 수도 있다.

4. 개사한 노래 부르면서 공 릴레이 하기

교사: 완성된 팀은 원으로 둥글게 앉아주세요. 그리고 자기 팀이 만든 가사로 노래를 부르면서 공을 옆으로 돌리는 겁니다.

5. 소감 나누기

교사: 오늘 놀이하면서 좋았던 점, 알게 된 점 등을 이야기 나눠볼까요?

현서: 노래가 재미있어요.

은우: 말들이 꼬리잡기처럼 연결되는 게 재미있어요.

하온: 우리가 가사를 만들어서 노래 부르니까 뿌듯했어요.

이 활동을 통해 학생들이 '관계 찾기' 사고를 신체 움직임과 함께하기를 기대했다. 즉 신체활동이 이루어지는 체육 시간에 사고 요소를 포함시키고자 했다. 하지만 학생 간 개인차가 있어서 '원숭이 엉덩이는' 노래 가사를 팀별로 완성하는 데에 시간이 많이 걸렸다. 그렇다 보니 공 릴레이라는 신체활동을 하며 자신이 만든 가사의 일부분을 이어 부르긴 했지만, 즉흥적으로 노래 가사를 만들어 부르지는 못했다. 신체활동을 충분히 살리면서 사고도 동시에 할 수 있는 활동을 모색해볼 필요가 있다.

❓ **이렇게 놀이할 수도 있어요**

관계 찾아 기차 만들기   각자 서로 다른 낱말 이름표가 붙은 조끼를 입고, 서로 관계가 있다고 생각되는 낱말 이름표 조끼를 입은 친구와 만나 교사가 정해주는 학생 수만큼 이어진 기차 만들기

- 조끼에 붙일 낱말 이름표 예시: 크리스마스, 설날, 명절, 새해, 학교, 방학, 봄, 겨울, 핸드폰, 책, 여름, 에어컨, 폭염, 아이스크림, 백숙, 가을, 독서 등

관계있는 낱말카드 훔치거나 지키기   제한된 시간 동안 도둑이 특정 주제와 관련이 있다고 생각되는 낱말카드를 훔치고 경찰의 추격을 따돌려 도둑 아지트로 가져간다.

1. 제비뽑기로 경찰과 도둑 결정(경찰에게 조끼 입히기)
   - 경찰은 8~10명 정도, 나머지는 전부 도둑(학급 상황에 따라 인원 조정)
2. 활동 구역을 경찰 구역과 도둑 아지트로 나누기
   - 경찰은 도둑 구역에서 도둑을 잡을 수 없고, 경찰 구역 내에서만 잡을 수 있다.
3. 경찰 구역에 감옥과 낱말카드 보관 장소를 지정
   - 감옥: 잡은 도둑을 가두는 장소(다른 도둑이 잡힌 도둑을 구하러 오는 장소이므로 감옥을 지키는 경찰 혹은 잡힌 도둑을 구하려는 도둑 모두에게 쉽거나 어렵지 않도록 감옥 위치를 선정한다)
   - 낱말카드 보관 장소: 도둑이 훔쳐갈 낱말카드가 보관된 장소(도둑이 낱말을 훔칠 수 있도록 낱말카드 보관 장소를 지킬 경찰 인원을 1~2명 정도로 제한을 둔다. 낱말카드는 주제와 관련 있는 낱말들과 관련 없는 낱말들을 섞어 구성한다)
4. 교사가 경찰과 도둑에게 특정 주제를 말하기
5. 특정 주제를 들은 경찰과 도둑은 주제 관련 낱말카드를 제한 시간 내 지키거나 훔침
   - 정해진 개수의 낱말카드를 훔치면 도둑이 이김

비유하기

"내 마음이 새처럼 자유로워요."

"시간이 약이에요."

비유하기란 표현하고자 하는 대상을 다른 대상에 빗대어 표현하는 것입니다. 그렇게 하면 대상을 좀 더 생생하고 풍부하게 혹은 쉽게 표현할 수 있기 때문이죠. 비유를 통해 이해를 돕는 셈입니다. 성경이나 불교의 경전, 장자의 이야기들을 보면 정말 많은 비유들이 등장합니다. 진리에 대한 플라톤의 설명도 **동굴에 대한 비유***로 그려지죠. 어렵거나 낯선 말들도 비유를 통해 더 쉽게 다가오는 거지요. 아이들은 원래 비유의 천재들입니다. 자기들이 잘 모르는 것도 잘 아는 것에 빗대어 설명하려고 애씁니다. 유사한 관계를 찾아 세상에 대한 이해의 지평을 넓혀가는 일입니다. 꼭 지켜주어야 할 중요한 사고기술입니다.

~을 (~에) 비유해 볼까?

---

* 이성으로 인지하는 이데아의 세계가 진짜이고, 감각으로 느끼는 가시계는 가짜세계임을 동굴에서 태어나 그림자만 보며 묶인 채 살아온 사람들에 비유한 것. 태어날 때부터 동굴 속에서 사슬에 묶여 살아가던 사람들은 자신들이 보는 그림자의 세계만을 진짜 세계라고 생각해왔다. 하지만 어느날 사슬이 풀린 한 사람이 우연히 동굴 밖으로 나가게 되어 진짜 사물을 보고, 그동안 본 것은 그림자였다는 것을 알게 된다. 이후 동굴로 돌아와 사람들의 사슬을 풀어주면서 이 사실을 알려주고, 함께 밖으로 나가자고 권하지만 사람들은 동굴 밖으로 나갈 생각을 하지 못하는데…

'비유하기' 놀이를 시작하기 전에

내용	다른 것에 빗대어 표현해요.
효과	느낌이 생생해져요. 새로운 것도 쉽게 이해돼요.
발문	~를 (~에) 비유해 볼까요?
발표문형	~은 ~처럼 ~합니다.
예시문장	마음이 바람**처럼** 자유롭습니다.

- **비유의 조건** - 비유의 전제는 유사성입니다. 유사성을 바탕으로 어떤 하나를 다른 하나에 빗대어 표현하는 것이기 때문입니다. 그래서 좋은 비유와 그렇지 않은 비유를 평가할 때 기본적인 기준은 바로 유사성의 정도입니다. 물론 다른 사람이 발견하지 못한 대상을 찾아서 비유하는 참신성도 중요하지만, 그때도 역시 유사성이 기본이 되어야 합니다.

- **비유의 종류** - 직유와 은유가 대표적이지만 제유, 의인도 매우 흔하게 사용되는 비유법입니다. 특히 의인법은 아이들에게도 매우 친숙한데 그림책 등 동화는 의인법으로 가득 차 있습니다.

- **비유로서의 정의** - 보통 우리가 어떤 것을 정의내릴 때는 내포적으로 정의하거나 외연적으로 정의합니다. 하지만 최근에는 비유를 통해 어떤 대상의 의미를 표현하는 일도 많아졌습니다. 초등 교과서에도 ~은 ~이다와 같은 은유 완성하기 활동이 많습니다.

- **비유의 현대적 의미** - 예전에는 세상의 진리를 정확한 언어나 논리로 파악하고 표현할 수 있다고 생각했습니다. 하지만 현대에 와서는 그런 생각에 대한 자신감이 많이 없어졌습니다. 그저 우리는 비유로서만 세상을 이해하고 표현할 수 있다고 생각하는 사람들이 많습니다. 이런 점에서 비유하기는 앞으로도 우리 인류에게 매우 중요한 사고기술입니다.

비유 땅따먹기

상대팀이 제시한 단어로 비유하기에 성공하면 땅을 획득하며 더 많은 땅을 차지한 팀이 이기는 놀이이다. 상대방이 제시한 단어로 비유하기를 즉시 해야 하므로 다양한 비유를 창의적으로 만드는 연습을 할 수 있다.

소요 시간	40분	수업 대상	초등학교 4학년	수업 교과	국어
준비 사항	개인당 활동지 1장(부록 315쪽), 색깔이 다른 고무 주사위 2개, 색연필, 두부 표장 용기 (또는 작은 상자)				
유의 사항	1. 단어를 제시할 때는 서로가 잘 알고 있는 단어로 해야 함을 주지시킨다. 2. 수비팀이 자신들도 모르는 단어를 제시할 경우 공격팀은 수비팀에게 '먼저 비유하기 공격권'을 쓸 수 있다. '먼저 비유하기 공격권'은 2회 사용이 가능하다. 만약 수비팀이 비유하지 못하면 공격팀은 땅을 바로 차지할 수 있고, 수비팀이 비유를 한다면 수비팀의 땅이 된다. 3. 주사위를 던졌는데 이미 누군가가 차지한 땅이 나오면 한 번 더 던질 기회를 주되 그래도 이미 차지한 땅이 나오면 공격권이 상대편으로 넘어간다.				

▶ 비유 땅따먹기 놀이를 할 때, 교사는 학생들에게 서로 잘 알고 있는 단어로 하도록 안내한다.

▶ 8명을 한 모둠으로 한 활동지(좌)와 4인 한 모둠으로 한 활동지(우)

1. 비유 땅따먹기 놀이 방법 이해하기

교사: (비유 땅따먹기 놀이 방법을 설명한 뒤) 여러분 모두 이해
했나요?

윤아: 선생님, 말도 안 되는 비유를 하면 어떡해요?

교사: 그런 때는 어떻게 하면 좋을까요?

이안: 선생님과 우리들이 모두 동의하지 못하면 다른 팀에
게 기회가 넘어가는 것으로 해요.

교사: 그렇게 합시다.

◆ 놀이의 구상은 교사가 했더라
도 놀이 규칙을 정하는 것은
학생들과 함께하는 것이 좋
다. 스스로 만든 놀이라는 자
부심을 심어주고 참여도도 높
일 수 있다.

2. 비유 땅따먹기 놀이하기

교사: 잘생긴팀(공격)이 먼저 주사위를 던질게요. 숫자는 3과
2가 나왔습니다. 더잘생긴팀(수비) 단어 주세요.

윤아: 손소독제로 할게요.

교사: 잘생긴팀(공격), 손소독제를 비유해보세요.

잘생긴팀: 손소독제는 병사다. 왜냐하면 바이러스로부터 우
리를 지켜주니까.

교사: 이번엔 바꿔서 더잘생긴팀(공격)이 주사위를 던지고 잘
생긴팀(수비)이 단어 주세요. 2와 5가 나왔네요.

잘생긴팀: 나무요.

교사: 더잘생긴팀(공격)이 나무를 비유해볼까요?

더잘생긴팀: 나무는 다이어트한다. 낙엽을 모두 떨어뜨리고
몸을 가볍게 하기 때문이다.

교사: 다시 바꿔서 '잘생긴팀(공격)이 주사위를 던지고 더잘생
긴팀(수비)이 단어 주세요. 주사위는 3과 2가 나왔네요.

잘생긴팀: 물티슈요.

더잘생긴팀: 물티슈는 선인장이다. 왜냐하면 선인장처럼 물
을 잔뜩 머금고 있기 때문이다.

교사: 이번엔 더잘생긴팀(공격)이 주사위를 던질게요. 주사위
5,5 나왔어요. 잘생긴팀(수비) 단어 주세요.

잘생긴팀: 킹크랩으로 할게요.

더잘생긴팀: 킹크랩? 이걸 어떻게 비유하지? 선생님, '먼저
비유하기 공격권'을 쓰겠습니다.

잘생긴팀 학생1: 앗, 비유하기 어려울 것 같아서 막 던진 단어
인데…

◆ 모둠별로 빙고판을 나눠주고
비유할 단어를 채운 뒤 서로
빙고판을 바꾸어 놀이할 수
있다. 이렇게 하면 제시할 단
어를 고민하느라 걸리는 시간
을 줄일 수 있다.

◆ 이 사례에서는 '잘생긴팀'과
'더잘생긴팀'이라는 팀명을 사
용했지만, 학생들이 좋아하는
재치 있는 팀명을 사용해도
좋다.

◆ 두부 포장 용기 안에 주사위
가 떨어져야 인정해준다는 규
칙을 정하면 주사위 소리가
크게 나거나 바닥에 떨어지지
않게 조심하게 된다.

잘생긴팀 학생2: 아~ 안 돼! 잠깐만요. 음~ 킹크랩은 스트링
치즈다. 왜냐하면 스트링치즈처럼 쭉쭉 찢
어지기 때문이다.

교사: 잘생긴팀(수비)이 위기를 잘 모면해서 땅을 한 칸 더 차
지했네요.

3. 게임이 종료되면 땅의 개수를 세어 승부 가리기

교사: 오늘은 12:10으로 잘생긴팀이 이겼습니다. 비유하는
실력이 모두 늘어난 것 같습니다.

4. 최고의 비유를 찾고 친구를 칭찬하기

교사: 오늘 놀이하면서 다양한 비유 표현을 만들어봤어요. 이
중에서 정말로 기발하고 참신하다고 생각하는 비유가
있나요? 모둠에서 왜 그 비유를 뽑았는지 이유와 함께
최고의 비유를 추천해주세요.

윤아: 물티슈는 선인장이라고 한 게 인상 깊어요. 과학 시간
에 배운 선인장과 연결해서 깜짝 놀랐어요. 공부한 걸
잘 써먹었어요.

이안: 나무가 다이어트한다고 한 것도 잘한 것 같아요. 다이
어트는 사람만 하는 줄 알았거든요.

주호: 친절은 물이다. 왜냐하면 물처럼 나에게 돌아오기 때
문이다. 저는 이 비유가 맘에 들어요. 과학 시간과 도
덕 시간에 배운 걸 잘 연결했어요.

◆ 제한 시간이 다 되거나 활동
지의 빈칸을 다 채우게 되면
게임을 종료한다.

💬 교사의 놀이 성찰

비유 땅따먹기 놀이를 할 때, 비유할 단어로 교실과 자신의 주변에서 흔히 볼 수 있
는 사물을 제시하는 학생들이 많았다. 그러나 평소 생각이 많은 학생들은 자신이 고
민했던 우정, 공부, 인간, 돈, 죽음처럼 쉽게 답이 나오지 않고 고민을 많이 해야 하
는 단어들을 제시하기도 했다. 어려운 단어를 비유한 친구들의 표현을 들으면서 함
께 성장하는 시간이었다. "우리 인간에 대해 함께 이야기해볼까?"라고 교사가 토론
주제를 던지지 않아도 친구들의 표현을 듣고 "아! 그러네." 하며 끄떡끄떡 고개를 끄
떡이기도 하고, "난 그렇게 생각하지 않는데."라며 다른 비유를 들기도 했다. 자연스
러운 대화와 토론의 장이 펼쳐진 놀이였다.

이렇게 놀이할 수도 있어요

비유 삼목   오목이 5개의 돌을 연결하는 것이라면, 삼목은 3개의 돌을 연결하는 것이다. 빙고판의 폭탄 칸에는 바둑돌을 넣을 수 없다. 바둑돌로 해도 되고, 바둑돌이 없다면 O·X 표시를 해도 된다. 폭탄 칸을 피해 삼목을 완성하는 지혜가 필요한 게임이다.

1. 무작위로 낱말이 써진 10×10의 빙고판 준비하기(316쪽 부록 활용)
2. 빙고판에 6~10개의 폭탄 칸을 넣기
3. 비유의 표현을 만들어서 먼저 삼목(가로, 세로, 대각선)을 만들기

비유 거울 지그재그

1. 학생들을 두 줄로 세워 A, B 두 팀으로 나누고 마주보게 서기
2. A팀의 첫 번째 사람 다음은 B팀의 첫 사람, 그 다음은 A팀의 둘째 사람, 다음은 B팀의 둘째 사람 순서로 진행하기
3. 상대 팀이 제시하는 단어를 비유하고, 다시 상대팀에게 비유할 단어를 제시하기
   - 비유할 때마다 1점씩 획득한다. 만일 비유표현이 생각나지 않는다면, '통과'를 외칠 수 있는데, 통과를 하면 1점 감점한다. 또는 '비유반사'를 외치고 방향을 바꿔서 공격을 할 수 있는데, 이때 '비유반사'는 두 번 연속으로 쓸 수 없다.
4. 정해진 시간이 되면 놀이를 끝내고 점수를 계산하여 승패를 가리기

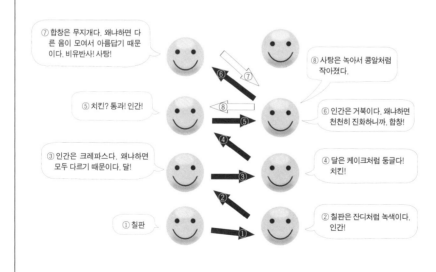

비유 개념 큐브

학생들이 수업 시간에 배운 개념을 비유할 수 있는 스토리 큐브[1]를 고르고 문장으로 표현하는 놀이이다. 수업 시간에 배운 개념 이해 여부를 확인할 수 있을 뿐 아니라, 개념에 어울리는 이미지를 골라 비유할 때 창의성, 협동심, 의사소통역량을 기를 수 있다.

소요 시간	20분	수업 대상	초등학교 4학년	수업 교과	도덕
준비 사항	공책 및 필기도구, 스토리 큐브(기본, voyages, actions) 3세트				
유의 사항	1. 수업 시간에 공부한 개념이나 원리를 주제로 제시하면 좋다. 2. 스토리 큐브가 정육면체이므로 첫 번째 놀이를 하고, 시간이 허락하면 보이는 면을 모두 바꿔서 다시 한 번 시도할 수 있다. 3. 스토리 큐브 대신 학생들의 상상력을 자극할 수 있는 다양한 이미지를 준비하여 놀이할 수 있다.				

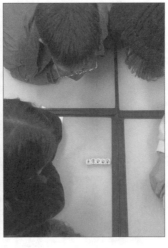

▶ 수업 시간에 공부한 개념이나 원리를 가지고 비유 개념 큐브놀이를 하고 있는 아이들의 모습

1. 스토리 큐브는 주사위에 픽토그램 이미지를 그려 넣어서 상상의 이야기를 만들면서 놀 수 있는 교구다.

📳 놀이 과정 재대히 들여다보기

놀이 Tip 🔔

1. 비유할 주제를 여러 가지 제시하기

교사: 선생님이 칠판에 적어둔 낱말이 우리가 비유할 주제들입니다.

> 통일, 다문화, 영웅, 협동, 아름다움, 차별, 편견, 예의, 네티켓

2. 실물 화상기로 스토리 큐브 3세트 이미지를 보여주기

3. 자신이 비유하고 싶은 개념 정하기

교사: 자신이 해보고 싶은 주제를 하나씩 정하세요. 선생님이 먼저 해볼게요. 선생님이 큐브 4개를 고르고, '영웅'을 이렇게 비유해볼게요.

 영웅은 메이저리그 야구선수가 아니야.

 영웅은 키 크다고 우쭐대는 사람도 아니야.

 금잔을 드는 부자도 아니야.

 머릿수건 질끈 묶고 자기 할 일을 열심히 하는 이 사회의 모든 일꾼들이야.

교사: 어때요? 같이 해볼까요?
학생들: 네!
윤아: 앞 사람이 먼저 제가 비유한 것과 비슷한 걸 하면 어떡해요?
교사: 완전히 똑같지 않다면 괜찮아요. 하지만 앞에서 나온 비유가 아닌 색다르고 참신한 비유를 하면 더 좋겠죠.

4. 스토리 큐브 4개를 골라 비유하고 발표하기

교사: 먼저 개념 비유를 한 사람부터 발표해볼까요?
윤아: 차별을 받으면 슬프지만, 힘을 합치고, 사다리를 오르듯이 극복해나가면, 차별을 멀리멀리 날릴 수 있어요.
이안: 아름다움이란 불꽃놀이나 달과 지구 같이 눈에 보이고 화려한 게 아니야. 나무처럼 큰 부모님의 마음이야.

◆ 주로 4학년 도덕 수업 시간에 학생들이 배운 개념을 주제로 제시했다. 학년/학습 내용에 맞게 주제를 선정하면 학생들의 이해도를 엿볼 수 있다.

5. 소감 발표하기

교사: 오늘 비유 개념 큐브 놀이를 하고 나서 새롭게 알게 된 점이나 느낀 점이 있나요?

윤아: 1학기 때 배운 내용도 다시 기억났고, 친구들이 어떻게 생각하는지도 알게 됐어요.

이안: 똑같은 큐브를 다르게 비유하는 친구들이 많아서 신기해요.

[차별] 차별 받으면 슬프지만, 힘을 합치고, 사다리를 오르듯이 극복해나가면, 차별을 멀리멀리 날릴 수 있어요.

[통일] 통일은 열쇠로 문을 여는 것처럼 바로 열리는 게 아니야. 통일은 독이 될 수도 있고, 통일은 산에 올라가는 것처럼 어려워. 하지만 통일은 보석처럼 빛나.

[영웅] 영웅은 도움이 필요한 사람을 찾아가서 도와줘, 다치면 치료해주고, 위험에 처한 사람을 도와주지. 농구를 배울 때 공을 튀기는 것을 제일 먼저 배우는 것처럼 영웅도 쉬운 일부터 하면 되는 거야.

[아름다움] 아름다움이란 불꽃놀이나 달과 지구 같이 화려하고 눈에 보이고, 커다란 게 아니야. 눈에 보이지는 않지만 우리에게 나무가 되어주는 부모님의 마음 같은 거야.

[흑인] 흑인을 세균처럼 더럽다고 생각하지 마. 퍼즐처럼 맞춰가기 어렵다고 생각하지 마. 턱걸이하는 것처럼 힘들게 사는 사람들이라고 생각하지 마. 흑인은 우리들이 못 넘는 뜀틀도 훌쩍 넘을 수 있다는 것을 기억해.

[협동] 협동은 톱니바퀴와 같아요. 톱니바퀴가 돌아가면 옆에 톱니바퀴도 같이 돌아가는 게 협동이에요. 아령을 들 때처럼 힘든 일에도 굴복하지 않고 협동해서 이겨내는 거예요. 협동을 하려면 구성원들의 마음이 퍼즐처럼 잘 맞아야 하고, 실수해도 잘 용서해줘야 해요.

학생들이 스토리 큐브로 개념을 비유한 예시

'비유를 가르치면 학생들이 잘할 수 있을까?'

'비유를 잘하면 일기도 동시도 더 잘 쓸 수 있지 않을까?'

처음 놀이를 구상했을 때 내가 고민한 지점이다. 흔하고 뻔한 비유를 할 거라고 생각했던 나의 예상을 깨고, 학생들은 나도 놀라고 스스로도 감탄할 만한 다채로운 비유를 만들어냈다. 학생들이 어려운 단어도 서슴지 않고 도전했다는 것이 뿌듯했다. 스토리 큐브를 교실에 비치해놓으니 학생들이 쉬는 시간에도 갖고 놀이하는 모습을 볼 수 있었다. 교사가 만든 수업놀이가 진짜 놀이로 발전한 것이다. 수업놀이는 수업 시간에만 하는 놀이라는 틀을 확 바꾼 순간이었다.

 이렇게 놀이할 수도 있어요

비유 이미지 프리즘

1. 학생들을 둥글게 앉히기
2. 가운데에 이미지 프리즘 카드를 무작위로 깔아놓기
3. 비유할 주제에 알맞은 카드를 모둠토의를 통해 정하고 가져가기
4. 카드를 도화지 네 모서리에 투명테이프로 붙이기
5. 카드 아래에 문장을 써서 개념 정의하기

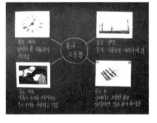

말하기를~ 놀이

1. 비유의 한 종류인 의인법 알기
2. 의인법 예시를 보고 주변 사물과 동물들의 대화를 상상하기
   [예시: 순대를 소금이 아닌 떡볶이 국물에 찍어 먹는 상황을 보고 만든 비유]
   순대가 소금에게 말하기를~ "미안해. 우리 헤어져. 나 빨갛고 달콤한 떡볶이 국물과 결혼하기로 했어."
3. 자신이 비유하고 싶은 사물이나 동물을 정하고 발표하기
   [학생들이 만든 비유 예시]
   배구공이 축구공에게 말하기를~ "넌 정말 춥겠다. 겨울에도 밖에 있어서. 난 항상 실내에 있어서 따뜻해.",
   우리 집 앞 골목길이 말하기를 "가로등이 없어서 무서워."

이유 찾기

"바람이 부는 이유는 기압 차이 때문이에요."

"왜냐하면 성적이 나를 드러내는 전부는 아니기 때문입니다."

이 세상의 모든 것에는 대부분 이유가 있습니다. 바람이 부는 것에도 이유가 있고, 어른이 제시하는 가치관을 무시하고 저항하는 아이들의 주장에도 뭔가 나름의 이유가 있습니다.

이유를 알면 대상을 더 잘 이해하게 됩니다. 겉으로 드러난 현상, 그리고 말이나 행동이 가진 중요한 배경까지 알게 되어 그 대상을 전체적으로 깊이 파악할 수 있기 때문입니다.

아이들은 "왜?"라는 질문으로 그 배경을 끊임없이 캐물어 눈에 보이든 보이지 않든 자신들이 경험한 세상의 퍼즐을 맞추고자 애쓰는 탐색자들입니다. 어른들에 의해 그 사기가 꺾일 때까지 말입니다.

왜 그렇게 생각하나요?
왜 그렇게 되었을까요?
왜 그렇게 했을까요?

'이유 찾기' 놀이를 시작하기 전에

내용	이유나 원인 혹은 근거를 찾아요.
효과	깊이 있게 이해할 수 있어요. 의견도 튼튼해져요.
발문	왜 그렇게 생각하나요?　　　왜 그렇게 되었을까요? 왜 그렇게 했을까요?
발표문형	왜냐하면 ~ 이기 때문입니다.
예시문장	**왜냐하면** 마음이 아름답기 **때문입니다.**　**왜냐하면** 바람이 세게 불었기 **때문입니다.** **왜냐하면** 친구를 도와주고 싶었기 **때문입니다.**

- **이유의 포괄적 의미** - 23-사고기술로서 이유 찾기는 매우 포괄적인 의미입니다. 행동에 대한 동기 혹은 목적, 주장에 대한 근거, 결론에 대한 전제, 판단의 기준이나 표준, 현상의 원인, 결과의 원인 등을 모두 포함합니다. 따라서 상황에 따라서는 기준이나 표준 혹은 근거, 원인, 목적 등 명시적인 용어를 사용하는 것이 바람직합니다.

- **비판적 사고의 핵심으로서의 이유 찾기** - 비판적 사고라고 하면 우리는 흔히 허점을 찾아 대상을 부정하거나 비난하는 것으로 생각합니다. 하지만 비판적이라고 하는 영어 critical 은 기준이라고 하는 뜻을 가진 criteria에서 온 말입니다. 기준, 즉 어떤 이유를 갖고 생각 한다는 것을 의미하는 거죠. 따라서 이유 찾기는 비판적 사고의 가장 기본적이고 핵심적 인 사고기술이라고 할 수 있습니다.

- **이유의 내용** - 이유를 찾거나 제시하는 데 동원되는 것은 대개 우리가 알고 있는 정보나 지식 혹은 신념 등입니다. 예를 들어 표준, 규칙, 법, 원리, 정의, 목표, 지향점, 사실적 증 거, 실험 관찰 결과 등이 포함됩니다. 또한 각자 가지고 있는 가치관, 세계관 등 기본적인 신념도 우리의 판단에 중요한 이유로 작용합니다.

- **좋은 이유의 조건** - 판단의 좋은 근거로서의 이유가 모두 훌륭한 지지대가 되는 것은 아 닙니다. 변명인 경우도 많고 적절하지 못할 때도 많습니다. 좋은 이유는 관련성과 정확성, 충분성, 강력성, 공정성, 논리적 타당성, 전제의 건전성 등을 지녀야 합니다. 우리는 대체 로 자신의 판단에 따라 행동을 하기 때문에 행동으로 옮기기 전에 자기 판단의 근거가 이 런 기준을 잘 지키고 있는지 한번 검토해보는 것이 좋습니다. 그래야 탄탄한 주장과 판단 이 만들어지고 그래야 세상이 좀 더 바르게 굴러갑니다. 민주사회에서는 너무나 중요한 일입니다.

왜냐하면 놀이

학생들이 발표 문형을 반복하며 연습할 수 있도록 고안된 놀이로서 문형을 익히는 것이 주된 목표이다. 따라서 그 이유가 동기, 객관적 사실, 원인, 전제, 혹은 무엇이든 크게 상관할 필요는 없다.

소요 시간	10분 이상	수업 대상	초등학교 2학년	수업 교과	통합교과
준비 사항	없음				
유의 사항	1. '왜냐하면 ~ 하기 때문이다.'라는 문형을 익히는 것이 이 놀이의 목표이기 때문에 다소 엉뚱한 이유를 찾아도 상관없다. 하지만 너무 뜬금없는 이유를 반복적으로 말하며 장난을 친다면 "그 이유가 앞문장에 대한 적절한 이유입니까?"라고 물어보며 분위기를 정돈해줄 필요가 있다. 2. 학생들이 친구의 발표를 경청하며 적절한 이유인지, 엉뚱한 이유는 아닌지 판단하고 더 나은 이유를 생각해보도록 한다면 학생들의 이유 찾기 기술이 한층 더 향상될 수 있을 것이다. 3. 처음 놀이를 소개할 때는 교사와 전체 학생들이 돌아가면서 하고, 두 번째부터는 모둠별 혹은 짝꿍과 함께하도록 하여 학생들이 말할 기회를 가능한 한 많이 제공한다.				

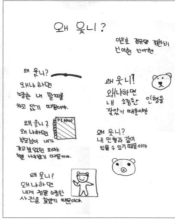

▶ 발표 문형을 돌려가며 '왜냐하면 놀이'를 하는 학생들(좌), 학생들이 쓴 '왜 웃니?' 모둠시(우)

놀이 과정 자세히 들여다보기

1. 발표 문형 배우기

교사: 여러분, 선생님에게 '왜'로 시작하는 질문을 해보세요. 무엇이든 대답해줄게요. 여러분이 더 이상 질문을 하지 못하거나 선생님이 대답을 못하면 놀이가 끝납니다.

은호: 왜 선생님이 되셨어요?

교사: 왜냐하면 가르치는 것을 좋아하기 때문이에요.

한비: 왜 가르치는 것을 좋아하셨어요?

교사: 왜냐하면 새롭게 배운 것을 다른 사람에게 말하는 게 재밌었기 때문이에요.

이현: 왜 선생님은 우리를 매일 웃겨요?

교사: 왜냐하면 선생님은 웃긴 사람이기 때문이에요.

규영: 선생님은 왜 웃긴 사람이에요?

교사: 어? 그건 말이지… 왜 그럴까요?

아현: 우리가 이겼어요! 선생님이 이유를 찾지 못했기 때문이에요!

교사: 선생님이 이유를 대답할 때 반복해서 썼던 표현이 무엇일까요?

모두: '왜냐하면'이요!

교사: 맞아요. 오늘은 선생님이 했던 것처럼 '왜냐하면'을 사용해서 이유 말하기 연습을 해봅시다.

2. '왜냐하면 놀이'하기

교사: 선생님이 한 문장을 말하면, 바로 이어 '왜냐하면~' 하고 이유를 대며 이야기를 만드는 놀이입니다. 첫 번째 문장은, '나는 외계인을 보았다.'입니다.

은호: 나는 외계인을 보았다. 왜냐하면 외계인이 우리 집으로 놀러왔기 때문이다.

아현: 외계인이 우리 집으로 놀러왔다. 왜냐하면 내가 예전에 외계인을 도와줬기 때문이다.

이현: 나는 외계인을 도와준 적이 있다. 왜냐하면 외계인이 배가 아파서 쓰러져 있었기 때문이다.

규영: 외계인은 배가 아파서 쓰러졌다. 왜냐하면 지구의 음식을 너무 많이 먹었기 때문이다.

한비: 외계인이 지구의 음식을 많이 먹었다. 왜냐하면 못 먹어본 맛있는 음식이 많았기 때문이다.

진주: 외계인은 못 먹어본 음식이 많았다. 왜냐하면 외계 행성에 귤이나 바나나 같은 과일이 없기 때문이다.

◆ 허용적인 분위기에서 놀이를 하는 것도 중요하지만 지나치게 사적이거나 민감하거나 무례할 수 있는 질문은 삼간다.

◆ 학생들은 선생님을 이기고 싶은 마음에 열심히 '왜' 질문을 만들게 된다. 교사는 학생들의 질문에 웃음으로 대하며, 발표문형을 익혔다 싶을 때 적당히 져주는 것이 좋다.

◆ 이때 교사가 문장을 제시해도 되고, 학생들이 함께 만들어도 된다.

◆ 학생이 앞문장 다시 말하기를 어려워한다면 교사가 적극적으로 돕는다. 승패를 정하는 놀이가 아니므로 모두 편안하게 참여할 수 있도록 한다.

◆ '왜냐하면 ~하기 때문입니다.'라고 적은 종이를 돌려가며 발표하는 것도 좋다.

은유: 외계 행성에는 귤이나 바나나 같은 과일이 없다. 왜냐하면
무척 춥기 때문이다.

세린: 외계 행성은 무척 춥다. 왜냐하면 외계 행성과 태양이 아주
멀리 떨어져 있기 때문이다.

한영: 외계 행성은 태양과 아주 멀리 떨어져 있다. 왜냐하면 태양
의 빛을 좋아하지 않는 곰팡이들이기 때문이다.

재은: 태양의 빛을 좋아하지 않는 곰팡이다. 왜냐하면 축축한 곳
을 좋아하기 때문이다.

진희: 축축한 곳을 좋아한다. 왜냐하면 포근한 느낌이 좋기 때문
이다.

혜숙: 포근한 느낌을 좋아한다. 왜냐하면 잠이 잘 오기 때문이다.

은수: 잠이 잘 온다. 왜냐하면 이 이야기가 끝이 안 보이기 때문이다.

**교사: 이야기가 끝이 안 보인다. 왜냐하면 학생들이 '왜냐하면 놀이'
를 아주 잘 하기 때문이다.**

혜영: '왜냐하면 놀이'를 아주 잘 한다. 왜냐하면… 어떻게 말해야
할까요? 하하하.

3. 소감 발표하기

교사: 왜냐하면 놀이를 해보니 어땠나요?

은호: 이유를 생각하는 것이 생각보다 어려웠어요.

아현: 머리가 아팠어요. 친구들이 이상한 이유라고 말할까 봐 적절
한 이유를 찾으려고 생각하느라 그런 것 같아요.

이현: 문장 하나하나가 이유를 가질 수 있다는 것을 알았어요.

은유: 똑똑한 사람들이 이유를 잘 찾을 것 같아요. 잘 몰라서 이유
대기 어려웠어요.

한비: 그렇지만 재밌었어요. 또 하고 싶어요!

4. '왜 그랬을까?' 주제로 글쓰기

**교사: 웃었던 기억을 떠올리며 다음 문장을 완성해봅시다. '왜 웃
니? 왜냐하면 ~하기 때문이야.'**

은호: 왜 웃니? 왜냐하면 내 소중한 인형을 찾았기 때문이야.

아현: 왜 웃니? 왜냐하면 내가 좋아하는 친구를 만났기 때문이야.

이현: 왜 웃니? 왜냐하면 오늘 급식은 내가 제일 좋아하는 메뉴이
기 때문이야.

은유: 왜 웃니? 왜냐하면 나는 오늘 학원을 안 가기 때문이야.

**교사: 자, 이번에는 울었던 기억을 떠올리며 "왜 우니? 왜냐하면~
하기 때문이야."라고 모둠이 함께 시를 적어 발표해봅시다.**

◆ 만약 학생이 이유를
잘 찾지 못한다면, "이
문장의 이유 찾기를 도
와줄 사람 있나요?"라
고 물을 수 있다.

◆ 학생들은 자신의 경험
혹은 상상을 통해 웃
는 이유를 적는다. 여
러 가지 웃는 이유들을
모아 한 편의 작은 시
나 그림책처럼 엮어 전
시해도 좋을 것이다.

◆ 왜 우니? 왜 가니? 왜
뛰니? 왜 공부하니? 왜
사니? 등 다양한 질문
을 상황에 맞게 한다.

교사의 놀이 성찰

학생들은 이유 찾는 과정이 생각보다 어려웠다고 입을 모았다. 하지만 그만큼 적절한 이유를 찾기 위하여 학생들이 머리를 많이 굴려보았다는 뜻이니 이유 찾기 기술을 배운 의미 있는 시간이었을 것이다. "생각이나 의견, 주장에 대한 근거나 이유를 대는 것은 올바른 생각을 위한 가장 기본적인 기술이다. 이때 이유는 적절하고 타당해야 하며 그것이 이유인지, 변명인지 구별할 줄도 알아야 한다." 이는 IAPC의 설립자 매튜 립맨의 말이다. 이유 찾기 사고기술은 자신의 의견에 대한 적절한 이유를 찾아야 한다는 책임감을 바탕으로 이뤄지며, 토론할 때 동의 또는 비동의에 아주 자연스럽게 따라붙게 된다. 만약 한 학생이 상대방의 의견에 동의하지 않는다고 말했다고 할 때, 교사는 "왜 그렇게 생각하니?", "어떤 이유로 동의하지 않는 거니?"라고 질문을 던지면 학생이 가진 그 의견이 더욱 힘을 얻게 될 것이다.

이렇게 놀이할 수도 있어요

왜 버티기 놀이

1. 지원자 한 명이 교실 앞으로 나와 문장 하나 말하기
2. 나머지 학생들은 '왜?'라고 다 함께 묻기
3. 지원자는 앞서 말한 문장에 대한 이유 말하기
4. 2-3을 반복하고 지원자가 더 이상 이유를 대지 못하면 놀이 끝내기
5. 가장 많은 '왜'를 버틴 학생을 우리 반의 생각 왕으로 뽑기
   - '왜?'를 외칠 때 전체 학생들이 타이밍을 맞춰 한 목소리를 내게 한다면 놀이의 분위기를 더욱 살릴 수 있다. (예: 하나, 둘, 셋! 왜~?)
   - 모둠 활동이나 짝 활동으로 진행할 수도 있다.

폭탄 돌리기

1. 몇 가지 문장이나 사진이 담긴 주머니(폭탄) 준비하기
2. 주머니를 돌리다가'멈춰!' 하면 주머니를 가진 사람이 종이나 사진을 하나 꺼내기
2. 거기에 적힌 문장이나 사진에 대해 간단하게 이야기하기
3. 그리고 그 이유를 '왜냐하면 ~하기 때문입니다.'라고 말하기
4. 말하지 못하면 폭탄이 터지고 다시 위 과정을 반복하기

의자에서 일으켜 세우기

대화를 통해 의자에 앉은 사람을 일어나게 하는 놀이이다. 그럴싸한 이유를 찾아내야 한다는 점에서 비판적 사고를, 상대방을 설득할 만한 아이디어를 필요로 한다는 점에서 창의적 사고를, 상대방의 마음을 헤아리고 그가 받아들일 만한 의견을 제시해야 한다는 점에서 배려적 사고를 연습할 수 있다.

소요 시간	10분 이상	수업 대상	초등학교 2학년	수업 교과	창체
준비 사항	의자 1개				
유의 사항	1. 누구나 인정하는 합당한 이유가 있다면 기꺼이 일어나야 함을 미리 안내한다. 그러나 이기고 싶은 마음에 억지를 부리며 일어나기를 거부하는 학생이 있을 수 있다. 이때는 다른 학생들의 의견을 물어 다수결로 결정하도록 한다. 2. 비슷한 이유가 두 번 이상 반복되면 지루해질 수 있기 때문에 앞에 나왔던 이유는 사용하지 않는 규칙을 미리 정하는 것이 좋다. 3. 의자에서 일으켜 세우기 위해서 무리하여 힘을 쓰거나 소리를 지르는 행위는 금지한다. 의자에서 일어나달라는 것은 일종의 부탁이나 권유이므로 예의를 갖춰 존댓말을 사용해야 함을 강조한다.				

▶ '놀이에서 활용한 빈 의자(좌)와 의자에 앉은 친구를 일으키기 위해 설득하는 모습(우)

놀이 Tip

1. 한 사람이 의자에 앉기

교사: 선생님은 지금 이 의자에 앉아있습니다. 여러분은 선생님을 의자에서 일어나게 할 수 있는 이유를 찾아 발표해주세요. 선생님을 설득하는 좋은 이유가 나오면 의자에서 일어나고, 그렇지 않다면 계속 의자에 앉을 것입니다.

2. 다른 한 사람이 나와 적절한 이유를 대며 의자에 앉은 사람을 일어나도록 설득하고, 앉아있는 사람도 일어나지 않을 이유를 찾아 대응하기

은호: (앞으로 나와 의자 옆에 서서) 선생님. 일어나세요!

교사: 왜요?

은호: 거기 의자에 제가 아까 우유 쏟았어요. 지금 닦으려고 했는데….

교사: 앗, 그런가요? 일어나겠습니다.

3. 앉은 사람을 일어나게 한 사람이 다시 의자에 앉기

은호: 이번엔 제가 의자에 앉아있습니다. 일어나야 할 이유를 말해주세요.

4. 앞서 발표한 이유와 다른 이유를 찾아 놀이를 반복하기

한비: 그 의자에서 일어나주세요.

은호: 왜요?

한비: 거기 장애인 전용 좌석이거든요, 저기 제 동생이 장애인인데, 지금 앉을 자리가 없어서 여기에 앉아야 할 것 같아요.

은호: 아, 죄송합니다. 일어나겠습니다.

한비: (자리에 앉으며) 감사합니다.

이현: 저… 그 의자에서 일어나주세요.

한비: 왜요?

이현: 그 자리 S09맞지요? 제가 예매한 자리거든요.

한비: 어? 저도 이 자리 예매했어요.

이현: 표를 잠깐 볼 수 있을까요?

한비: 네, 분명 제가 S09번 창가 자리 맞아요.

이현: 아, 9월 23일 표네요. 오늘은 9월 24일이에요.

한비: 정말요? 죄송합니다. 제가 잘못 예약했나 봐요.

◆ 여러 사람이 돌아가면서 이유를 찾아 의자에 앉을 수 있도록 기회를 적절히 주는 것이 좋다.

진희: 죄송하지만, 그 의자에서 일어나 주실래요?

규영: 왜요?

진희: 제가 지금 수술을 하고 나오는 길인데, 너무 어지러워서 움직일 수가 없네요. 저기 멀리 있는 의자까지 갈 힘은 없고, 여기 좀 앉고 싶거든요. 저한테 양보해줄 수 있을까요?

규영: 아… 저도 힘들지만 그렇게 할게요.

진주: 빨리 그 의자에서 일어나세요!

진희: 왜요?

진주: 저기 보세요! 뒤로 불이 나고 있어요. 대피해야 해요!

진희: 으아. 무서워요.

재은: 그 의자에서 일어나주세요.

진주: 왜요?

재은: 제가 맛난 점심을 사드리려고요. 뭐 드시고 싶으세요?

진주: 배달해서 여기서 먹으면 어떨까요? 저는 앉아있고 싶은데.

재은: 아… 여기가 배달이 안 되는 지역인데 어쩌죠? 저희 집에도 먹을 게 없어요. 차를 타고 조금만 가면 식당이 많으니 가시죠!

진주: 네, 좋아요.

혜영: 그 의자에서 일어나주세요.

재은: 왜요?

혜영: 제가 앉고 싶어서요. 왜냐하면, 그 자리에서 하늘을 보면 멋지거든요.

재은: 그 말을 들으니 제가 더 오래 앉아있고 싶어져요.

혜영: 앗, 실패!

"또 해요!"라는 요청을 많이 받았던 놀이이다. 학생들은 자신의 경험을 바탕으로 상상력을 발휘해 적절한 이유를 생각해내야 하므로 놀이 과정에서 자연스럽게 머리를 많이 굴리게 된다. 적절한 이유를 찾았을 때, "아, 이렇게 하면 되겠다!"라며 흥분해서 앞에 나와 설득을 펼치던 학생들의 모습이 인상적이었다. 예상했던 것보다 학생들은 다양한 이유를 잘 찾아냈고, 놀이를 계속 진행함에 따라 상황과 역할이 점점 더 구체적으로 제시되어 더욱 재밌는 놀이로 발전할 수 있었다. 학생들이 심심해할 때나 갑자기 주어진 자투리 시간에 의자 하나를 교실 앞에 두고 가볍게 시작할 수 있는 놀이로 적극 추천한다.

이렇게 놀이할 수도 있어요

이 상자를 치워주세요 의자에서 일으켜 세우기와 동일한 유형의 놀이다. 여러 가지 상황을 가정하여 상자를 옮겨야만 하는 이유를 만들어야 하는데 상상놀이를 좋아하는 학생들이 굉장히 재밌어한다. 개미, 어린아이, 상자 속에 있는 물건 등등 다양한 입장에서의 이유를 생각해보게 하면 좋다. 상자를 10번 이동했을 때 상자에서 작은 간식이 나온다고 하면 더 열심히 참여하게 될 것이다.

1. 교실 앞에 상자 하나 두기
2. 상자를 옮겨야만 하는 이유 찾아 발표하기
3. 적당한 이유가 있으면 상자 옮기기

이 음식은 내가 먹어야겠어요 하나의 문제 상황에 대한 여러 가지 이유를 듣고, 그중에서 가장 적합한 이유를 반 전체가 판단해볼 수 있는 놀이이다. 단, 실제 음식을 두고 놀이를 시작하면 음식 냄새와 함께 흥분하게 되므로 사진을 두거나 맛있는 음식이 있다고 상상하며 놀이를 하는 편이 더 낫다.

1. 한 가지 음식이 앞에 놓여있다고 상상하기
2. 음식은 한 사람만 먹을 수 있다고 가정하기
3. 자신이 그 음식을 꼭 먹어야 하는 이유를 찾아 발표하기
4. 가장 적합한 이유를 낸 친구가 누구인지 선정하기

추리하기

"범인은 왼손잡이입니다. 그런데 이 방에 있는 사람 중에는 당신이 유일한 왼손잡이이군요. 그러므로 당신이 범인입니다!"

추리하면 떠오르는 사람, 셜록 홈즈가 했음직한 말입니다. 홈즈는 어떤 증거나 단서를 가지고 범인을 정말 잘 찾아내는 추리의 대가입니다.

추리는 이미 알고 있는 것을 바탕으로 알지 못하던 것이나 새로운 것을 생각해내는 사고기술입니다. 어떤 주제에 대한 우리들의 의견도 대부분 이런 추리에 의해 만들어집니다.

현재 인류가 가진 지식재산의 양은 어마어마합니다. 실제로 찾아낸 지식도 많지만, 그보다는 찾아낸 것을 바탕으로 추리하여 갖게 된 지식도 아주 많습니다. 추리하기는 하나를 보고 열을 알아내는 중요한 지적 능력입니다.

이것을 보고 무엇을
알 수 있을까요?
(또는 추리할 수 있을까요?)

'추리하기' 놀이를 시작하기 전에

내용	알고 있는 정보를 이용해서 새로운 사실을 알아내요.
효과	하나를 가지고 열을 알아내요.
발문	이것을 보고 무엇을 추리할 수 있을까요?
발표문형	그러므로 ~
예시문장	숯돌이는 축구를 잘합니다. **그러므로** 숯돌이를 학급 축구대표로 뽑아야 합니다.

- **귀납추리** - 여러 번의 경험 결과를 바탕으로 새로운 사실을 알아내는 추리입니다. 하늘에 먹구름이 잔뜩 낄 때마다 비가 왔다면 우리는 그런 반복적인 관찰을 통해 먹구름이 비의 징조라는 새로운 사실을 알게 되는 겁니다. 인류가 가진 많은 지식은 이 귀납추리를 통해 얻어졌습니다. 물론 이 과정에서 경험이나 관찰, 실험 등 뭔가 외부의 조작이 필요할 때도 있습니다.

- **연역추리** - 이미 알고 있는 지식을 전제로 해서 순전히 머릿속 생각의 과정으로만 새로운 사실을 알아내는 것입니다. 모든 사람은 죽는다는 사실과 내가 사람이라는 사실로부터 나도 틀림없이 죽는다는 사실이 필연적으로 이끌려 나옵니다. 어떤 기계 장치 같은 게 있어서 재료를 넣으면 결과물이 뚝 떨어지는 것처럼 말입니다. 이 사고 장치는 인간이 타고나는 것이라고도 합니다. 연역추리를 잘 하기 위해서 벤다이어그램을 활용하는 것은 매우 좋은 전략입니다.

- **유비추리** - 보통 '유추'라고도 합니다. 알지 못하는 것을 알고 있는 비슷한 것에 빗대어 그 특징을 추리해내는 것입니다. 전기는 눈에 보이지 않지만 물과 속성이 비슷하다는 것을 알았습니다. 그래서 전기의 원리들을 처음 연구할 때 물의 원리를 통해 유비추리했다고 합니다. 우리에게 친숙한 직유, 은유, 대유 역시 그 사고과정에는 유비추리가 작동합니다. 최근에 중시되는 추리방식입니다.

- **좋은 추리** - 추리는 좋은 근거를 가지고 그 과정도 바르게 이루어져야 합니다. 잘못된 추리는 우리의 이해와 판단을 왜곡하고 오류에 빠지게 합니다. 귀납추리는 충분한 증거들에 뒷받침되어야 하고, 연역추리는 건전한 전제를 바탕으로 타당한 과정을 거쳐 이루어져야 합니다. 추리가 인간이 타고난 것이라고 하지만, 만약에 적절한 학습과 연습이 없다면 오히려 잘못된 추리로 우리의 판단과 행동을 이끌게 됩니다.

비밀놀이

학생들이 작성한 비밀쪽지를 근거로 작성자가 누구인지를 추리하는 놀이이다. 실제 삶의 맥락에서 추리하기 사고기술을 연습할 수 있으며, 비밀이라는 흥미로운 소재를 활용하여 놀이 참여의 동기가 높다. 또한 학급 구성원들에 대해 좀 더 잘 알게 되고 친밀감을 느낄 수 있게 된다.

소요 시간	40분	수업 대상	초등학교 6학년	수업 교과	창체
준비 사항	한 사람당 A4 1/4장, 학생들의 쪽지를 모두 모을 작은 상자 1개				
유의 사항	1. 놀이 전 비밀에 대해 간단히 이야기함으로써 자연스럽게 쪽지에 적을 비밀의 가이드라인을 제공할 수 있다. PASS가 너무 많이 나오거나, 학생들이 비밀이 아닌 특징을 적는 것을 방지한다. 2. 쪽지 하나당 적을 비밀의 개수는 1~3개가 적당하다. 비밀을 한 가지만 적으라고 하면 소중하고 내밀한 비밀을 적을 확률이 높지만 추리하기가 어려워진다. 반대로 너무 많이 적도록 하면 비밀이 아닌 자신의 외적 특징까지 적게 되어 비밀놀이의 의미가 사라진다. 3. 비밀의 주인을 추리할 때는 무작정 이름만 대거나 "그냥 그럴 거 같아요."라는 식으로 얼버무리지 않고 반드시 적절한 이유를 대도록 한다.				

▶ 쪽지에 비밀을 적고 있는 학생들의 모습(좌/상), 비밀쪽지를 모은 바구니(우/상), 첫 번째 비밀(좌/하), 두 번째 비밀(우/하)

🔖 놀이 과정 자세히 들여다보기

	놀이 Tip 🔔

1. 비밀에 대해 간단히 이야기하기

교사: 비밀이란 무엇일까요?

학생들: 다른 사람한테 숨기고 싶은 거예요.

교사: 비밀을 다른 사람에게 말해도 될까요?

서준: 사실 말하고 싶기도 해요.

로운: 말하면 안 되니까 비밀이지!

현아: 이름을 밝히지 않고 털어놓을 수도 있지.

2. 한 사람당 쪽지 하나씩 가져가 비밀 적기

교사: 친구들이 알아도 되는 나의 비밀을 세 가지 적어봅시다. 떠오르지 않으면 '패스(Pass)'라고 적어도 됩니다.

3. 쪽지를 세 번 접어 상자에 모은 뒤 잘 섞기

교사: 선생님이 돌아다니는 동안 쪽지를 세 번 접어 상자 안에 넣어주세요.

4. 선생님이나 학생이 무작위로 쪽지를 뽑아 읽기

교사: 그럼 비밀쪽지 하나를 뽑아 읽어보겠습니다. 첫째, '줌(zoom) 수업을 할 때 바지만 잠옷입니다.'

서준: 나도 바지만 입는데!

로운: 이건 다 그런 거 아니야?

현아: 다 그래서 힌트가 안 돼.

교사: 이런, 다들 윗옷만 갖춰 입었던 것인가요? 비밀을 계속 읽어보겠습니다. '힘이 굉장히 약합니다.', '거의 모든 곤충을 좋아합니다.'

현우: 아! 서준이 힘 약한데.

로운: 근데 서준이가 곤충을 좋아해?

현아: 그건 모르지만 일단 우리 반에서 힘이 약한 사람은 서준이니까.

◆ 학생들이 공감하는 말을 할 때 이를 충분히 들어주면 학생들 사이의 친밀감을 높이고 놀이 분위기를 돋울 수 있다.

5. 비밀의 주인 알아맞히기

교사: 자, 이제는 비밀의 주인을 한 번 알아맞혀볼까요?

지은: 비밀의 주인은 서준이인 것 같아요! 왜냐하면 서준이는 힘이 약합니다.

교사: 힘이 약한 사람이 서준이밖에 없나요?

현우: 일단 제일 힘이 약한 사람이 서준이인데, 다른 비밀로는 추리가 안 돼서요.

교사: 서준이가 비밀의 주인이 맞나요?

서준: 맞아요.

로운: 너 곤충 좋아해?

서준: 응, 귀뚜라미 같은 곤충을 좋아해.

6. 4~5번 활동 반복하기

교사: 다음 비밀 쪽지를 뽑아보겠습니다. 첫째, '사실 나는 BTS를 아주 좋아한다.' 둘째, 'Butter 뮤비가 개봉하자마자 들어서 좋았다.' 셋째, '패스!'

현우: 로운이! / 난 아니야.

보라: 그럼 지은이? / 나도 아니야.

주안: 잠깐, Butter 뮤비(뮤직비디오) 개봉이라고 했잖아. 누가 뮤비를 개봉한다고 해? 뮤비는 최초 공개라고 하지. 그러니까 이건 이런 걸 잘 모르는 사람이 쓴 거야. 남자 아닐까?

민주: 남자들 중에 방탄소년단 좋아하는데 숨기고 있는 애가 있나?

승우: 쌤 아냐? 쌤 방탄 좋아한다고 하셨잖아!

소미: 선생님이죠!

7. 소감 발표하기

서준: 애들이 서로를 너무 많이 알고 있는 것 같아요.

로운: 그런데 의외인 것들도 많았어요.

현아: 친구에 대해 새롭게 알게 된 면도 있어서 좋았어요.

8. 비밀을 주제로 글쓰기

교사: 오늘 비밀놀이를 하였으니 비밀을 주제로 글을 써봅시다. 질문은 '비밀은 왜 생길까요?'입니다.

◆ 초등 6-1 국어 '추론하기' 단원과 연계할 수 있다.

◆ 심화활동 표현 방법을 글, 그림, 시 등 여러 가지 방법으로 열어두는 것도 좋다. 학생들마다 좋아하는 방법이 다를 수 있기 때문이다.

이 놀이는 간단하면서도 삶의 맥락 위에 있어 흥미롭고 학생들의 참여 동기가 높다. 6학년 국어 수업에서 추리를 가르칠 때 많이 어려워했던 학생들이, 이 놀이를 통해 추리를 한다는 것이 무엇인지 확실히 이해하는 모습이었다. 이에 더하여 생각지 못했던 공동체 형성 효과도 있었다. 트로피를 받은 적이 있다는 비밀을 쓴 학생은 박수를 받으며 뿌듯해했고, 겉으로는 조용하지만 원래 말이 많다는 비밀을 쓴 학생은 '아 그래?'라고 하는 친구들의 호기심 어린 눈빛을 받으며 기뻐했다. 학생들의 소감에서도 사고기술 연습과 공동체 형성의 효과가 모두 드러났다. 양쪽의 측면에서 모두 만족스러운 놀이였다.

이렇게 놀이할 수도 있어요

비밀 읽은 학생이 먼저 추리하기 이렇게 변형하면 친한 학생들끼리 바로바로 비밀의 주인을 맞히게 되는 일을 방지할 수 있고, 발언의 기회가 골고루 돌아가며 여러 친구들에게 관심을 갖게 된다. 하지만 비밀의 내용이 학생에게 먼저 공개되어 교사가 그것을 미리 관리할 수 없게 되는데, 학생이 뽑은 비밀을 교사가 먼저 보고 학생에게 건네주면 이를 보완할 수 있다.

1. 쪽지에 비밀을 적어 비밀쪽지를 모으는 활동까지 똑같이 진행하기
2. 학생 한 명이 앞에 나와 쪽지 뽑아서 읽고, 비밀의 주인 추리하기
3. 세 번 틀리면 모두가 함께 추리하기

칭찬 주인 찾기 이렇게 변형하면 서로 칭찬하면서 긍정적인 학급 분위기를 형성할 수 있다. 특히 잘 생각해보지 않았던 친구의 장점을 고민해보는 기회가 된다. 다만 정해진 친구에 대해 잘 몰라서 적절한 칭찬거리를 찾지 못하거나, 사이가 좋지 않은 친구에 대해 이상하게 적어 낼 수 있으므로 주의해야 한다. 활동 이전에 장점이나 칭찬에 대한 교육을 하는 방식으로 보완할 수 있다.

1. 한 명당 두 개의 쪽지를 받고 하나에는 친한 친구의 칭찬 세 개, 다른 하나에는 정해진 친구의 칭찬을 세 개 적기
2. 쪽지를 무작위로 섞은 뒤, 교사나 학생이 쪽지를 뽑아 읽기
3. 칭찬의 주인 추리하기

무엇이 들어있을까요?

관찰한 사실이나 알고 있는 사실을 바탕으로 추리하여 모르는 사실(상자 안에 들어있는 것)을 알아내는 놀이이다. 창의적 사고와도 관련이 있다. 놀이 후 활동에 따라 추리의 과정을 밝히며 추리 과정의 건전성과 타당성을 기초적으로 검토해보는 시간을 가질 수 있다.

소요 시간	15분	수업 대상	초등학교 6학년	수업 교과	창체
준비 사항	상자 1개, 여러 가지 교실 속 물건, 작은 초콜릿 등 적절한 단체 보상					
유의 사항	1. 추리할 때는 반드시 이유를 대도록 해야 한다. 왜냐하면 이 점을 강조하지 않으면 찍기가 난무할 수 있기 때문이다. 2. 교사는 학생들의 추리를 칠판에 적어가면서 놀이를 진행한다. 나중에 추리를 분류해야 하기 때문이다. 3. 상자 안에 젤리, 사탕 등 적절한 간식을 넣어두었다가 학생들이 정답을 맞히면 보상하는 것도 좋다.					

▶ 상자 안에 여러 가지 물건을 넣어둔 모습(왼쪽)과 추리의 이유를 적은 판서 내용(오른쪽)

놀이 Tip 🔔

1. 모든 학생이 엎드린 상태에서, 교사가 상자 안에 여러 종류의 물건 넣기

2. 상자 안의 물건을 자유롭게 추리하기

교사: 자, 상자 안에 무엇이 들어있을 것 같은지 이유와 함께 이야기해봅시다.

서준: 칠판지우개가 들어가 있을 것 같아요. 지금 칠판 받침대 위에 칠판지우개가 없어서요.

교사: 정답입니다. 맞혔으니 젤리를 주겠습니다. 또 무엇이 들어있을까요?

로운: 시간표 중 '국어'가 없습니다! '국어'가 들어있을 것 같습니다.

현아: 음, 분필이 들어있을 것 같습니다. 그냥 왠지 그럴 것 같아요.

교사: '왠지 그럴 것 같다.'는 것은 '찍기'입니다. 그럼직한 이유를 들어 추리해볼까요?

현아: 그럼 바꾸겠습니다. 손소독제가 들어있을 것 같습니다. 선생님 책상 위에 있던 손소독제가 보이지 않기 때문입니다.

교사: 자, 이제 상상력을 좀 더 발휘해봅시다. 지금까지는 '있어야 할 것이 없다는 사실'을 가지고 추리를 했는데, 다른 사실로부터도 상자에 들어있는 것을 추리할 수 있지 않을까요?

학생들: …….

교사: 잘 생각해보세요. 예를 들어, 지금 나온 물건들을 가지고 추리를 한다면?

서준: 분필가루가 있을 것 같아요. 칠판지우개가 안에 있었기 때문에 거기서 나온 분필가루가 묻었을 것 같아요.

로운: 아, 젤리요! 선생님께서 상자에서 젤리를 꺼내시고 있기 때문입니다.

주안: 공기가 들어있어요. 진공이 아닌 한 어디든지 공기는 있기 때문입니다.

민주: 어둠이요. 선생님이 상자를 닫고 계셔서 빛이 안 들어가니까요.

◆ 소리를 통해 추리해볼 수 있도록 하기 위함이다. 물론 상자에 미리 물건을 넣어두고 시작해도 좋다.

◆ 반드시 이유를 들어 말하도록 한다. 학생의 추리를 적어두면 이후에 추리의 과정을 밝힐 때 도움이 된다.

◆ 학생들이 다양한 추리를 할 수 있도록 사례와 같이 비계(발판)을 제공해주면 좋다.

◆ 너무 엄밀하게 따지지 말고, 다양한 추리가 나올 수 있도록 유도한다.

3. 추리의 이유 분류하며 추리의 과정 밝히기

교사: (판서 내용)지금까지 나온 추리들을 살펴봅시다. 기억나는 추리들이 있나요?

교사: 그런데 우리는 어떻게 이런 추리를 할 수 있었을까요? 먼저 '칠판지우개가 들어있을 것이다.'라는 추리는 어떻게 하게 된 건지 생각해봅시다.

서준: 교실 앞에 칠판지우개가 있어야 하는데 없었으니까요.

교사: '교실 앞에 칠판지우개가 있어야 한다. 칠판지우개가 없다. 그러므로 상자 안에 칠판지우개가 있을 것이다.'라는 과정을 거쳐서 추리를 한 거네요! 이처럼 추리는 어떠한 과정을 거쳐서 이루어집니다. 선생님이 한 것처럼 다른 추리의 과정을 밝혀볼까요?

로운: 공기는 어디에나 있다. 그러므로 상자 안에 공기가 있다.

교사: 좋아요, 두 단계의 과정을 말해주었네요. 그런데 가운데에 어떤 내용이 들어가야 할 것 같아요. 생각해볼 사람?

현아: 그런데 공기가 어디에나 있지는 않아요. 진공 상태면 없죠.

지은: 그러면 공기는 진공이 아닌 모든 곳에 있다. 이렇게 하면 어때?

교사: 고마워요! 추리 과정이 더 정확해졌어요. '공기는 진공이 아닌 모든 곳에 있다. (   ). 그러므로 상자 안에 공기가 있다.' 여기 빈칸에 들어갈 말은?

현우: '상자 안은 진공이 아니다.'라고 하면 좋겠어요!

교사: 아주 좋습니다. 이렇게 추리의 과정을 밝혀보았네요. 우리가 순간순간 하는 추리 안에는 이런 생각의 단계들이 들어있답니다. 만약 어떤 단계가 잘못되었다면 잘못된 추리가 나오겠지요. 따라서 추리를 할 때에는 추리의 과정에 오류가 없는지 점검해보는 게 중요합니다.

◆ 학생들이 추리의 과정을 밝히는 것을 어려워할 수 있기 때문에 교사가 적절한 비계(발판)를 제공한다.

4. 추리 과정을 밝히며 상자 속 물건 다시 추리하기

교사: 추리의 과정을 생각하며 상자 안의 물건을 다시 한번 추리해봅시다.

보라: 작은 무언가가 구르는 소리가 났다. 교실에 있는 것 중에 작고 구를 수 있는 것에는 연필이 있다. 그러므로 연필이 들어있을 것이다.

주안: 공기 중엔 산소가 있다. 상자 안에는 공기가 있다. 따라서 상자 안에는 산소가 있다.

◆ 학생들이 생각한 추리의 과정을 엄밀하게 따지지 않도록 한다.

비밀놀이나 국어 수업을 통하여 추리하기 사고기술에 어느 정도 익숙해진 학생들에게 추리에 대해 더 심화하여 소개해보면 어떨까 하는 생각이 들어 고안한 놀이이다. 예상했던 것보다 학생들이 추리의 과정을 잘 이해한 듯 보였고, 추리를 재미있게 가르쳐주셔서 감사하다는 반응이 많아 신기하였다. 앞으로 학생들이 삶 속에서도 추리를 활용하면서 탄탄하면서도 새로운 생각들을 해나가길 바란다.

❓ 이렇게 놀이할 수도 있어요

질문 허용하기 예를 들어 학생이 "상자 안에 푹신한 것이 들어있나요?"라고 질문했을 때 교사가 '예'라고 대답한다면 학생은 "교실 안에 상자에 들어갈 만한 크기의 물건 중 푹신한 것은 선생님 방석밖에 없어요. 그러므로 선생님 방석이 상자 안에 들어있어요."라고 추리할 것이다.

1. 모든 기본 절차는 똑같이 진행하기
2. 상자 안의 물건을 추리할 때 교사가 '예' 또는 '아니요'로 대답할 수 있는 질문만 허용하기

상자 흔들어 추리하기 학생들은 물건이 들어있는 상자를 흔들어본 뒤에 젤리, 구슬, 동전 등이 들어있을 것이라고 쉽게 추리를 해낸다. 반면 빈 상자를 흔든 뒤에는 처음에는 아무것도 없다고 할 가능성이 높다. 이때 교사가 "정말 아무것도 없을까?"라고 질문하면 학생들은 공기, 어둠, 산소, 이산화탄소, 박스 냄새 등을 말하게 될 것이다.

1. 상자 두 개 준비하기
2. 한 상자에는 물건 넣어두기
3. 다른 한 상자는 비워두기
4. 두 상자를 각각 흔들어보고 들어있는 것 추리하여 말하기

예와 반례 들기

"과일의 예를 들면 사과, 포도, 복숭아 등이 있습니다."
"키 큰 사람은 싱겁다는데 반례가 있습니다. 바로 저입니다."

뭔가를 좀 더 잘 설명하고자 할 때 우리는 구체적인 예를 들곤 합니다. 그러면 상대방이 쉽게 이해하기 때문입니다. 특히 아이들에게 참 유용한 전략입니다.

토론에서 누군가의 말이 잘못된 것 같을 때도 반례를 들면 간단해집니다. 구체적인 반례가 있는 한 상대의 말에는 뭔가 허점이 있는 것이기 때문입니다.

하지만 예와 반례 들기가 중요한 이유는 다른 사람에게 내 생각을 설명하거나 설득하기 위해서이기도 하지만, 스스로에게 자기 앎이나 주장을 설명하고 설득할 수 있기 때문입니다. 그것도 간단하고 쉬운 방법으로 말입니다.

예를 들어 보겠니?
혹시 반례가 있니?

'예와 반례 들기' 놀이를 시작하기 전에

내용	구체적인 예나 반대되는 예를 들어요.
효과	쉽게 이해할 수 있어요. 쉽게 반박할 수 있어요.
발문	예(반례)를 들어볼까요?
발표문형	예를 들면(반례를 들면) ~
예시문장	가을에 낙엽이 지는 나무의 **예를 들면** 은행나무, 단풍나무입니다. **반례를 들면** 소나무가 있습니다.

- **예 들기의 의미** - 분류하기와 예 들기는 역의 관계입니다. 앞에서 살폈듯이 분류하기는 대상을 비슷한 것끼리 묶어 다른 묶음과 나눕니다. 그리고 그 묶음에 어떤 이름을 붙이지요. 예를 들면 세모, 네모, 혹은 학교, 사랑 등등입니다. 일종의 개념이 만들어지는 겁니다. 예 들기는 그 추상의 개념어를 풀어 그 안에 묶인 구체적인 원래의 대상들을 소환하는 일이기도 합니다.

- **예 들기의 쓰임** - 포유류의 예, 국가의 예, 위인의 예 등 어떤 개념어에 대한 예 들기도 있고, 아시아에는 여러 나라가 있습니다와 같은 사실에 대한 예 들기도 있습니다. 그리고 어떤 주장을 지지하기 위해서 그 근거로 예를 들 때도 있습니다. 특히 반례는 사실이나 주장을 무력화하는 아주 강력한 도구입니다. 반례가 있는 한 그 설명이나 주장은 어떻게든 수정되어야 하기 때문입니다.

- **예 들기와 토론** - 토론을 할 때 우리는 아이들의 생각을 이끌기 위해 기본적으로 어떤 연속질문을 합니다. 어떻게 생각하니?(의견) 왜 그렇게 생각하니?(이유 찾기)와 더불어 예를 들어 볼래?(예 들기)는 매우 기본적인 진행자의 발문입니다. 예 들기를 통해 아이들은 자신의 의견을 검토하고 지지하면서 논의에 깊이 있게 참여합니다.

- **예 들기와 글쓰기** - 설명하는 글이나 주장하는 글에서도 예 들기는 중요합니다. 설명문에서는 설명하려는 사실의 구체적인 사례를 들어서 보다 쉽게 이해하도록 합니다. 논설문에서도 주장에 대한 근거를 대고 그것을 뒷받침하는 구체적인 사례를 들어 자신의 주장을 보다 튼튼하게 해줍니다. 주장과 중심근거, 보조근거의 삼각논증에서도 예 들기는 중요한 근거 자료가 됩니다.

인디언 추장의 미덕

술래는 친구들이 제시하는 구체적인 예를 듣고 해당하는 단어(개념어)를 알아맞히는 놀이이다. 친구들의 예를 서로 비교해보며 적절성을 따져보고 제시된 단어나 주장에 대한 의미를 깊이 이해하는 놀이이다.

소요 시간	40분	수업 대상	초등학교 4학년	수업 교과	창체
준비 사항	붙임쪽지(개인별 6개 이상), 모둠별 미덕카드 세트				
유의 사항	1. 예 들기는 저학년 학생들도 일상에서 쉽게 구사하는 사고기술이다. 따라서 구체 개념부터 시작하여 연령에 따라 점차 추상적인 관념 또는 의견이 담긴 주장에 대한 예까지 들어볼 수 있다. 2. 저학년 수준에서는 사례에 소개한 '시장에 가면'만으로도 다양한 주제 변형을 통해 학생들의 예 들기 연습을 도울 수 있다. 3. '인디언 추장의 미덕' 역시 이 절차 그대로 활용해서 좀 더 구체적이고 쉬운 개념들의 예 들기를 연습할 수 있는 놀이이다.				

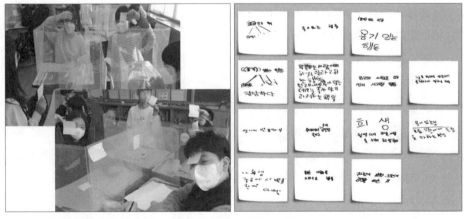

▶ 인디언 추장의 미덕놀이를 하고 있는 아이들의 모습과 '용기 있는 행동'에 대해 학생들이 쓴 메모

놀이 Tip 🔔

1. '시장에 가면' 이어서 하기

교사: 시장에 가면 무엇을 볼 수 있나요? 예를 들어볼까요?

서연: 옷, 신발, 과일, 빵 등

교사: 시장에서는 물건 말고 또 무엇을 볼 수 있나요? 예를 들어볼까요?

연우: 가게 주인, 손님, 물건 담는 상자, 돈 등

교사: 시장에서 볼 수 있는 것을 하나씩 앞 사람의 것에 덧붙여서 이어갑시다.

지훈: 시장에 가면 채소도 있고 → 시장에 가면 채소도 있고, 고기도 있고 → 시장에 가면 채소도 있고, 고기도 있고, 아저씨도 있고

◆ 교사가 '예'라는 말을 가능한 자주 사용한다.

◆ 다른 사람이 든 예를 반복해야 하므로 모둠이 한 팀이 되어 놀이하면 기억하는 데 부담이 적다.

2. '미덕의 보석' 경험 나누기

교사: 이제 '인디언 추장의 미덕' 놀이를 할 거예요. 미덕에 대한 예를 잘 들면 그 미덕을 갖게 되는 놀이입니다. 먼저 '미덕'에 대해 살펴봅시다.

교사: 미덕에는 어떤 것들이 있나요?

학생들: 이해/사랑/성실/배려/책임/존중

교사: 이런 말을 들으면 기분이 어떤가요?

학생들: 마음이 따뜻해져요./기분이 좋아져요./위인이 생각나요.

교사: 네, 세상을 따뜻하고 아름답게 만드는 보석 같은 마음과 행동들이지요. 혹시 다른 사람을 '이해'했던 경험을 말해볼까요?

서연: 줌 수업 소회의실 활동에서 친구가 비디오를 끄고 있었는데 사정을 먼저 물어봤어요.

교사: 최근에 여러분 주위에서 가장 '성실'했던 사람은 누구이며 구체적 사례를 말해볼까요?

연우: 엄마가 우리 집에서 가장 성실한 것 같아요. 일도 하시면서 가족도 챙겨주시고 밤에 책도 읽으세요.

미덕의 보석들…			
감사	배려	유연성	창의성
결의	봉사	이상품기	책임감
겸손	사랑	이해	청결
관용	사려	인내	초연
근면	상냥함	인정	충직
기뻐함	소신	자율	친절
기지	신뢰	절도	탁월함
끈기	신용	정돈	평온함
너그러움	열정	정의로움	한결같음
도움	예외	정직	헌신
명예	용기	존중	협동
목적의식	용서	중용	화합
믿음직함	우의	진실함	확신

◆ 미덕과 같은 추상적인 개념들을 일상 경험의 성찰을 통해 의미를 구성할 수 있도록 돕는다.

3. '인디언 추장놀이' 하기

교사: 모둠별로 '인디어 추장' 예 들기 놀이를 할 거예요. 인디언 추장은 굉장히 지혜로운 사람들이었다고 해요. 술래는 자신이 지혜로운 인디언 추장이 되었다고 생각합니다. 그 다음 모둠 친구들이 말하는 미덕의 예를 잘 듣고 어떤 미덕의 예를 들은 것인지 맞혀보세요.

교사: 모둠별로 술래를 한 사람씩 정해주세요. 술래들은 앞에 나와 칠판을 보고 눈을 감습니다. 이제 선생님이 각 모둠별로 미덕카드를 하나씩 나눠줄게요. 술래가 아닌 사람들은 미덕에 알맞은 예를 하나씩 붙임쪽지에 적어주세요(학생들은 각자 미덕의 예로 적절한 것을 찾아 붙임쪽지에 적는다).

교사: 다 적었으면 이제 술래는 제자리로 돌아가세요. 모둠에서 한 명씩 돌아가며 술래에게 자신이 쓴 예를 말하고 술래는 모둠 원들이 말한 예를 듣고 미덕을 알아맞혀주세요. 만약 술래가 미덕을 맞히면 그 미덕카드를 모둠이 보관하고, 맞히지 못했을 때는 선생님께 반납하도록 합니다.

모둠원1: 친구와 싸웠을 때 먼저 사과하는 것입니다.

모둠원2: 친구들 앞에서 멋지게 발표할 때 필요한 미덕입니다.

모둠원3: 어려운 사람을 도와주려고 할 때도 이것이 필요합니다.

모둠원4: 학교폭력 하는 친구에게 하지 말라고 하려면 이 미덕이 필요합니다.

술래: 음... 용기인가요?

모둠 친구들: 와~! 정답입니다. 이 미덕카드는 이제 우리 모둠 거다!

교사: 이제 모둠의 다른 친구 중 한 명을 술래로 정해주세요. 같은 방법으로 놀이를 계속하겠습니다.

교사: 자, 모두 한 번씩 술래를 다 해보았나요? 이제 자기 모둠이 얻은 미덕이 몇 개이고, 어떤 것들인지 말해볼래요?

4. 소감 발표하기

교사: PMI 방법으로 놀이 소감을 발표해봅시다.

서연: 처음에 용기의 예를 떠올리는 것이 어려웠어요.

연우: 친구들이 든 예들의 공통점으로 미덕을 찾는 것이 흥미로웠어요.

지훈: 모둠원들이 든 예 중에 적절하지 않은 것도 있는 거 같았어요. 하지만 다른 예들을 보고 맞힐 수 있었어요.

◆ 모둠별로는 경쟁이 될 수 있지만 모둠 내에서는 협력이 이루어지는 놀이이다. 모둠 원 중에 예들기를 어려워하는 사람이 있으면 다른 모둠원들이 돕도록 안내한다.

◆ 교사는 모둠원들이 예를 적을 때 모둠을 돌면서 예의 적절성과 부적절성에 대해서 학생들과 논의한다. 되도록 학생들이 좀 더 적절한 예를 찾도록 도와야 한다.

◆ PMI:
-P(좋았던 점),
-M(어려웠던 점),
-I(흥미로웠던 점)

보통 학생들은 뜻을 잘 모르는 단어를 듣거나 글에서 읽게 되면 뜻을 이해하려고 하기보다는 바로 뜻을 물어보거나 그냥 넘어가버리는 경우가 많다. 이때 교사가 사전적 의미를 알려준다면 그 의미를 학생들이 충분히 이해하기에도 부족하고, 문맥을 통해 단어의 뜻을 유추하는 능력도 기를 수 없다. 그래서 예 들기 놀이를 하면서 추상적이거나 어려운 단어(개념)의 의미를 다양한 측면에서 생각해보도록 하였다. 놀이의 재미 요소가 학생들의 흥미를 유발하여 좀 더 적극적으로 단어의 의미를 생각하고 예를 찾는 활동에 참여할 수 있었다. 구체적인 예를 연결해서 내면화해야 하는 미덕과 같은 추상적인 개념들을 자신의 경험과 연결 지어 탐색하면서 학생들이 예 들기 사고기술을 흥미를 갖고 사용하였다. 이렇게 자신의 생생한 경험을 개념과 연결하여 의미를 구성하는 경험은 학생들로 하여금 주체적으로 개념을 이해하는 태도를 갖도록 할 수 있을 것이다.

이렇게 놀이할 수도 있어요

미덕 보석 반례 찾기

1. 미덕 보석 중 하나를 교사가 제시하기
2. 제한된 시간에 모둠원이 함께 미덕의 반례를 최대한 찾기
3. 모둠에서 돌아가며 하나씩 말하고 끝까지 반례가 남아 있는 모둠이 승!

엄지 탑 쌓기

1. 모둠(4명)원은 서로 마주 보고 앉기
2. 교사가 전체 학생들에게 단어 하나를 말하기
3. 교사가 말한 단어에 해당하는 예를 하나씩 빨리 말한다. 이때 맨 먼저 단어의 예를 떠올린 사람은 한쪽 손 엄지를 세워 팔을 뻗으며 예를 하나 말하기
4. 나머지 모둠원들도 선착순으로 앞 사람의 엄지에 자신의 엄지로 탑을 쌓으며 개념의 하위 범주를 하나씩 말하기
5. 맨 나중에 말하는 사람은 모둠에서 정한 벌칙 수행하기

별 빙고

모둠별로 교사가 제시한 문장에 대한 구체적 사례를 찾아 별 빙고판에 적고 빙고 놀이를 하는 것이다. 이 놀이를 통해 학생들은 주장(의견)이나 설명을 뒷받침해주는 예 들기를 연습하고 나아가 예 들기가 주장이나 설명을 위해 좋은 근거가 될 수 있다는 것을 체험한다.

소요 시간	40분	수업 대상	초등학교 4학년	수업 교과	창체
준비 사항	별 빙고 학습지(모둠별 1장씩, 부록 317쪽), 공익광고 영상(1분의 배려) https://www.youtube.com/watch?v=iZXK1R_nqgc				
유의 사항	1. 별 빙고놀이에 학생들이 모두 잘 참여하기 위해서는 주장(설명)과 그 주장(설명)을 뒷받침하는 구체적 예를 살펴볼 수 있는 예비 활동이 필요하다. 2. 별 빙고놀이를 한 후 학생들이 찾은 구체적 사례가 적절한지 전체 활동으로 자세히 살펴본다. 이때 필요하면 적절성에 대한 토론을 간단하게 해보는 것도 좋다. 단순히 예를 많이 대는 것이 아니라 주장이나 설명을 뒷받침하는 데 적절한 예를 찾는 것이 중요하기 때문이다.				

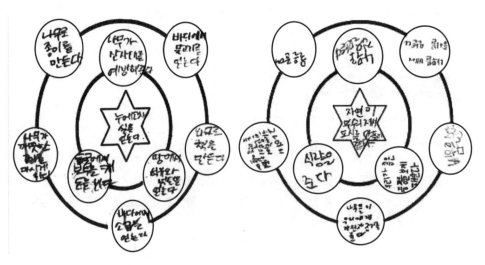

▶ '자연은 인간에게 베푼다.'라는 주장에 대한 근거가 될 수 있는 예를 쓴 별 빙고판

1. 공익광고의 주장과 예 찾기

교사: 모든 공익광고에는 주제에 대해 전하고자 하는 의견, 즉 주장이 담겨 있어요. 다음 공익광고 영상을 보고, 어떤 주장을 하는지 생각해봅시다.

서연: 세상을 아름답게 하는 데는 1분이면 된다.

연우: 도움이 필요한 사람을 돕는 데는 시간이 많이 걸리지 않는다.

교사: 그 주장에 대해 어떤 예들을 보여주고 있나요?

지훈: 횡단보도에서 할머니를 도와드리는 일이요.

서윤: 사람이 많은 차 안에서 벨을 대신 눌러주었어요.

교사: 좋습니다. 그럼 이 주장에 알맞은 예를 더 말해볼 수 있나요?

민주: 엘리베이터에서 뒷사람 기다려주기/모둠활동 못 따라오는 친구 도와주기

◆ 영상에 나온 장면들의 공통점을 찾고 주제와 주장을 유추해보도록 한다.

2. 별 빙고 놀이하기

교사: '별 빙고놀이'를 하려고 해요. 주제는 '자연'입니다. 여러분은 '자연'에 대해 어떤 주장을 말하고 싶나요?

학생들: 자연은 아름답다./자연을 보호하자./자연을 즐기자.

교사: 이 중 주장의 근거로서 예를 활용하면 좋을 주장은 무엇인가요?

서연: 자연은 아름답다.

교사: '자연은 아름답다'에 대해 근거가 되는 예를 말해볼까요?

서연: 들에 핀 꽃들이 아름다워요./가을 단풍이 아름답습니다.

교사: 이제 '자연은 인간을 위해 베푼다.'에 대한 근거가 되는 예를 찾는 별 빙고놀이를 해보겠습니다. 모둠에서 주장에 대한 근거가 되는 구체적인 예를 의논한 후 별 빙고판에 적어주세요.

교사: 다른 모둠에 같은 예가 있을 것 같으면 바깥쪽 원에 적어주세요. 만약 같은 예가 있다면 1점입니다. 다른 모둠이 생각하지 못할 것 같은 예는 가운데 별 모양에 적어주세요. 만약 별 모양에 적은 예가 나머지 모둠 모두에 없다면 3점의 추가 점수를 얻을 수 있습니다.

◆ 자연 이외에 다양한 주제로 주장을 만들어볼 수 있다. 학생들과 함께 논의하여 결정하면 더 좋다.

◆ 주장을 찾고 그중에서 예를 근거로 활용하기에 좋은 주장을 찾는 과정을 어려워 할 경우에는 굳이 이 과정을 할 필요는 없다. 교사가 주장을 제시해도 좋다. 여기서의 주안점은 주장에 대해 예를 들어보는 것이기 때문이다.

학생들: (모둠원들과 논의하여 별 빙고판에 적절한 예들을
　　　　채워 넣는다.)

**교사: 이제 모둠별로 돌아가며 바깥 원부터 구체적 예를 하나
　　　씩 말해봅시다.**

1모둠: 예를 말할게요. 나무가 깨끗한 공기를 준다.

2모둠: 와! 있다. 1점!

3모둠: 아… 우리는 없네.

2모둠: 이번엔 저희 모둠이 말할게요. 바다에서 음식을 얻는다.

3모둠: 어! 이번에는 있다. 1점!

**교사: 별 빙고판에 있는 예를 모두 말할 때까지 돌아가면서
　　　놀이를 이어가겠습니다.**

◆ 예는 문장이 동일하지 않아도
　같은 내용을 적었으면 정답으
　로 인정한다.

◆ 자연이 주는 혜택을 브레인
　스토밍으로 최대한 많이 떠올
　려보고 같은 유형끼리 묶도록
　한다.

주장	학생들이 제시한 예	
자연은 인간을 위해 베푼다.	·나무가 깨끗한 공기를 준다. ·바다에서 물고기를 얻는다. ·댐을 만들어 가뭄에 대비한다. ·땅에서 석유와 석탄을 얻는다.	·나무가 산사태를 막아준다. ·동굴에서 금을 캔다. ·누에고치에서 실을 얻는다. ·산을 개발해서 도시를 만든다.

3. 예 검토하기

**교사: 여러분이 제시한 예들이 주장에 관한 구체적 사례가 맞는
　　　지 확인해봅시다. 의견에 맞지 않는 사례는 무엇인가요?**

학생들: 댐을 만들어 가뭄에 대비한다./산을 개발해서 도시
　　　　를 만든다.

교사: 어떤 점에서 적절하지 않은 예인가요?

연우: 자연이 우리에게 직접 베푼 게 아닌 거 같아요.

◆ 적절하지 않은 예를 파악하는
　일은 매우 중요하며 필요하면
　간단히 그에 대해 토론해보는
　것도 좋다.

4. 소감 나누기

교사: '자연'에 대한 예들기 별 빙고놀이 소감을 발표해봅시다.

서연: 자연이 참 고맙다는 생각이 들었습니다.

연우: 주장의 예를 찾는 게 어려웠어요.

5. (선택) 주장과 예들기를 주제로 일기 쓰기

**교사: '자연은 인간을 위해 베푼다'를 주제로 해서 글쓰기를
　　　해봅시다. 근거가 될 수 있는 예들이 많이 나왔으니 그
　　　걸 바탕으로 쓰면 되겠네요.**

보통 학생들은 공익광고의 캠페인 주제를 깊이 있게 생각해보지 않고 영상을 보는 경우가 많다. 공익광고의 캠페인은 어떤 주제에 관한 주장이 담겨 있고, 그 주장을 뒷받침해줄 수 있는 구체적인 사례들을 장면에 포함하여 영상을 구성한다. 학생들 스스로 주장에 관한 구체적 사례를 찾아보는 활동을 하기 전에 도움 활동으로 '1분의 배려' 공익광고를 이용하여 '주장-구체적 사례'를 연결해서 생각해볼 수 있는 기회를 마련해보았다. 학생들에게 친숙한 '자연'을 주제로 하여 나올 수 있는 주장과 주장을 뒷받침할 수 있는 구체적 사례를 찾는 놀이를 통해 학생들은 예들기 사고기술을 게임처럼 생각하고 즐겁게 놀입하면서 참여할 수 있었다.

이렇게 놀이할 수도 있어요

나도! 나만! 놀이

1. 교사가 전체 학생들에게 주장을 나타내는 문장을 하나 말하기
2. 모둠별로 교사가 말한 주장에 해당하는 예를 주어진 시간 안에 최대한 많이 찾아 적기
3. 1모둠부터 예를 하나씩 발표하기
4. 나머지 모둠은 1모둠이 발표한 예가 있으면 '나도' 하고 손을 들기
5. 1모둠은 손을 든 모둠의 수만큼 점수(한 모둠 당 1점)를 얻고, 손을 든 모둠도 1점 얻기
6. 1모둠이 든 예가 나머지 모둠에 없을 때, 1 모둠은 '나만'하고 외치고 1모둠만 1점 얻기
7. 모둠별 순서대로 돌아가며 놀이를 반복하고, 총 점수를 계산하여 가장 높은 점수를 얻은 모둠이 승!

반례로 반박하기

1. 교사가 전체 학생들에게 주장을 나타내는 문장을 하나 말하기
2. 모둠별로 주장에 반대되는 예를 모둠판에 적은 다음 '반박'이라고 외치기
3. '반박'을 외친 순서대로 돌아가며 반례를 하나씩 말하기
4. 적절한 반례를 든 모둠은 1점을 얻기
5. 모든 반례를 말하면 말한 순서와 반대로 추가 점수를 얻기(3개 모둠이 말한 경우 맨 먼저 말한 모둠이 3점, 그 다음이 2점, 마지막이 1점)

대안 찾기

"젓가락이 없으면 대신 포크를 사용하면 돼요."

"기후문제를 해결하기 위한 대안은 석탄연료의 사용을 줄이는 겁니다."

세상에는 많은 문제들이 생겨납니다. 그런데 지금까지 써왔던 방법으로 문제해결이 안 되는 경우도 있고, 기존의 문제와는 전혀 다른 새로운 문제가 발생하여 우리를 어려움에 빠뜨리기도 합니다. 코로나19도 마찬가지였습니다.

하지만 우리는 그런 문제 상황에서 좌절하지 않고 어떻게든 그 문제를 해결할 방법을 찾아냅니다. 바로 대안을 찾는 것입니다.

어떤 문제에 대해 대안이 있다는 것을 믿는 것 그리고 그것을 찾으려고 노력하는 일은 자기의 삶에 쉽게 굴복하지 않는 일이며, 나아가 대안을 찾아 문제를 해결해나가는 주체적인 사람이 되는 길입니다.

어떻게 하면 될까요?
해결책은 무엇인가요?

'대안 찾기' 놀이를 시작하기 전에

내용	문제를 해결할 수 있는 방법을 찾아요.
효과	쉽게 좌절하지 않아요. 자주적인 사람이 돼요.
발문	어떻게 하면 될까요? 해결책은 무엇인가요?
발표문형	대안은(해결 방법은) ~
예시문장	환경오염을 막기 위해 필요한 **대안은** 쓰레기를 줄이는 겁니다.

- **대안 찾기로서의 역사** - 어떤 학자는 인류의 역사를 문제해결의 역사라고 말합니다. 다양한 문제 상황에서 어떻게든 대안을 찾아 문제를 해결하면서 지금에 이르렀다는 뜻입니다. 그런 점에서 보면 인류의 역사는 문제의 대면과 대안 찾기 그리고 그 실행의 역사인 셈입니다.

- **대안 찾기의 중요성** - 우리는 살면서 항상 문제에 부딪힙니다. 아이들도 마찬가지입니다. 이런 문제 상황에서 사람의 행동은 대개 세 가지로 나뉩니다. 포기하거나, 의존하거나, 스스로 해결하고자 노력하거나입니다. 대안 찾기는 우리가 세 번째의 사람, 즉 자기 삶의 주인으로서 자신의 문제에 직면하여 도망가지 않고 어떻게든 해결책을 모색하도록 도와주는 중요한 사고기술입니다.

- **대안 찾기의 확장** - 대안이란 지금까지 없는 방법입니다. 따라서 대안을 찾기 위해서는 상상하기가 바탕이 되어 함께 작동됩니다. 최근 미래의 다양한 문제에 대처하는 문제해결력이 중시되는데 대안 찾기는 가설 세우기와 함께 그런 문제해결력, 창의적 사고의 핵심이라고 할 수 있습니다.

- **대안 찾기의 과정** - 보통 대안을 찾을 때 처음에는 브레인스토밍을 하듯이 생각나는 대로 열거하여 대안을 찾습니다. 그리고 그 대안들 가운데에서 보다 적절한 것을 선택해야 합니다. 각각의 장단점을 따져보고 가능성을 고려하기도 하면서 대안들을 비교하여 최적의 대안을 찾아내는 것입니다.

- **대안 찾기 연습** - 대안 찾기는 우리의 일상에서 수시로 연습할 수 있습니다. 작은 문제 상황에서라도 "어떻게 하지?"라고 질문하여 아이들이 대안 찾기 톱니를 돌리도록 도와줍니다. 아이들이 찾은 대안이 말이 안 된다 해도 그렇게 생각하는 이유를 물어보면서 좀 더 적절한 대안을 찾아가는 탐구의 기회를 주어야 합니다.

뚝딱! 문제해결

일상에서 일어날 수 있는 문제 상황(무언가 부족하여 불편한 상황)을 해결하기 위해 필요한 물건을 떠올려 클레이로 만들고, 그 물건에 대한 설명서를 작성하여 소개하는 활동이다. 문제 상황에 대한 창의적인 대안을 찾는다는 점에서 '대안 찾기'와 관련이 있으며, 그것을 언어뿐만이 아니라 미술 활동으로 표현한다는 장점이 있다.

소요 시간	80분	수업 대상	초등학교 3학년	수업 교과	미술
준비 사항	문제 상황 제비, 물건 사용 설명서 활동지(부록 318쪽), 컬러 클레이				
유의 사항	1. 아이가 문제해결 방법을 선택하여 표현한 것을 존중한다. 자칫하면 문제해결 방법에 대한 교사의 선입견이 주입될 수 있기 때문이다. 다만, 아이가 선택한 문제해결 방법이 충분히 문제 상황을 해결할 수 있는지 확인해볼 필요는 있다. 또한 아이가 생각한 방법을 살짝 보완하는 방향으로 피드백을 줄 수 있다.				

▶ 전기 끊긴 상황에 필요한 물건에 대해 학생이 작성한 사용 설명서(좌)와 클레이로 만든 작품(우)

▶ 요리 도구가 없는 상황에서 필요한 물건에 대해 학생이 작성한 사용 설명서(좌)와 클레이로 만든 작품(우)

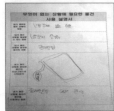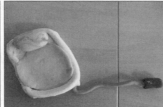

▶ 난방 장치가 없는 상황에서 필요한 물건에 대해 학생이 작성한 사용 설명서(좌)와 클레이로 만든 작품(우)

놀이 Tip 🔔

1. 각 문제 상황의 어려움 파악하기

교사: 우리 집에 지금 다음과 같이 아주 곤란한 문제가 생겼어요.

> ① 난방 장치가 없는 상황
> ② 음식을 요리하거나 음식을 데울 도구가 없는 상황
> ③ 집에 전기가 끊긴 상황
> ④ 어두운 방을 밝혀줄 불이 없는 상황

◆ 대안을 찾기 전에 문제 상황의 어려움을 구체적으로 이해하는 것이 중요하다.

교사: 집에 난방 장치가 없는 상황에서는 어떤 어려움이 있을 수 있을까요?

현서: 집에서 따뜻하게 지내기 힘들 것 같아요.

은우: 따뜻한 물이 안 나올 것 같아요.

교사: 집에 전기가 끊긴 상황에서는 어떤 어려움이 있을 수 있을까요

하온: 물이 나오지 않아요.

지윤: 전기제품을 사용할 수 없어요.

주안: 등에 불이 들어오지 않아요.

2. 개인별 문제 상황 하나씩 제비뽑기

교사: 이제부터 각자 대안을 찾는 활동을 해보려고 해요. 우선 모둠에서 한 사람이 앞으로 나와서 네 가지 문제 상황 쪽지를 가져 가세요. 그리고 각자 하나씩 제비를 뽑아서 나눠 가집니다.

◆ 교사는 4개의 문제 상황이 각각 적힌 쪽지 4장 세트를 미리 준비하였다가 모둠별로 나누어준다.

3. 문제 상황을 해결할 수 있는 대안과 필요한 물건 구상하기

교사: 각자 자기가 뽑은 문제 상황을 해결할 대안과 필요한 물건을 상상해봅시다. 그 물건이 문제를 해결하는 데 정말로 도움을 줄 수 있는지 잘 검토하고 결정하세요.

교사: 각자 구상이 끝나면 그 물건을 '물건 사용 설명서'에 자세히 나타내 보세요.

◆ 문제 상황에 필요한 물건 사용 설명서 활동지는 부록(318쪽)에 있음

4. 클레이로 필요한 물건 표현하기

교사: 이제 자신이 구상한 물건을 클레이로 표현해봅시다. 자신의 아이디어가 잘 드러나도록 자세히 만들어보세요.

5. 각자 생각한 대안과 만든 물건을 발표하기

교사: 주어진 문제 상황을 해결하기 위한 대안과 필요한 물건에 대해 여러분의 발표를 들어보았습니다. 이제 같은 상황끼리 정리해봅시다.

현서: 난방 장치가 없는 상황: 전기장판, 전기난로 등을 생각하거나 옷을 두껍게 입는 방법을 생각했어요. 보일러가 아닌 물을 따뜻하게 데울 방법을 고민했어요.

은우: 음식을 요리하거나 음식을 데울 도구가 없는 상황: 최근 혹은 새로운 방식의 요리/조리 도구를 만드는 방법을 생각했어요.

하온: 집에 전기가 끊긴 상황: 전기를 충전하는 방법을 생각했어요. 손전등, 양초와 같이 당장 앞을 비추고자 했어요.

지윤: 어두운 방을 밝혀줄 등불(형광등)이 없는 상황: 손전등, 양초, 이동식 전등 등 당장 앞을 비출 수 있는 방법을 생각했어요.

난방 장치가 없다면...

이 활동은 '만들기' 미술활동에 '대안 찾기' 요소를 넣음으로써 학생들이 생각하는 대안을 이미지로 구체화하고자 했다. 그래야 학생들이 실제 상황에서 대안 찾기를 행동으로 실천할 수 있을 것 같았다. 하지만 아쉬움이 많이 남는 수업이기도 했다. 각자가 맡은 불편한 상황에 대해 스스로 대안을 찾고 대안에 따라 클레이로 표현을 해 보았으나, 수업 시간의 한계로 각자 생각한 대안에 대해 내용을 정리하는 차원에서만 수업 마무리가 되었다. 이 활동을 나중에 다시 한다면 대안을 '수정 가능성, 실천 가능성, 지속성' 등의 여러 조건으로 자세히 검토하는 시간도 가져볼까 한다.

이렇게 놀이할 수도 있어요

하루 일기 상황에서 상상한 결핍 상황을 해결할 물건 만들기

1. 각자 쓴 하루 일기의 내용에서, 무언가의 결핍으로 불편할 수 있는 상황을 떠올리기
2. 무언가의 결핍으로 불편해질 수 있는 상황을 해결할 수 있는 방법과 필요한 물건을 생각하기
3. 각자가 생각한 '무언가의 결핍으로 불편할 수 있는 상황'을 해결할 물건을 글과 그림으로 자세히 나타내기
4. 3번에서 생각한 내용을 토대로 하여 내가 가진 한정된 미술 재료로 물건 표현하기
5. 3, 4번에서 드러낸 결핍 상황을 해결할 물건의 장단점 떠올려보기
6. 5번에서 생각한 물건을 '수정 가능성, 실천 가능성, 지속성' 등의 조건에 따라 검토하기

의식주 문제해결

의식주와 관련하여 각자 가지고 있는 것과 가지고 있지 않은 것을 파악하고 필요한 물건을 친구들과 함께 서로 물물 교환하는 놀이다. 의식주와 관련한 상황에서 내가 가진 문제는 물론 다른 사람이 가진 문제를 함께 해결해나가는 공동체 대안을 체험하는 기회도 가질 수 있다.

소요 시간	80분	수업 대상	초등학교 3학년	수업 교과	사회
준비 사항	의식주 생활 관련 직업 제비, 직업별 생산 물건 예시 그림, 그리기 도구 및 가위, 생산 물건 그림 그릴 종이				
유의 사항	1. 본 활동에서 학생들이 서로 가진 것을 교환하기 전, 같은 직업을 가진 학생끼리 물건의 가치에 따른 물건 교환 비율을 미리 약속해 두는 것이 좋다. 2. 교환하게 될 물건(그림)들을 '지속적으로 소모가 되며 필요한 물건', '오랫동안 사용할 수 있는 물건' 등으로 구분하여 어떤 물건이 계속 교환하여 얻어야 하는 물건인지 생각해볼 기회를 주는 것도 좋다.				

▶ 물건카드와 교환하는 활동 모습

놀이 Tip 🔔

1. 나의 직업 확인하기

교사: 모두 제비를 뽑아 의식주와 관련된 자기의 직업을 정합니다.

① 채소/과일/곡식을 농사짓거나 채집하는 사람
② 육지 동물(육류)을 사냥하는 사람
③ 물가에서 물고기(생선) 잡는 사람
④ 농사, 사냥, 낚시 관련 두구 만드는 사람
⑤ 신발, 옷 만드는 사람
⑥ 그릇 만드는 사람
⑦ 집 짓거나 집 고쳐주고, 땔감을 해 오는 사람

◆ 본 직업 사례는 초 3 사회 시간을 참고로 만든 것이므로 학년에 따라 사례를 바꾸는 것이 좋다.

2. 나의 직업으로 내가 얻을 수 있는 물건카드 만들기

교사: 나의 직업으로 내가 얻을 수 있는 것은 무엇인가요?
현서: 저는 농부라서 쌀과 배추를 얻습니다.
은우: 저는 그릇을 만듭니다.
교사: 내가 얻을 수 있는 물건을 모두 카드에 하나씩 적어서 물건카드를 만들어봅시다.

◆ 물건카드는 종류나 양을 되도록 많이 만들도록 격려한다. 한 품목도 여러 장 만들어야 나중에 교환할 때 유용하다.

3. 의식주 관련하여 나의 문제 파악하기

교사: 의식주에 꼭 필요한데 내게 없는 것은 무엇인가요?
학생들: 저는 농부인데 **옷**이 필요해요(집, 그릇 등등)
교사: 필요한 것을 각자 메모해봅시다.

	채소/과일/곡식을 농사짓거나 채집하는 사람	육지 동물(육류)을 사냥하는 사람	물가에서 물고기(생선) 잡는 사람	농사, 사냥, 낚시 관련 도구 만드는 사람	신발, 옷 만드는 사람	그릇 만드는 사람	집 짓거나 집 고쳐주는 사람
내가 만들거나 가진 물건	채소/과일/곡식	육류	생선	농사, 사냥, 낚시 도구	신발, 옷	그릇	집, 땔감
남으로부터 얻어야 하는 물건	육류, 생선, 농사 도구, 신발, 옷, 그릇, 집, 땔감	채소/과일/곡식, 생선, 사냥 도구, 신발, 옷, 그릇, 집, 땔감	채소/과일/곡식, 육류, 낚시 도구, 신발, 옷, 그릇, 집, 땔감	채소/과일/곡식, 육류, 생선, 신발, 옷, 그릇, 집, 땔감	채소/과일/곡식, 육류, 생선, 그릇, 집, 땔감	채소/과일/곡식, 육류, 생선, 신발, 옷, 집, 땔감	채소/과일/곡식, 육류, 생선, 신발, 옷, 그릇

4. 문제해결을 위한 물건카드 교환하기

교사: 어떤 사람에게는 너무 많은 게 어떤 사람에게는 하나도 없군요. 이럴 때는 어떻게 하는 게 좋을까요? 어떤 대안이 있을까요?

현서: 서로 바꾸어 가지면 좋을 거 같아요.

교사: 좋아요. 그럼 지금부터 의식주에 필요한 물건들을 고루 나눠 가져봅시다. 내게 많은 것과 없는 것을 바꾸는 거예요.

은우: 그런데 집과 쌀을 그냥 바꾸면 집이 너무 손해예요. 그냥 바꿔요?

교사: 좋은 질문이네요. 여러분 생각은 어떤가요? 집 한 채와 쌀 20kg을 그냥 바꾸어도 될까요?

하온: 그건 이상해요. 집 한 채면 쌀은 열 개 정도 주어야 할 거 같아요.

교사: 좋아요. 그럼 서로 바꿀 때 적당하게 의논을 하세요.

5. 의식주 문제해결 확인하기

교사: 필요한 물건을 모두 가지게 되었나요?

현서: 카드 만들 시간이 없어서 필요한 물건을 다 바꾸지 못했어요.

은우: 의식주에 필요한 건 조금씩 다 있어요.

하온: 꼭 필요한데 여기 아예 없는 것도 많아요.

교사: 문제가 제대로 해결되지 않은 사람들도 많은 거군요. 이 문제를 해결하기 위해서 새로운 대안이 필요하겠네요. 어떻게 하면 좋을까요?

지윤: 사고파는 물건의 양이 많아야 합니다.

주안: 꼭 필요하지는 않아도 좋아하는 걸 얻을 수 있어야 해요.

유리: 몇 개씩 바꿔야 하는지 미리 정해지면 좋겠습니다.

서연: 막 바꿔가는 사람이 없게 해야 합니다.

교사: 의식주는 사람에게 참 중요한 일입니다. 그래서 한 번에 문제가 해결되지는 않습니다. 항상 어떤 문제가 있는지, 그리고 그 문제를 해결하기 위해서는 어떤 대안이 필요한지 생각해보는 게 좋겠습니다.

◆ 교환놀이 도중에 준비한 자기 물건카드가 떨어지면 다시 만들 수 있도록 한다.

◆ 문제를 학생들 스스로 파악하고 대안의 필요성을 느끼는 것이 중요함을 체감하도록 하려는 목적 때문에 본 사례에서는 물건의 교환가치를 미리 정하지 않았다.

교사의 놀이 성찰

이 활동은 '3학년 사회 2학기 2단원. 시대마다 다른 삶의 모습'과 관련하여 계획한 것이다. 교과 내용을 놀이로 학생들이 배울 수 있게 하고 싶었다. 또한 문제를 단순히 개인 차원에서 해결되는 문제가 아닌 삶 속에서 상호 역할 및 도움으로 부족한 것이 해결되는 문제로 학생들이 생각할 수 있도록 하고 싶었다. 아쉬웠던 점은 물건카드 교환 활동이 그리 잘 이루어지지는 않았다는 점이다. 모두가 의식주에 필요한 물건카드를 골고루 얻지는 못했지만, 적어도 나에게 필요한 물건카드를 남으로부터 얻는 활동이 이루어졌다는 점에 의의를 두고자 한다. 시간에 여유를 두고 물건 그림의 교환 비율에 대한 약속도 정하고, 물건카드를 많이 만든다면 학생들은 경제적인 맥락 속에서의 대안찾기 활동을 더 잘 할 수 있을 것이다. 변형 놀이는 의식주 범위를 벗어난 각종 직업에서 도움을 서로 주고받으며 '서로의 도움에 의한 대안 찾기' 및 '직업의 긍정적인 역할 성찰'도 생각해볼 수 있다.

이렇게 놀이할 수도 있어요

내가 원하는 직업으로서로 도움 주고받기

1. 진로와 관련하여 각자가 원하는 직업, 할 수 있는 일(다른 사람에게 도움이 될 수 있는 일)을 생각하기
2. 각자가 생각한 직업과 관련하여 그림카드를 만들기
   예) 과학자: 비커, 삼각 플라스크 등 과학 관련 그림
      유튜버: 유튜브 관련 그림
      의사: 병원, 치료 등 의사 관련 그림
3. 각자가 생각한 직업에서 할 수 있는 일(다른 사람에게 도움이 될 수 있는 일)을 홍보 표지로 표현하기
4. 모두가 생각한 각자의 직업, 할 수 있는 일(다른 사람에게 도움이 될 수 있는 일)을 공유하기
5. 다른 친구들이 생각한 직업들을 정리한 후, 살면서 자신이 필요로 할 수 있는 (다른 직업에서 대신 해줄 수 있는) 물건(혹은 서비스) 미리 생각하기
6. 물건(혹은 서비스)이 필요하다고 생각되는 직업 관련 그림카드를 서로 교환하기
7. 직업 관련 그림카드를 교환하며 각자 만든 그림카드가 소진되면 추가로 그림카드 만들기
8. 교환활동 및 직업에 대한 소감 나누기
9. 각자의 직업에서 할 수 있는 일(서비스, 물건)의 장단점 살펴보기

결과 예측하기

"이렇게 플라스틱을 많이 사용하면 지구가 곧 플라스틱으로 뒤덮여버릴 거예요."
"연습을 열심히 하면 훌륭한 피아니스트가 될 수 있어요."

"어떻게 될까?" 하는 질문의 결과 예측하기는 우리의 일상에서 정말 흔한 사고기술입니다. 어린 아이들도 자기 나름의 경험이나 정보를 근거로 결과를 추측합니다.

결과 예측하기가 중요한 이유는 우리가 그 예측된 결과를 토대로 어떤 판단이나 결정을 내리기 때문입니다. 해야 할 일과 하지 말아야 할 일을 구분하기도 하죠.

그러므로 아이들에게 결과를 잘 예측하도록 하는 것은 인과를 중시하는 과학뿐 아니라 도덕적이고 사회적인 일에 대한 아이들의 판단 혹은 실천에 매우 중요한 일입니다.

앞으로 어떻게 될까요?

내용	결과를 미리 추측해요.
효과	말과 행동을 신중히 하게 돼요.
발문	어떻게 될까요?
발표문형	~면 ~될 거라고 생각합니다.
예시문장	종이를 태우**면** 재가 **될 거라고 생각합니다.**

- **인과관계** - 결과와 원인은 함께 다니는 말입니다. 세상을 이해하는 데 있어 원인과 결과는 매우 기본적인 관계로 보통 인과관계라고 합니다. 인과추리라는 말도 있죠. 어떤 일을 보고 그 원인을 추리하거나 역으로 어떤 일을 보고 그 결과를 추리하기도 합니다.

- **결과의 종류** - 사과 다섯 개 중에서 두 개를 먹어치우면 사과가 세 개 남습니다. 필연적인 결과입니다. 하지만 사과를 엄마의 허락 없이 다 먹었다고 엄마한테 혼이 나는 결과는 그럴 수도 있고, 아닐 수도 있는 개연적인 결과입니다. 반면 길을 산책하다가 돈을 주웠다면 그건 일종의 우연적 결과이지요. 어떤 결과가 필연적인지 개연적인지 아니면 우연적인지를 구별하는 것은 상황을 정확히 이해하는 데 중요합니다.

- **과학에서의 결과 예측하기** - 증거가 중요한 과학실험에서 결과는 매우 중요합니다. 또한 실험의 결과를 미리 예측해보는 것은 유용한 실험과 그렇지 않은 실험을 구별하여 실험 설계를 보다 효과적으로 하게 해주기도 합니다.

- **결과에 대한 신뢰** - 귀납추리는 대개 경험의 결과를 토대로 이루어집니다. 만약 먹구름이 몰려올 때마다 비가 왔다면 우리는 먹구름이 비를 몰고 온다는 과학적 지식을 만들어냅니다. 하지만 현대에는 필연적으로 보이는 과학적 지식들도 일종의 확률적으로 높은, 일종의 개연적 지식일 뿐 필연을 보장하지는 않는다고 생각합니다. 어떤 경우는 그 결과들을 믿을 수 없는 것으로 간주하기도 합니다. 우리가 갖고 있는 지식은 일종의 확률적 지식이며 실제의 참은 누구도 알 수 없는 일종의 불확정성의 원리가 지배한다고 생각합니다.

- **도덕적 맥락에서의 결과 예측하기** - 도덕적 상상에서 결과 예측하기는 앞으로 나올 '다른 사람의 입장에 서보기'와 함께 매우 중요합니다. 자신의 말이나 행동이 가져올 결과를 미리 상상하고 추리해봄으로써 좀 더 신중해지는 겁니다. 도덕적 행위의 판단과정에서 빠뜨릴 수 없는 중요한 사고기술입니다.

그래서 놀이

결과 예측하기 사고기술을 처음 접하는 학생들이 해당 사고기술에 익숙해질 수 있도록 연습에 목적을 둔 활동으로, 규칙이 간단하고 명료하여 쉽게 이해할 수 있다. 한 번 활동을 하고 나면 공만 가지고도 곧바로 놀이를 진행할 수 있기 때문에 자투리 시간 놀이로도 활용해볼 수 있다.

소요 시간	80분(설명 및 시범 모두 포함)	수업 대상	초등학교 4학년	수업 교과	창체
준비 사항	공(또는 안전하게 주고받을 수 있는 물건)				
유의 사항	1. '그래서'의 앞뒤 문장이 원인과 결과의 관계임을 자연스럽게 알도록 한다. 2. 꼬리에 꼬리를 물어서 이야기를 만드는 활동이 아님을 강조한다. 3. 놀이 시 '산책을 했다. 그래서 동전을 주웠다.'와 같은 우연적 결과는 배제한다. 4. '그런데, 그러므로, 그러나' 등의 다른 연결어를 사용할 수 없도록 한다. 특히 '그리고'가 어울리는 문장에 '그래서'를 사용하는 경우가 많으므로 주의를 기울이도록 한다. (예 : 선생님과 인사를 나눴다. 그래서 책상에 앉았다. ×)				

▲ 학생1이 문장을 말한 뒤 공을 넘기고 있다.

▲ 학생2가 공을 잡고 결과 문장을 말하고 있다.

1. 결과의 종류에 대해 이야기하기

교사: 선생님이 칠판에 적은 두 문장의 공통점은 무엇일까요?

> 비가 왔다. **그래서** 땅이 젖었다.
> 비가 왔다. **그래서** 장화를 신었다.

윤아: 둘 다 '비가 왔다.'라는 말로 시작해요.

이안: 둘 다 '그래서'라는 말이 있어요.

주호: 앞이 원인이고 뒤가 결과예요.

교사: 맞아요. 둘 다 '원인과 결과' 문장이라는 점이 같지요. 그렇다면 두 문장의 차이점은 무엇일까요?

윤아: 땅이 젖은 건 사람이 원해서 생긴 일이 아니고, 장화를 신은 건 사람이 원해서 생긴 일이에요.

이안: 땅이 젖은 건 자연적으로 생긴 일이고, 장화를 신은 건 자연적이지 않은 일이에요.

주호: 장화를 신은 건 사건이고, 땅이 젖은 건 그 사건의 배경 같아요.

해수: 땅이 젖는 건 제어가 안 되고, 장화를 신는 건 제어가 되는 일 같아요.

교사: 여러분 대부분이 어렴풋이 차이점을 알고 있는 것 같아요. 비가 와서 땅이 젖은 건 '반드시 그렇게 되는' 결과이고, 비가 와서 장화를 신은 건 반드시 그렇게 되는 건 아니지만 '그럴 수 있는' 결과랍니다. 이때 우리가 그래서 놀이를 할 때 앞문장이 원인이 되어서 '반드시 그렇게 되는' 혹은 '그럴 수 있는' 결과 문장을 만들어야겠지요.

2. '그래서 놀이'하기

교사: 먼저 선생님과 대결을 해볼까요? 선생님이 말한 문장 뒤에 '그래서+결과' 문장을 말하고 다시 선생님에게 공을 주면 됩니다. '비가 왔다.'(윤아에게 공을 던진다)

윤아: 비가 왔다. 그래서 우산을 썼다(교사에게 공을 던진다).

교사: 몸이 아팠다(이안이에게 공을 던진다).

이안: 몸이 아팠다. 그래서 병원에 갔다(교사에게 공을 던진다).

◆ 차이점을 찾기 힘들어하는 경우 필연적 결과와 개연적 결과의 예시 문장을 더 적어줄 수 있다.

◆ 결과의 종류를 학생들의 눈높이에 맞게 '반드시 그렇게 되는 것, 그럴 수 있는 것'으로 분류하였다. 학생들의 수준에 따라서 '필연적 결과'와 '개연적 결과'라는 용어를 소개할 수도 있다.

◆ '교사-전체' 활동을 통해 놀이 시범을 보인다. 규칙을 잘 이해하고 있는 학생들에게 먼저 기회를 주어서 다른 학생들이 모방할 수 있도록 한다.

◆ 공을 받기 위해 분위기가 과열될 수도 있으므로 자리에서 일어나지 않도록 미리 규칙을 정한다.

◆ 학생들이 친구의 말을 경청하고 결과 문장의 적합성을 판단하도록 한다.

교사: 복도에서 뛰었다(주호에게 공을 던진다).

주호: 복도에서 뛰었다. 그래서 선생님께 혼났다(교사에게 공을 던진다).

교사: **이번엔 선생님에게 공을 되돌려주는 것이 아니라 다른 친구들에게 넘기도록 합시다. 시작은 선생님이 하겠습니다. '봄이 왔다.'**

윤아: 봄이 왔다. 그래서 꽃이 많이 폈다.

이안: 꽃이 많이 폈다. 그래서 봄나들이를 가기로 했다.

주호: 봄나들이를 가기로 했다. 그래서 너무 신났다.

해수: 너무 신났다. 그래서 발을 헛디뎌서 넘어졌다.

승주: 발을 헛디뎌서 넘어졌다. 그래서 사람들이 나를 쳐다봤다.

준서: 사람들이 나를 쳐다봤다. 그래서 너무 창피했다.

소이: 창피했다. 그래서 나는 사람들이 없는 곳으로 뛰어갔다.

예은: 사람들이 없는 곳으로 뛰어갔다. 그래서 …

교사: **그만! 시간을 초과하였네요. 어떤 점이 어려웠나요?**

예은: '그래서'가 아니라 자꾸 '그런데'가 생각났어요.

교사: **그랬군요. 어떤 결과를 말했더라면 좋았을까요?**

주호: 사람들이 없는 곳으로 뛰어갔다. 그래서 안심했다.

교사: **이번엔 3~4명이 모둠을 이루어 활동을 해보겠습니다. 모둠 안에서 두 명이 놀이를 하고, 나머지 학생은 심판 역할을 맡아주세요. 심판은 놀이하는 친구들의 말을 잘 듣다가, 문장이 어색할 때 'Stop'을 외치면 됩니다.**

윤아: 학교를 갔다.

이안: 학교를 갔다. 그래서 교문을 통과했다.

윤아: 교문을 통과했다. 그래서 교장 선생님을 뵈었다.

이안: 교장 선생님을 뵈었다. 그래서 인사를 했다.

윤아: 교장 선생님께 인사를 했다. 그래서 친구들을 만났다.

주호: Stop! 교장 선생님께 인사를 해서 친구들을 만났다는 건 좀 이상해.

윤아: 그럴 수도 있지. 선생님이 그럴 수 있는 문장도 된다고 하셨잖아.

주호: 그런데 교장 선생님께 인사를 한 게 친구들을 만난 원인은 아니지.

◆ 남자는 여자에게 여자는 남자에게 공을 주도록 하여 기회가 골고루 돌아가도록 할 수 있다. 또는 아직 공을 받지 않은 친구를 찾아서 주도록 하는 것도 좋다.

◆ 적당한 시간제한을 두고 그 시간 내에 말하도록 할 수 있다.

◆ 전체 활동은 연습의 의미를 지니므로, 결과 만들기를 어려워하는 학생이 있다면 탈락시키기보다는 이유를 묻고 다른 학생들로부터 가능한 대답을 들어본다.

공을 이용하여 순서를 주고받는 형식의 놀이는 이미 많은 수업 장면에서 활용되고 있다. 하지만 '그래서 놀이'를 하면서 학생들이 형식에서 오는 즐거움보다는 '결과 예측하기'라는 사고기술 자체의 즐거움을 느끼는 모습을 볼 수 있었다. 결과의 종류에 대해 알아볼 때에도, 학생들은 제시된 두 문장의 차이점을 어떻게든 찾아내려고 열중하였는데 그 모습을 글에 그대로 담을 수 없어 아쉬운 마음이다. 학생들이 '생각하는 즐거움'을 경험하도록 하는 데 도움이 되는 사례이길 바란다.

이렇게 놀이할 수도 있어요

팀 대항 활동

1. 반을 두 팀으로 나누기
2. 한 팀이 교실 앞으로 나와 한 줄로 나란히 서기
3. 맨 앞사람부터 공을 뒷사람에게 넘기며 '그래서 놀이'하기
4. 공이 맨 뒷사람까지 도달한 시간 체크하기
5. 다른 팀도 같은 방식으로 진행한 뒤 소요 시간 비교하기

우정 테스트

1. 우정 테스트라는 이름으로 두 명이 짝을 이루어 '그래서 놀이'하기
2. 짝과 함께 최대한 많은 횟수를 성공하는 데 도전하기

필연적 결과만 만들어보기

1. 한 사람이 문장을 말하기
2. 앞사람의 문장에 이어 '반드시 그렇게 되는' 결과를 말하기

선택의 갈림길

'그래서 놀이'가 결과 예측하기 사고기술을 연습하는 놀이였다면 본 활동은 결과 예측하기 사고기술을 적용해보는 놀이이다. 결과 예측하기 사고기술이 실제 삶에 어떻게 적용되는지, 즉 삶에서 선택의 갈림길에 놓였을 때 결과 예측하기 사고기술을 어떻게 활용할 수 있는지 경험하도록 한다.

소요 시간	60분	수업 대상	초등학교 4학년	수업 교과	사회
준비 사항	학생: 활동지 (부록 319쪽 활용)				
유의 사항	1. 활동지를 작성할 때 지나치게 비약적인 결과보다는 어느 정도 예상 가능하고 수긍할 수 있는 결과를 적도록 안내한다. 2. 가급적 다른 사람들도 공감할 수 있는 실생활 사례를 활용하여 문제를 내도록 한다. 3. 놀이하기 단계에서 친구가 제시하는 문제 상황을 자세히 읽지 않고 단순히 선택지만 고르는 일이 없도록 당부한다. 4. 경험을 떠올리기 어려워하는 학생은 문제 상황을 상상하여 만들고, 자신이라면 어떻게 할 것인지 네 가지 선택지 중에 하나를 고르도록 한다.				

▶ 학생이 수업에서 작성한 '선택의 갈림길' 활동지 예시

놀이 과정 자세히 들여다보기

1. 선택의 기로에서 고민했던 순간 이야기하기

교사: 우리는 저번 사회 시간에 선택의 문제에 대하여 배웠지요? 여러 분들도 살면서 선택의 기로에서 고민했던 순간이 있었나요?

윤아: 신발을 사는데 하얀색을 살지, 검은색을 살지 고민했었어요.

이안: 놀이공원을 갔을 때 무서운 놀이기구를 탈지 말지 고민했어요.

교사: 그래서 최종적으로는 어떤 선택을 했고, 왜 그런 선택을 하였나요?

윤아: 하얀색 신발을 샀어요. 아무 옷에나 다 잘 어울릴 거 같아서요.

이안: 놀이기구를 탔어요. 안 타면 후회할 거 같아서요.

교사: 선택을 해야 할 때 어떻게 해야 현명하게 판단할 수 있을까요?

모두: 결과를 생각해봐요.

교사: 맞아요. 오늘은 이렇게 선택의 갈림길에서 결과를 예측해보는 놀이를 하도록 하겠습니다.

2. 놀이 안내하기

교사: 선생님은 만화책을 참 좋아하는데요. 만화책 때문에 선택의 기로에서 고민했던 경우에 대해 이야기해줄게요. 이때 실제로 선생님은 어떤 선택을 했고 어떤 결과가 나왔을까요?

> 내일까지 해야 하는 숙제가 있는데 계속 눈에 들어오는 만화책이 있다. 숙제하기 전에 만화를 읽을까, 말까?

교사: 다음 4가지 선택지 중 하나를 고르고 그 이유를 말해주세요.

	읽는다.		읽지 않는다.
A	엄마에게 들켜서 등짝 스매싱을 맞았다! 너무 아팠다ㅠㅠ	C	숙제를 끝내고 나니 벌써 잘 시간이었다. 만화를 먼저 봤으면 시간이 부족할 뻔! 나 자신 칭찬해~!
B	역시 만화책은 너무 재밌어! 기분이 좋아지니 숙제도 더 잘 할 수 있었다.	D	만화책이 아른거려 숙제에 집중을 못 하고 결국에는 이도 저도 아니게 되었다.

윤아: A요. '읽는다.'요! 만화책을 좋아한다고 하셨기 때문에 몰래 읽다가 엄마한테 등짝 스매싱 맞으셨을 것 같아요.

이안: C요. '읽지 않는다.'요! 숙제 먼저 하셨을 것 같아요. 그렇게 열심히 공부해서 지금의 선생님이 되지 않았을까요?

주호: 질문이요. 그때 집에 선생님 어머니가 계셨어요?

◆ 결과 예측을 잘하려면 판단을 위한 정보가 필요하므로 교사에게 궁금한 점을 질문하여 판단의 근거를 확보하도록 한다.

교사: 좋은 질문이네요. 아뇨, 안 계셨습니다.

주호: 그럼 A는 아닌 거네! B, C, D 중에 하나인데…

교사: 여러분의 선택을 돕도록 선택지를 하나 더 줄여줄까요? D도 정답이 아니랍니다.

윤아: 음… 저는 B로 할래요.

이안: 저는 C요!

교사: 결과를 확인해봅시다. 정답은 B였어요. 만화도 읽고 숙제도 끝내고 일석이조였답니다.

윤아: 예상 적중! 만화책을 좋아했다고 하셨기 때문에 읽으셨을 것 같았어요.

이안: 이런… 나는 결과 예측 실패…!

◆ 중간에 선택지 한두 개를 제거하여 학생들의 몰입을 강화할 수 있다.

3. 놀이 준비하기 (활동지 작성하기)

교사: 자, 그럼 이제 놀이를 위한 활동지를 만들어봅시다. 방금 선생님의 사례에서처럼 여러분이 선택의 기로에서 고민했던 상황을 하나 적습니다. 그 다음에는 아래의 표처럼 네 가지의 선택지를 적습니다. 이 중 하나만 자신이 실제로 겪었던 결과를 적고, 나머지는 그럴 법하게 결과를 만들어 적도록 합니다.

◆ 꼭 '~한다./~하지 않는다.'와 같은 형식의 문제 상황을 만들 필요는 없다. 두 선택지 중에 고민하는 문제 상황이기만 하면 된다.

	~한다.		~하지 않는다.
A	나쁜 결과	C	좋은 결과
B	좋은 결과	D	나쁜 결과

◆ 학생들이 친구의 문제 상황을 자세히 파악하지 않고 선택지만 고르려 할 수 있다. 문제 상황을 잘 읽고 신중하게 선택지를 고르도록 한다.

◆ 친구에게 궁금한 점을 질문하면서 결과 예측을 위한 근거를 수집하도록 할 수 있다.

4. 놀이하기

교사: 활동지가 준비되었으면 놀이를 시작해봅시다.

◆ 정답을 알려줄 때에는 다른 친구들이 알 수 없도록 귓속말로 하도록 한다.

5. 느낀 점 정리하기

교사: 활동을 하면서 느낀 점이 있나요?

윤아: 제가 딱 예상했던 선택지가 나왔을 때 신기했어요.

이안: 공감되는 상황이 많아서 재밌었어요.

교사: 실제로 이와 같은 문제 상황들을 마주한다면 어떻게 해야 할까요?

주호: 어떤 행동을 했을 때 또는 안 했을 때 어떻게 될지 결과를 예측해봐요.

◆ 느낀 점 정리를 통해 결과 예측하기 사고기술과 실생활을 관련짓도록 한다.

앞서 결과 예측하기 사고기술의 효과는 '말과 행동을 신중히 하게 되는 것'이라고 했다. 나의 말이나 행동이 가져올 결과를 예측하고 해야 할 일과 하지 않아야 할 일을 구분할 수 있기 때문이다. '그래서 놀이'가 결과 예측하기 사고기술의 기본 문형을 익히는 단계였다면, 본 활동은 실제로 해당 사고기술을 실제 삶에 적용해보는 단계였다. 학생들은 스스로 문제를 만드는 과정에서, 그리고 친구의 문제를 푸는 과정에서 자연스럽게 결과 예측하기 사고기술을 사용하였다. 그리고 예측을 좀 더 잘하기 위해 진지하게 질문하며 정보를 수집하는 모습을 보여주었다.

❗ 이렇게 놀이할 수도 있어요

1초 뒤가 궁금한 사진   결과 예측하기 사고기술을 처음 소개할 때에도 적합한 활동이다. 유튜브 또는 구글에서 '1초 뒤가 궁금한 사진'을 검색하면 많은 자료를 얻을 수 있다.

1. 1초 뒤가 궁금한 사진 보여주기[1]
   (예: 체스를 두는 사람들을 향해서 아이들의 공이 날아오는 상황)

2. 학생들에게 1초 뒤에 어떤 결과가 일어날 것으로 예상되는지 묻기
3. 학생들의 다양한 결과 예측과 그 이유를 듣기

---

1. 예시 이미지는 AI로 그린 것으로 다음 링크에서 내려받을 수 있다(https://url.kr/hz8moe). 또는 검색엔진에 '1초 뒤가 궁금한 사진'으로 검색해보면 다양한 상황을 담은 사진들을 볼 수 있다.

개념 정의하기

"10분 공부도 공부는 공부예요."

"삼각형은 세 개의 변과 세 개의 각을 가진 도형이에요."

10분 만에 책을 덮고 일어난 아들과 엄마가 언쟁을 합니다. 아들은 10분도 공부다, 반면 엄마는 적어도 30분은 해야 공부라는 주장입니다. 서로 다른 개념 이해가 갈등을 일으킨 것입니다.

우리는 정말 많은 것에 이름을 붙이고 개념화합니다. 구체적 사물은 물론 추상적인 것에도 이름을 붙여 개념화합니다. 교육, 사랑, 친구, 정의, 행복, 국가 등등 헤아릴 수 없습니다.

이렇게 개념은 세상을 담는 언어의 그릇입니다. 우리가 무엇을 안다는 것은 그 개념을 이해한다는 말이기도 하고, 어떤 사람을 이해한다는 말은 그 사람이 어떤 개념들에 대해 어떻게 생각하는지를 안다는 말이기도 합니다.

~ 란 뭘까요?

내용	세상 모든 것의 의미를 정확하게 때로는 자기 나름의 언어로 이해해요.
효과	생각이 정확해져요. 생각에 중심을 가져요.
발문	~ 란 뭘까요?
발표문형	~ 은 ~ 입니다.
예시문장	우정**은** 친구로서의 정**입니다.**

- **개념의 탄생** - 우리는 같은 속성을 가진 것끼리 모아 묶고(분류하기) 그것에 이름을 붙입니다. 어떤 개념의 탄생입니다. 개념은 모든 세상을 어떤 묶음으로 담아냅니다. 그래서 우리는 하나하나 일일이 말하지 않고도 그 개념을 써서 표현할 수 있습니다.

- **개념 정의하기** - 개념을 정의한다는 것은 그 개념 안에 있는 대상들이 그렇게 하나로 묶인 이유, 바로 비슷한 속성이 무엇인지를 밝히는 일입니다. 예를 들어 삼각형을 정의하면 세 개의 변과 세 개의 각을 가진 평면도형이 될 것입니다. 그런 속성을 모아 삼각형이라고 이름 붙였기 때문입니다.

- **개념 정의의 종류** - 크게 두 가지 방법이 있습니다. 비슷한 속성을 밝히는 내포적 정의와 그것에 속하는 구체적인 예를 들어 밝히는 외연적 정의입니다. '포유류는 젖먹이 동물이다.'는 내포적 정의이고, '사람, 개, 고양이 등은 동물이다.'는 외연적 정의입니다. 이외에도 비유에서 소개한 유비적 정의도 있습니다. '사랑은 우주 자체야.'와 같은 정의입니다.

- **개념 공유의 중요성** - 개념은 우리가 효율적으로 생각하게 해줍니다. 일상도 그렇지만 특히 앎의 구조를 밝혀가는 지식체계나 학문의 영역에서는 매우 중요한 사고기술입니다. 하지만 부작용도 만만치 않습니다. 중요한 개념에 대한 정의가 공유되지 않아서 생기는 오해와 갈등이 너무나 많기 때문입니다. 우리들의 생각은 이 개념어로 쌓여진 구조물인데 말입니다. 그러므로 중요한 문제 상황이나 토론 등에서는 우선 중심개념을 서로 공유하는 것이 중요합니다.

- **개념 정의의 한계** - 미리 규정된 어떤 틀에 우리의 생각을 가둔다는 이유로 개념에 대해 부정적인 사람들도 있습니다. 아무리 세밀하게 개념을 만들어도 이 세상 모든 사물과 현상과 감정과 삶의 굴곡에 대해 개념화하기는 힘듭니다. 개념과 개념 사이의 빈공간이 많습니다. 그래서 은유와 상징 등을 중심으로 한 시적 사유에 대해 주목하기도 합니다.

스피드 게임

흔히 알려진 놀이로 한 사람이 나와서 단어를 보고 그것을 설명하면, 다른 사람들이 그 단어를 맞힌다. 단어가 어떤 식으로 개념 정의되고 있는지를 알아야 가능한 놀이이며, 설명하는 단어의 뜻이 서로에게 공유되면서 개념 정의가 좀 더 명료화되고 확장된다.

소요 시간	40분 (1문제당 15초 내외)	수업 대상	초등학교 6학년	수업 교과	창체
준비 사항	단어 제시용 PPT				
유의 사항	1. 설명할 때 단어 전체를 말할 수는 없지만, '단어의 일부'는 말할 수 있도록 한다. 예를 들어 주제어가 '만화책'일 경우 '책'은 말할 수 있다. 그래야 종류와 특징으로 설명하기(유와 종차의 정의) 방법으로 학생들이 개념을 설명할 수 있다. 2. 스피드 게임이 진행되는 동안 교사는 학생들의 설명(정의) 중 수업에 활용하고 싶은 것을 재빨리 받아 적어두어야 한다. 학생들의 설명을 녹음해두는 것도 좋은 방법이다. 3. 주로 수업 시간에 배운 개념어들을 활용하되 유와 종차의 정의 방법, 예 들기 방법이 드러날 수 있도록 준비한다. 예를 들어 삼각형, 사각형 등 도형을 정의하도록 하면 유와 종차의 정의 방법이 두드러진다. 아시아, 유럽 등 대륙을 정의하도록 하면 예 들기 방법이 두드러진다.				

▶ 스피드 게임하기 활동의 판서

1. 스피드 게임하기

교사: 한 사람이 앞으로 나와서 선생님 컴퓨터에 제시된 단어를 보고 친구들에게 설명합니다. 모르겠으면 패스하고 다음 단어로 넘어가도 좋아요.

서준: 기후 중에 사막이 있고 초원이 있고, 몽골이 속한 지역의 기후!

루운: 연대기후?

서준: 땡! 틀렸어.

지은: 건조기후!

서준: 정답!

제시된 단어	학생들의 설명
대서양	태평양, 인도양, 남극해, 북극해, 그리고…?
아시아	대륙인데 우리나라, 일본, 중국이 있는 대륙
이등변삼각형	삼각형인데 두 변의 길이가 같은 삼각형
주장하는 글	글인데 의견과 근거가 있는 글.
대륙	아시아, 북아메리카, 유럽, 오세아니아 이런 것들

2. 단어를 설명하는 방법 이해하기

〈종류와 특징으로 설명하기〉

교사: 스피드 게임을 하면서 여러분은 대개 몇 가지의 방식으로 설명을 하네요. 우선 로운이는 이등변 삼각형을 뭐라고 설명했었나요?

로운: 삼각형인데 두 변의 길이가 같은 삼각형이라고 했어요.

교사: 어디에 속하는지 종류를 말하고 그 특징을 설명한 거군요. 종류와 특징으로 설명한 사람이 더 있었나요?

현아: 서준이가 설명한 건조기후요.

교사: 정확하게 뭐라고 설명했지요?

현아: 기후 중에 사막이 있고, 초원이 있고, 몽골이 속한 지역의 기후!

교사: 네. 이렇게 단어의 뜻을 설명할 때 먼저 종류를 이야기하고 그 특징을 설명하는 방법이 하나 있어요. 종류와 특징!

◆ 가능하면 모든 학생들이 나와서 설명해볼 수 있는 기회를 갖도록 한다.

◆ 사례에서는 반 학생 전체가 협력하여 점수를 올리면, 교사가 그에 따른 보상을 주는 방식으로 게임을 설계하였다.

◆ 이 사례는 6학년을 대상으로 한 사례라서 개념 정의의 대표적인 두 방법인 '예를 들어서 정의하는 외연적 정의'와 '특징으로 정의하는 내포적 정의'를 학생들과 함께 탐구해나가는 과정을 밟았다. 하지만 이 과정은 학생들의 연령과 수준에 따라서 조정 가능하다.

〈예를 들어 설명하기〉

교사: 단어를 설명한 다른 방법은 없었나요?

지은: 대륙을 설명할 때, 거기에 포함되는 것들을 예로 들었어요.

교사: 그래요. 우리가 보통 단어를 설명할 때는 예 들기를 많이 합니다.

〈비슷한 다른 것들 나열하기〉

교사: 단어를 설명한 또 다른 방법은 없었나요? 종류와 특징도 아니고 예도 아닌 거요? 대서양 설명은 어떻게 했지요?

보라: 대서양 설명할 때는 정답만 빼고 비슷한 것으로 설명했어요.

교사: 아~ 그렇군요. 그렇게도 할 수 있군요.

3. 개념을 정의하는 방법 정리하기

교사: 이렇게 낱말을 설명한 것을 넓은 의미에서 '개념 정의'라고 해요. 그럼 우리가 오늘 개념을 정의했던 방법을 정리해볼까요?

주안: 종류와 특징을 말해요.

민주: 예를 들어요.

승우: 비슷한 다른 것들을 쭉 얘기해요.

교사: 이 중에서 우리는 특히 앞의 두 가지 방법을 개념정의의 방법이라고 정하고 주로 쓰고 있어요.

◆ 학생들의 수준을 고려하여 '비슷한 다른 것들 나열하기'도 넓은 의미에서의 개념 정의 방법으로 수용하되, 대표적인 개념 정의 방법 두 가지를 안내하였다.

4. 개념 정의 스피드 게임하기

교사: 자. 다시 한번 스피드 게임을 해봅시다. 이번에는 개념 정의 두 가지 방법을 써서 설명하는 게임입니다. 설명하는 사람은 제시된 단어를 보고 먼저 '종류와 특징'으로 설명하는 것이 유리할지 아니면 '예'를 드는 것이 유리할지 선택하세요. 그리고 설명할 때 그걸 먼저 밝히고 나서 설명하는 겁니다. 좀 복잡하니까 선생님이 먼저 해볼게요. "예 들기! 토끼, 말, 소, 사람, 코끼리!"

모두: 포유류요.

교사: 딩동댕~ 그럼 이제 여러분이 한번 해봅시다.

◆ 학생들이 설명하는 것을 어려워하면 교사가 칠판에 설명 형식을 써주는 것도 좋다. (개념 정의 방식 - 설명)

> 제시어
> 수학, 배소현 선생님, 외계인, 책, 집, 곱하기…

서준: 종류와 특징! 선생님 중에 예쁘고 착한 선생님

로운: 배소현 선생님!

서준: 맞았어요!

교사: 와! 정말?

현아: 으하하~ 그런데 이건 잘못된 것 같아요.

지은: 너 선생님이 예쁘고 착하지 않다는 거야?

현아: 아니~ 다른 예쁘고 착한 선생님도 있을 수 있다는 그
     런 거지.

현우: 그러면 '제일'을 넣어요. 그러면 한 사람이 되니까요.

**교사: 여러분은 모든 사람이 선생님이 '선생님 중에 제일 예
쁘고 착한 선생님'이라는 것에 동의할 것이라고 생각하
나요?**

모두: 네~!!

교사: 와~ 그러면 그런 것으로 합시다! 고마워요!

◆ 개념 정의가 타당한지 엄격
하게 따져보기보다는 개념
을 정의할 때 고려해야 하는
요소들을 생각해볼 수 있도
록 하였다(예: 명확히 특정되
는지, 모두가 동의할 수 있
는지 등).

종류와
특징!

개념에 대한 정의를 공유하는 것, 또는 각자 생각하는 개념의 정의가 다름을 아는 것으로부터 대화가 시작될 수 있다는 점에서 개념 정의는 중요하다. 그렇기에 학급 학생들에게 개념 정의를 꼭 소개해주고 싶었다. 처음 수업을 계획할 때는 주로 논리적인 측면에서 접근하였다. 그런데 막상 수업을 해보니, 개념 정의 활동을 통해 개념에 대한 무궁무진한 탐구가 진행되는 점이 놀라웠다. 특히 '이렇게 놀이할 수도 있어요'에 소개한 '나 정의하기' 활동(191쪽)을 통하여 학생들이 스스로에 대한 깊은 탐구를 하는 모습이 인상적이었다.

나를 정의하면...

줄줄이 스피드 게임 　정의하기의 방법이 어느 정도 익숙해진 뒤에 할 수 있는 변형 놀이이다. 단어와 정의가 변형된 과정을 살펴보면서 올바른 개념 정의에 대하여 탐구해볼 수 있다는 장점이 있다. 단점은 개념 정의에 대한 이해도가 떨어지는 학생이 있을 경우 그 학생이 비난받을 수 있다는 점이다. 하지만 제시되는 단어의 수준을 조절하고, 사전에 즐거운 게임의 규칙을 고지하고 시작함으로써 보완할 수 있다.

1. 모둠별로 한 팀 구성하기
2. 첫 번째 사람은 단어를 보고 뒷사람에게 정의 말하기
3. 두 번째 사람은 정의를 듣고 추측한 단어를 세 번째 사람에게 말하기
4. 세 번째 사람은 자신이 들은 단어를 정의하여 네 번째 사람에게 전달하기
5. 위 과정을 반복하기
6. 마지막 사람이 단어를 맞히기(모둠 구성이 홀수이면 마지막 사람은 앞사람에게 전달받은 단어를 그대로 이야기하고, 대신 다음 차례에는 순서 바꾸기)

나 정의하기 　본 활동 이후 후속 활동으로써 '나'를 정의하는 활동을 해보면 좋다. 유와 종차의 정의로 접근할 경우, 다른 사람과 구별되는 자신의 특징이나 정체성을 생각해보는 계기가 된다. '나 정의하기' 활동 이후, 그 정의의 주인이 누구인지 추리하는 활동으로 해보는 것도 가능하다.

정의 매칭 게임 　유와 종차의 정의를 익힌 뒤 구조를 연습하기 좋은 놀이이다. 또는 유와 종차의 정의를 학습하기 전에 이 놀이를 한 뒤 규칙을 찾아보게 하는 것도 좋다.

1. 아래와 같이 '유', '종차', '개념' 카드를 준비하기

삼각형	두 변의 길이가 같은	이등변 삼각형
유카드의 예	종차카드의 예	개념카드의 예

2. 개념카드만 섞어서 카드 무더기 만들기
3. 유와 종차 카드를 섞어 또 다른 카드 무더기 만들기
4. 두 개의 카드 무더기에서 유, 종차, 개념 카드 세 개를 조합하여 개념 정의 완성하기
5. 개념 정의를 더 많이 완성한 모둠이 승!

개념지도 맞히기

개념지도를 보고 어떤 개념의 지도인지 알아맞히는 놀이이다. 개념 정의를 폭넓게 이해할 수 있으며, 다양한 방식으로 개념을 정의하는 연습을 할 수 있다.

소요 시간	80분 (1번 활동 한 차시, 2~3번 활동 한 차시)	수업 대상	초등학교 6학년	수업 교과	도덕
준비 사항	활동지				
유의 사항	1. 본 사례에서는 가치 개념을 가지고 활동을 하였기 때문에 가치 개념을 칠판에 쭉 적어두었다. 가치 개념은 어렵기도 하고 비슷한 것들이 많기 때문이다. 반드시 개념어를 칠판에 적어두어야 하는 것은 아니다. 2. 개념지도 그리기 활동이 잘 이루어져야 이후 활동도 수준 높게 이루어질 수 있다. 따라서 개념지도 그리기 활동 시 교사가 돌아다니면서 지도해야 하며, 개념 지도를 모둠별로 협력하여 그리게 하는 것도 좋은 방법이다.				

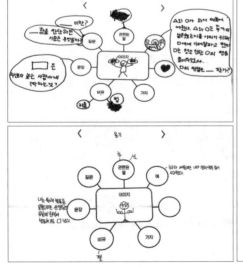

▶ 개념 지도 예시1(위), 개념 지도 예시2(아래)

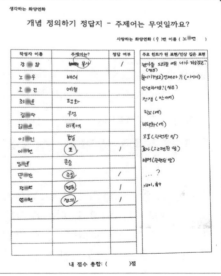

▶ 개념 정의하기 정답지 작성 예시

놀이 과정 재세히 들여다보기

1. 개념지도 그리기

교사: 우리는 지난 시간에 3~6학년 도덕 교과서에서 어떤 가치들을 다루고 있는지 살펴보았지요. 무엇이 있었나요?

서준: 배려, 평등, 존중이요.

로운: 협동, 공정, 공평이요.

교사: 가족과 관련 있는 가치에는 무엇이 있었나요?

현아: 효, 우애요!

교사: 이제 칠판에 적힌 가치 단어들을 활용하여 개념지도를 그려봅시다. 단 주제어를 비워두세요. 모든 가지를 다 채울 필요는 없습니다. 여러분에게 편하고 좋은 것 네 가지 이상을 골라서 채워보세요.

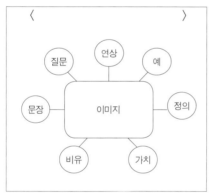

개념지도의 틀

교사: 지은이는 어려운 점이 있나요?

지은: 무슨 가치를 가지고 해야 할지 잘 모르겠어요.

교사: 혹시 저 중에 가장 중요하다고 생각하거나 마음에 드는 가치가 있나요?

지은: 음⋯ 존중이요.

교사: 왜 그렇게 생각했나요?

지은: 제 생각엔 일단 존중을 해야지 다른 것도 할 수 있는 것 같아요.

교사: 그럼 주제어는 '존중'이 되고, 방금 말한 것을 여기 '가치' 부분에 적을 수 있겠어요. 이게 '주제어가 가진 가치, 주제어가 중요한 이유'를 적어보는 칸이거든요.

놀이 Tip

◆ 본 사례의 학생들은 이미 개념지도를 그려본 경험이 있다. 개념지도를 처음 접하는 학생들은 먼저 자신이 친숙하게 여기는 개념으로 지도를 만들어 보도록 한다.

2. 개념지도 돌려보며 주제어 맞히기

교사: 개념지도를 돌려보며 주제어를 맞혀봅시다. 활동지의 왼쪽에 누구의 개념지도인지 이름을 적고, 주제어를 추리하여 가운데에 적어보세요. 그리고 힌트가 된 것을 오른쪽에 적어봅시다. 다 한 이후에는 뒤로 활동지를 넘겨주세요.

◆ 본 사례에서는 '2번 활동을 약 20분, 3번 활동을 약 20분 간 진행하였다.

3. 주제어 공개 및 개념 탐구

교사: 현아의 개념지도를 보겠습니다. 주제어는 무엇일까요?

서준: 협동일 것 같아요.

교사: 왜 그렇게 생각했나요?

서준: 관련된 말에 '개미'가 있고 문장에는 '축구를 할 때는 ○○해야 한다'라는 문장이 있었어요.

로운: 개미가 왜 협동이랑 관련이 있어?

서준: 개미가 집 짓거나 그럴 때 협동하잖아. TV에서 봤어.

교사: 혹시 다르게 생각한 사람 없나요? 협동이 정답 맞나요?

현아: 네, 맞아요.

모두: 오예!

교사: 수아의 개념지도를 보겠습니다. 주제어는 무엇일까요?

모두: 공정이요!

교사: 왜 그렇게 생각했나요?

지은: 저는 저울이랑 법이라는 비유를 보고 알았어요.

교사: 저울과 법이 어떤 점에서 공정과 관련 있다고 생각했나요?

지은: 공정은 한쪽 편을 들지 않는 것인데, 저울도 딱 무게가 올라간 만큼 내려가니까요. 그리고 법은 사람들이 모두 따라야 하는 것이니까 공정과 비슷하다고 생각했어요.

◆ 이유를 들어보는 것이 매우 중요하다. 이를 통해 가치 개념에 대한 논의가 이루어지기 때문이다.

학생들이 지난 '스피드 게임'을 통해서 좁은 의미에서의 개념 정의 방법을 익혔다면, 이번 활동을 통해서는 더욱 다양한 방법으로 개념을 이해해보기를 바랐다. 마침 6학년 도덕 교과서 진도를 모두 끝내고 '우리가 만드는 도덕 수업'으로 3~6학년에 나오는 도덕 가치들을 돌아보고 있었기에 이 활동을 통해 여러 가지 가치 단어들을 더 깊이 이해해보고자 한 것이다. 하지만 이전에 이미 개념지도를 그려본 경험이 있는데도 불구하고 본 수업에서 몇몇 학생들이 어려움을 겪었다. 아마 이번에는 도덕 교육 과정 전반에서 다루는 가치 개념들을 주제어로 제시하였기 때문일 것이다. 학생들이 친숙하게 여기는 개념을 가지고 이 활동을 했더라면, 혹은 가치 개념을 다루더라도 6학년 도덕 시간에 배운 6가지 가치로 제한하여 모둠별 활동을 하게 했더라면 더욱 좋았을 것 같다.

 이렇게 놀이할 수도 있어요

모둠별로 개념지도 그리기   활동에 대한 이해도가 낮은 학생도 또래의 활동을 보면서 배울 수 있는 변형이다. 한편 그 학생이 모둠 활동에서 소외될 위험도 있기에 한 사람이 최소한 하나의 개념 가지는 작성하도록 하는 방법으로 보완할 수 있다.

1. 모둠원끼리 협동하여 하나의 개념지도 완성하기
2. 모둠 간에 개념지도 돌려보며 주제어 맞히기
3. 주제어를 공개하고, 인상 깊거나 도움이 된 개념 가지 발표하기

하나씩 공개하며 주제어 맞히기   제한된 정보만 가지고 주제어를 추측해보는 재미가 있다. 게임의 요소가 좀 더 가미된다는 장점도 있다. 넓은 의미를 포괄하는 개념 가지를 먼저 공개하고, 이후에 다른 가지들이 하나씩 공개될 때마다 점점 개념의 범주가 좁혀지도록 유도함으로써 가치 개념을 세분화해나가도록 도움을 줄 수 있다.

1. 모둠원끼리 협동하여 하나의 개념지도 완성하기
2. 교사가 개념지도의 가지들을 가린 뒤 하나씩 공개하기
3. 공개되는 내용을 보고 가장 먼저 주제어를 맞힌 모둠이 점수 획득!

다르게 표현하기

"love는 사랑이라는 말입니다."
"손가락으로 동그라미를 만들어보이는 것은 좋다는 의미입니다."

우리의 생각이나 감정은 참 다양한 방식으로 표현됩니다. 기본적으로 문자로 표현되지만, 그 외에도 표정·몸짓·그림·수식 등으로도 표현됩니다.

문자언어도 종류가 많습니다. 한국어가 있고 영어, 프랑스어 등등 수없이 많은 언어가 있습니다. 같은 의미가 여러 가지 형태의 문자로 다르게 표현되는 것입니다.

이와 같이 다르게 표현한다는 말은 하나의 의미를 다양한 방식으로 표현하는 것을 의미합니다. 이것은 서로 다른 소통방식을 가진 사람들 사이에서 이해를 도모하는 데 도움을 줍니다. 또한 하나의 표현방식이 다 담지 못하는 의미를 다르게 표현함으로써 의미를 좀 더 풍성하게 확장시켜주기도 합니다.

다르게 표현해볼까요?

'다르게 표현하기' 놀이를 시작하기 전에

내용	다른 방식으로 표현해요.
효과	여러 방식으로 생각을 표현할 수 있어요.
발문	(다르게) 표현해볼까요?
발표문형	다르게 표현하면, ~입니다.
예시문장	손가락으로 하트를 그리는 것은, **(다르게 표현하면)** 사랑한다는 밀**입니다**.

- **다르게 표현하기의 의미** - 이 말은 번역한다는 말을 쉽게 풀어쓴 용어입니다. 우리는 번역(translation)을 보통 영어를 한국말로 바꾸거나 한국말을 영어로 바꾸는 정도로 협소하게 이해하지만 실제로 번역의 핵심은 표현방식을 바꾼다는 것으로 좀 더 포괄적인 의미입니다. 23-사고기술로서의 '다르게 표현하기'는 이런 확장된 의미의 번역을 말합니다.

- **다르게 표현하기 종류** - 정말 많은 종류가 있습니다. 언어 간의 번역, 말과 몸짓 간의 번역, 말과 그림 간의 번역, 긴 글과 짧은 글 간의 번역, 말과 수식 간의 번역, 자연 현상과 수식 간의 번역 등등 다양한 표현방식들이 서로 교환됩니다. 수학 시간에 문장을 읽고 수식으로 표현하는 것도 일종의 번역 활동입니다. 또 최근 SNS 대화에서 많이 사용하는 이모티콘도 번역의 좋은 예입니다.

- **다르게 표현하기 연습의 중요성** - 사람마다 잘하거나 좋아하는 표현방식이 다릅니다. 어떤 사람은 글로, 또 어떤 사람은 그림으로 생각을 잘 표현합니다. 몸짓으로, 음악으로, 수식으로 등등 다양한 취향이 있을 것입니다. 하지만 우리는 대부분 문자언어로 표현하도록 교육받습니다. 아이들이 자기의 개성에 따라 다양한 방식으로 맘껏 표현할 수 있게 허용하는 것은 아이들은 물론 공동체적으로도 다양성을 유지하는 데 중요한 일입니다.

- **다르게 표현하기의 핵심** - 다르게 표현할 때 가장 중요한 점은 원래의 의미를 그대로 유지해야 한다는 것입니다. 표현방식이 달라져서 거기에 담긴 의미가 바뀐다면 그건 잘못된 번역입니다. 번역이나 통역이 잘못되어 서로 오해가 생기는 경우도 많습니다. 따라서 다르게 표현할 때는 무엇보다 처음의 의미가 그대로 유지되고 있는지 주의해야 합니다.

치킨 한 입의 인생 수업

그림책 《쿠키 한 입의 인생 수업》에는 인생에서 소중히 해야 할 많은 가치들이 쿠키를 만드는 과정을 통해 알기 쉽게 설명되어 있다. 원작의 쿠키 대신에 학생들이 좋아하는 '치킨'을 먹는 상황으로 바꿔보았다. 자신의 경험을 떠올리며 어려운 가치어를 자신의 말로 다시 표현하고, 글과 그림으로 표현하여 이를 엮어 한 권의 책을 만드는 활동이다.

소요 시간	60분	수업 대상	초등학교 4학년	수업 교과	국어
준비 사항	한 사람당 A4, 색 사인펜, 색연필, 그림책 《쿠키 한 입의 인생 수업》				
유의 사항	1. 그림책의 첫 문장이 "서로 돕는다는 건 이런 거야. 내가 반죽을 저을게. 너는 초콜릿 조각을 넣을래?"인데, 첫 문장부터 바로 다르게 표현하라고 하면 학생들이 어려워할 수 있다. 책에 나온 가치들을 판서해두고 그중에 먼저 바꾸어 표현할 수 있는 것부터 시도하도록 하는 것이 좋다. 2. 한 가치가 여러 가지로 다르게 표현될 수 있다. 학생들의 의견을 다 적어놓은 뒤, 우리가 만들 책에 꼭 들어갔으면 하는 표현을 스스로 고르도록 한다. 3. 책 속에는 22개의 가치가 나온다. 학급 인원수가 22명 미만이라면 누군가 한 페이지를 더 맡도록 하고, 23명 이상이라면 같은 가치를 다르게 표현한 페이지를 연속으로 넣는다.				

📳 놀이 과정 재애히 들여다보기

1. 그림책 《쿠키 한 입의 인생 수업》 함께 읽기

교사: 그림책 표지에 무엇이 보이나요?

서연: 여자아이, 개, 고양이, 글자가 써진 쿠키가 보여요.

교사: 쿠키에 써진 글자는 무엇인가요?

연우: 당당함, 욕심, 넓은 마음, 예의입니다.

교사: 작가는 왜 쿠키에 글자를 썼을까요?

지훈: 저 과자를 먹으면 저런 마음이 생기는 걸 거예요.

서윤: 과자를 잘 고르라구요.

교사: 그림책을 다 읽었어요. 작가는 왜 이 책을 썼을까요?

민주: 어려운 말을 알기 쉽게 설명해주려고요.

도하: 일상생활에서 좋은 행동을 실천하라는 뜻이에요.

◆ 표지를 보고 작가의 그림에 담긴 의도, 작가가 이 책을 쓴 이유 등을 묻는다. 그림책을 다 읽은 뒤 같은 질문을 다시 던지면 깊이 읽기가 될 수 있다.

2. 그림책에 나온 가치를 차례대로 판서하기

교사: 책에 나온 가치들을 차례대로 읽어줄 수 있는 사람? 선생님은 칠판에 정리해볼게요.

> 서로 돕기, 공평, 배려…

◆ 먼저 교사가 전체에게 읽어준 다음, 한 학생이 다시 읽게 하면 학생들은 두 번 집중하여 읽게 되는 효과가 있다.

3. 쿠키 대신 치킨을 먹는 상황을 생각하며 가치를 다르게 표현하여 발표하기

서로 돕기	서로 돕는다는 건 오빠와 함께 치킨을 먹을 준비를 하는 거야. 치킨 무 물도 버리고, 뼈 담을 그릇도 꺼내놓고, 컵도 꺼내고.
공평	공평하다는 건 닭다리를 하나씩 나누어 먹는 거야.
배려	남을 배려하는 건 떡볶이를 좋아하는 언니를 위해 치킨을 시킬 때 떡볶이도 같이 시키는 거야.

◆ 다음 활동을 위해 학생들의 발표를 판서로 정리한다.

◆ 가치 하나에 여러 학생이 지원할 경우, 원하는 대로 해주는 대신 2개 이상 선택하도록 하면 모든 가치가 골고루 완성된다.

4. 자신이 표현할 가치 정하기

교사: 여러분이 발표한 내용을 그림책으로 만들 거예요. 자신이 잘 표현할 수 있을 것 같은 가치를 골라볼까요?

지유: 선생님, 제가 '긍정적이라는 건' 할게요.

하은: 전 '열린 마음이란' 하겠습니다.

◆ 이때 표지를 만들 학생도 함께 정한다.

5. A4 용지에 글과 그림으로 표현하기

교사: 자신이 택한 가치의 의미가 잘 드러나도록, 글과 그림
　　　이 잘 어우러지게 표현해봅시다.

6. 차례대로 엮어 책을 만들고 다 함께 낭독하기

교사: 우리가 함께 만든 《치킨 한 입의 인생 수업》이 완성되
　　　었어요. 다 같이 낭독해봅시다.

교사의 놀이 성찰

인생에 소중한 가치들의 사전적 정의는 너무나 어렵고, 그 실천은 더더욱 어렵게 느
껴진다. 때마침 그것을 너무나 알기 쉽게 표현한 《쿠키 한 입의 인생 수업》이라는
시 그림책을 만나 이 활동을 구상하게 되었다. 학생들은 일상 속 사소한 행동에도
가치가 숨어있음을 알게 되었고, 가치를 다르게 표현할 때는 기발한 발표에 활짝 웃
었으며, 친구들의 발표에 격하게 공감하기도 했다. '나도 그런 적이 있었다.' '난 그렇
게 행동하지 못했다.'라며 말이다. 학생들이 단지 그림책을 만들거나 놀이를 하는 것
에 그치지 않고 자신이 말한 대로 행동하는 사람이 되기를 바란다.

'배려'를
다르게
표현하면…

이렇게 놀이할 수도 있어요

피자 한 입의 행복 수업 / 떡볶이 한 입의 사랑 수업 《쿠키 한 입의 인생 수업》과 같은 형식으로 그려진 《쿠키 한 입의 행복 수업》과 《쿠키 한 입의 사랑 수업》도 추천한 다. 치킨 외에도 피자, 떡볶이, 아이스크림, 젤리 등등 학생들이 좋아하는 간식을 활용할 수 있다.

부침개 빨리 쌓기 포개어진 손들이 마치 명절날 높게 쌓이는 부침개 같아 붙인 놀이명이다. 참고할 만한 책으로는 《아름다운 가치 사전》[1]이 있다.

1. 모둠을 만들고 둥글게 앉기
2. 그림책에 나온 가치 하나를 외치며 그에 맞는 상황이나 예를 말하고 책상 위에 손을 올리기(예 : 정직이란 ~야.)
3. 손을 포갠 학생들만 1점씩 획득하기
4. 마지막까지 대답을 못 했거나 가장 마지막에 손을 올린 학생은 포개어진 손 중에 맨 위에 있는 손등을 쓰다듬으며 "넌 다르게 표현하기 달인이야!"라고 말해주기(또는 마지막 학생이 포개어진 손등을 내리칠 수도 있는데 이때 모든 학생들이 손을 빼서 피하기)

나는 단어 창작가

1. 우리나라에는 없지만 다른 나라에는 있는 언어들을 살펴보기
2. 일상에서 한 단어로 표현되지 않았던 감정이나 상태, 사물 등을 발표하기
   예) 배는 부른데, 계속 먹고 싶은 마음
       밤새 눈 내린 날 아침의 발자국 없는 눈 덮인 골목길
       액정이 부서져 버린 내 핸드폰
3. 자신이 표현하고 싶은 것을 택하여 글과 그림으로 다르게 표현하기

[참고자료][2]
히라이스(헤레로어) - 더는 돌아갈 수 없는 곳에 가고 싶은 마음
베바라사나(헤레로어) - (어디에 있어도) 서로 이해할 수 있다
가와이카리(일본어) - 해질녘에 강 위로 어스름이 반짝이는 풍경
카푼네(포르투칼어) - 옆 사람의 머리를 손가락으로 쓰다듬는 것
예콘타(스페인어) - 뻐꾸기의 지저귐이 아름다운 봄날 새벽의 산책

---

1. 채인선, 《아름다운 가치 사전》, 한울림어린이, 2005
2. 니컬라 에드워즈, 《세상에 이런 말이!》, 찰리북, 2020/엘라 프랜시스 샌더, 《마음도 번역이 되나요》, 시공사, 2016

행복하다면 칸딘스키처럼

우리는 살아가면서 많은 소리를 듣거나 만들어내고, 그 속에서 수많은 감정을 느끼고 있다. 그림책《너는 소리》에서 신유미 작가는 그런 우리를 철새에 비유하며 '너는 소리'라고 말하고, 자신의 감정에 주목하라고 한다. 이에 착안하여 학생들이 행복했던 순간을 떠올리고 그때 들리는 소리와 느끼는 감정을 콜라주라는 기법으로 다르게 표현하는 활동이다.

소요 시간	80분	수업 대상	초등학교 4학년	수업 교과	국어·미술·음악 연계
준비 사항	한 사람당 A4 도화지 1장, 자신이 연주할 수 있는 악기(없어도 무방), 색종이, 가위, 풀, 퐁퐁이(솜방울), 모루, 띠 골판지, 색 사인펜, 색연필, 목공 본드, 핑킹 가위 등 (콜라주 자료는 다양할수록 좋다.), 그림책《너는 소리》, 신유미 글, 반달출판사				
유의 사항	1. 그림책을 한 번에 다 읽기보다는 부분씩 끊어 읽으며 질문을 던지고 학생들의 의견을 듣는 방식을 추천한다. 2. 그림책을 읽고 난 뒤 가장 마음에 드는 장면과 그 이유를 묻는 질문을 통해 학생들의 마음을 진단해볼 수 있다. 가장 마음에 드는 장면은 독자의 현재 마음 상태이고 두 번째로 마음에 드는 장면은 독자가 미래에 기대하는 모습으로 볼 수 있다고 작가는 설명한다. 따라서 시간이 허락한다면 두 번째로 마음에 드는 장면도 물어보면 좋겠다.				

학생 작품1 - 엄마의 품속	학생 작품 2 -그네 타는 나와 보채는 동생
학생 작품3 - 벚꽃놀이	학생 작품 4 -좋은 꿈을 꾸고 난 후

▶ 칸딘스키의 작품을 토대로 학생들이 꾸민 작품들

1. 그림책 《너는 소리》를 함께 읽으며 질문하고 답하기

교사: "너는 소리. 추운 바람 소리."에서 이 새는 어떤 기분일까요?

서연: 혼자 날고 있어서 쓸쓸해 보여요.

연우: 저는 새가 커다란 해를 향해 날아가는 것처럼 보여서 희망차요.

교사: 이 철새들도 갑작스럽게 높은 산을 만나는데, 여러분도 살면서 이 철새처럼 시련이라고 느껴지거나 극복해야 할 어려움이 있었나요?

지훈: 태권도 대회 나갔을 때 심장이 터질 것처럼 두근거리며 긴장됐어요.

서윤: 수학과 영어를 공부하는 게 어려워요.

◆ 그림책의 각 장면에 어울리는 질문을 던져 학생들의 생각과 느낌을 들어보고, 자신의 삶과 어느 점에서 비슷한지도 물어본다.

2. 그림책 속에서 가장 마음에 드는 장면과 그 이유 말하기

교사: 가장 마음에 뜨는 장면과 이유를 말해볼까요?

민주: "바람보다 먼저 날아갈 거라며 재잘대는 소리." 장면이요. 우리가 급식실 가는 소리 같아요.

도하: 제가 피아노를 좋아해서 새들이 건반처럼 보이는 장면이 재미있어요.

◆ 자신이 경험했던 시련이나 어려움을 털어놓고 이를 경청하게 하는 활동은 학생들의 마음을 무장해제하고 안전한 공간이라는 느낌을 받게 한다.

3. 칸딘스키의 작품 감상하기

교사: 칸딘스키의 추상화를 보니까 어떤 생각이 드나요?

지유: 형태만 있어서 무엇을 그렸는지 잘 모르겠어요.

하은: 작가의 의도를 들어봐야 할 것 같아요.

◆ 추상화는 사물의 형태를 그대로 그리는 것이 아님을 주지시킨다. 그렇지 않으면 학생들의 작품이 단순한 풍경화나 경험화에 그칠 수 있다.

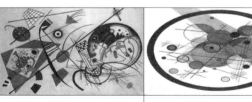

| 작품명: 횡선(Transverse Line) (1923) | 작품명: 원 속의 원 (1923) |

4. 오늘 하루 중 또는 지금껏 살면서 가장 행복했던 순간 떠올리기

교사: 여러분은 언제가 행복한가요? 자신이 행복했던 시간을 떠올리고, 눈을 감고 그때를 떠올리며 잠시 침묵하고 회상하는 시간을 가져보겠습니다. (잠시 후) 자, 오래 기억되는 행복한 순간이 있는지 말해볼까요?

은호: 오늘 엄마가 절 안아줬을 때 행복했어요.

한결: 가족이랑 벚꽃 구경 갔을 때가 행복했어요.

5. 행복했던 순간의 소리와 감정을 콜라주로 표현하기

교사: 여러분이 발표한 행복했던 순간을 칸딘스키의 작품처럼 표현해볼까요? 대상을 정확하게 그리는 것이 아니라 그 순간에 들렸던 소리와 느꼈던 감정 등을 콜라주 기법으로 추상적으로 표현하는 거예요.

교사: 여러분이 작품에 무엇을 어떻게 표현하려고 했는지 작가의 의도를 색종이에 써서 뒷면에 붙여주세요.

◆ 소리는 '무엇으로 표현했다.'에 그치는 경우가 많다. 이를 의성어로 표현하도록 하면 명확한 작품 해석에 도움이 된다.

◆ 즉흥적인 요소가 많아서 작품이 다 완성되고 마지막에 작가의 의도를 작성하게 하는 것이 좋다.

6. 작품 발표회 하기

교사: 완성한 작품을 친구들에게 보여주고 작가의 의도를 발표해봅시다.

지수: 저는 강아지를 안는 시간을 표현했어요. 노란색은 강아지를 안았을 때 포근함과 따뜻함이고, 흰색 퐁퐁이는 강아지의 보들보들함을 표현한 것입니다. 주황색 모루는 강아지가 제 손바닥을 핥는 소리를 표현한 것입니다.

교사: 강아지가 손바닥을 핥는 소리를 흉내 내는 말로 어떻게 표현할까요?

지수: 할짝할짝이요.

7. 자신의 작품을 소리로 표현하기

교사: 악기를 이용해서 작품을 소리로 재탄생시켜볼 거예요. 연주할 수 있는 악기가 없다면 자신의 작품과 어울리는 음악을 틀어놓고 펜 비트를 칠 수도 있고, 바디 퍼커션을 할 수도 있어요.

◆ 동영상을 제출하는 과제로 제시해도 학생들이 즐겁게 참여한다.

독후감을 매번 글로 표현하는 활동에 질린 학생들에게 글 말고도 다르게 표현하는 방법을 알려주고 싶었다. 이 수업을 하면서 학생들은 "이런 독후감이라면 자주 하고 싶어요."라는 말을 하였다. 국어, 미술, 음악을 연계한 통합수업이었는데, 학생들의 그림책 읽기에 대한 몰입도가 높았고, 자신의 느낌을 발표하려는 학생도 많았다. 글쓰기를 강조하고 강요한 나로서는 조금 반성이 되는 시간이기도 했다. 초등 국어과 교육과정에서는 일기를 시로, 동화를 극본으로, 시를 4컷 만화로 등 문학 장르의 변환만을 주로 다루고 있을 뿐이다. 신영복 교수는 그의 책 《담론》**3**에서 시서화악(詩書畫樂)의 상상력을 유연하게 구사할 수 있는 능력과 품성을 기르는 것이 공부이며, 복잡한 것을 한마디로 요약할 수 있을 때, 다시 말하면 시적인 틀에 담을 수 있을 때 비로소 아는 것이라 하였다. 글로 표현하는 것은 중요하지만, 시서화악 중에 '시서(詩書)'에만 편중된 수업에서 탈피할 필요가 있다. '다르게 표현하기'는 번역기술이면서 완벽한 이해를 바탕으로 한 새로운 창작기술이다. 요즘 학생들은 이미 스스로 랩을 만들고, 동영상을 찍어 유튜브에 올리고, 사진을 찍고, 애니메이션을 만들고 있다. 교사인 내가 더 유연한 수업 방법을 시도해야 할 차례이다.

❗ 이렇게 놀이할 수도 있어요

사진의 제목을 붙여라 이 놀이는 사진을 글로 번역하는 '다르게 표현하기'로써 사진의 내용을 함축적이면서 기발하게 표현할 수 있는 제목을 붙이는 놀이이다.

1. 유튜브 〈제목 학교〉를 함께 보며 제목 알아맞히기
2. 사진작가가 되어 일상생활 속에서 찍은 사진에 기발한 제목을 붙이기
3. 학생들은 친구들의 사진 제목을 알아맞히기

도전! 뮤비 제작가 대개는 교사들이 뮤직비디오 편집을 하는데, 요즘 학생들은 스마트폰 사용에 익숙해서 학생에게 감독이라는 직책을 주고 맡기면 교사보다 더 훌륭하게 완성해낸다. 매달 다른 노래를 선정하고 새로운 학생 감독을 선출하면 좋다.

1. 노래 가사를 반 학생 수만큼 나누어 A4 용지 맨 아래에 인쇄하기
2. 자신이 맡은 노래 가사를 그림으로 표현하기
3. 동영상 제작 어플을 활용하여 뮤비 완성하기

가치 고려하기

"한국 사람들은 살아가는 데 가장 중요한 것으로 돈을 꼽았대요."
"나는 사계절 중에서 겨울을 가장 좋아합니다."

사람에게는 바라는 것 좋아하는 것 중요한 것 그리고 옳다고 생각하는 것이 있습니다. 바로 무엇인가에 가치를 두는 일입니다. 우리는 이 가치를 기준으로 생각하고 판단합니다.

문화마다 공동체마다 세대마다 그리고 사람마다 가치를 두는 일이 다릅니다. 이런 차이 때문에 갈등을 겪기도 하지만 오히려 좀 더 풍성한 다양성을 누리기도 합니다.

따라서 세상에는 다양한 가치가 있으며, 그러한 가치들이 솔직하게 드러나고 존중되어야 한다는 것을 깨달아야 합니다. 그래야 공유된 가치를 바탕으로 갈등을 줄이고 함께 행복한 공동체를 만들 수 있기 때문입니다.

중요한 게 뭘까요?
(좋은 점이 뭘까요?)

'가치 고려하기' 놀이를 시작하기 전에

내용	가치(중요한 것, 옳은 것, 좋은 것)를 기준으로 생각해요.
효과	가치 있는 것을 지키게 돼요
발문	중요한 게 뭘까요? (좋은 점이 뭘까요?)
발표문형	~ 가 중요합니다. ~ 가 좋습니다.
예시문장	모든 생명체에게는 맑은 공기가 **중요합니다.**

- **가치의 기원** - '우리는 왜 어떤 것을 가치 있게 여기는 걸까?'하는 질문에 대해 대개 두 가지 견해가 있습니다. 하나는 사물 혹은 어떤 대상 자체가 본래적 가치를 가지고 있기 때문이라는 것이고, 다른 하나는 사람이 가치 있다고 생각하기 때문이라는 겁니다. 보통 전자를 객관적 가치라 하고 후자를 주관적 가치라 부르는데 가치의 본질을 생각하는데 도움을 줍니다. 특히 도덕적 덕목인 성실, 정직, 절제 등은 객관적 가치어로서 그 자체가 가치를 가진다고 생각합니다.

- **가치 고려하기의 중요성** - 삶에 대해 우리가 갖는 중요한 질문들에서 가치가 관련되지 않은 질문은 거의 없습니다. 그만큼 가치는 삶과 깊숙이 연관되어 우리의 감정과 생각, 판단을 이끕니다. 더구나 최근 연구 결과에 의하면 우리가 어떤 생각을 하든 그 판단의 최종권자는 가치라고 합니다. 우리가 바라는 것, 중시하는 것, 좋아하는 것을 기준으로 최종 결정을 한다는 의미입니다.

- **가치판단의 단계** - 가치판단이 쉽지만은 않습니다. 하나의 문제에도 여러 가치가 복잡하게 얽혀있기 때문이지요. 이럴 때는 대개 두 단계를 거칩니다. 우선 무엇이 중요한지 가치의 종류를 선택합니다. 예를 들어 정신적 가치인지 물질적 가치인지 혹은 개인적 가치인지 공동체 가치인지 등을 선택하는 것입니다. 그 다음으로는 그중에서 어떤 선택지의 가치가 더 큰지를 고릅니다.

- **가치판단의 기준** - 예전에는 평가를 비롯한 가치판단을 할 때 주로 좋거나 나쁘거나, 혹은 맞거나 틀리거나 등으로 양분하였는데 최근에는 그런 이분법보다는 얼마큼 적절한가 하는 적절성의 정도를 기준으로 평가하는 경향이 늘고 있습니다. 5등급, 10등급처럼 폭을 넓히기도 하고 가치수직선처럼 자유롭게 평가하기도 합니다. 하지만 어떤 경우든 간에 기준은 미리 주어져야 합니다.

내가 키운 늑대는?

두 마음 토론[1]과 비슷하나 두 마음을 바라보는 메타인지적 역할을 더하여 모둠별로 찬성과 반대, 판정의 세 가지 역할로 나누어 논쟁하는 세 마음 토론이다. 이 놀이를 통하여 학생들은 일상생활 중 가치 갈등 상황 속에 숨은 가치를 찾을 수 있고, 두 가치가 충돌할 때 어느 가치를 더 고려할지 생각해볼 수 있다.

1. 어떤 토론 주제에 대해 찬성과 반대 두 입장에서 모두 토론해본 후 최종 결정을 내리는 토론

소요 시간	40분	**수업 대상**	초등학교 5학년	**수업 교과**	도덕
준비 사항	모둠별 가치갈등상황 문제지 (A4지 또는 PPT, 판서로도 가능), 고민의자, 고민이가 늑대에게 줄 사탕 또는 간식 모둠별 1개씩				
유의 사항	1. 갈등 상황에서 비로소 내가 더 중요하게 생각하는 가치를 고려하게 되므로 학생들의 생활과 밀접한 가치 갈등 문제를 여러 가지 미리 준비한다. 이때 갈등 상황을 학생들에게서 미리 받아서 꾸민다면 더 좋은 문제 상황이 된다. 2. 역할극은 역할만 주어지고 대본은 따로 없다. 특히 이 활동은 두 마음 토론을 중심으로 갈등 상황을 다루고 있기 때문에 그 갈등에 대한 학생들의 생생한 주장과 반박들이 이어질 수 있어야 한다. 3. 장난이 되지 않도록 사전에 약속을 하고 시작하는 것이 좋다.				

▶ 가치갈등상황 문제를 모둠의 수만큼 준비한 것

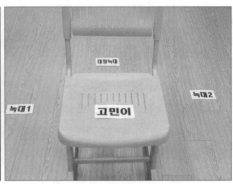

▶ 역할극 시연할 늑대들의 위치 선정

놀이 과정 자세히 들여다보기

| | **놀이 Tip 🔔** |

1. 모둠별 역할극 준비하기

교사: '고민이'의 마음속에는 지금 두 가지 마음이 서로 싸우고 있어요. 이렇게 해야 할까, 저렇게 해야 할까 하는 갈등에 빠져 있는 것이지요. 우리가 함께 역할극으로 도와줍시다. 우선 모둠별로 고민이, 늑대1, 늑대2, 대장 늑대를 뽑아주세요.

2. 모둠별로 가치 갈등 상황 문제 뽑기

교사: 각 모둠 '고민이'는 앞으로 나와 갈등 쪽지를 하나 뽑아갑니다.

> 〈가치 갈등 사례〉- 부록 321~322쪽 참조
> ① 학원에 늦게 가면 혼나는데 길고양이 앞발이 큰 돌 사이에 끼어 있다. 도와줄까, 그냥 갈까?(생명 vs 안전)
> ② 수학익힘을 풀어야 노는데 친구가 빨리 놀자며 답을 보여준다. 볼까, 말까?(자유, 우정 vs 책임)
> ③ 선생님께서 실수로 쿠폰1장을 더 주셨다. 반납할까, 말까? (정직 vs 이기심)
> ④ 용돈이 동전 500원뿐인데 길에서 동냥하는 할아버지를 보았다. 도와줄까, 말까? (나눔, 봉사 vs 이기심)
> ⑤ 게임을 하고 싶은데 숙제가 많다. 숙제 먼저 할까, 게임부터 할까?(즐거움 vs 책임)
> ⑥ 좋아하는 이성 친구가 생겼다, 고백을 할까, 말까?(두려움 vs 용기)

3. 고민이 - 자기 고민 말하기

교사: 고민이는 자리에 앉아서 자기가 뽑아온 고민카드를 읽어주세요.

고민이: 선생님께서 실수로 쿠폰 1장을 더 주셨는데 반납할지 말아야 할지 고민이 됩니다. 어떻게 하면 좋을까요?

4. 두 늑대 - 자기 입장 정하고 두 마음 토론하기

교사: 늑대1과 늑대2는 고민이의 갈등을 잘 듣고 각자 자기 입장을 선택하여 토론합니다. 대장 늑대는 두 늑대의 주장과 반박을 잘 경청한 후에 마지막으로 고민이에게 조언을 해줘야 합니다.

> 늑대1 주장하기 - 늑대2 주장하기 - 늑대1 반박하기
> - 늑대2 반박하기 - 대장 늑대 조언하기

놀이 Tip 🔔

◆ 4인 모둠 구성이다.

◆ 여기서 늑대는 갈등하고 있는 두 마음을, 대장늑대는 그 두 마음을 관찰하고 있는 마음을 비유적으로 나타낸 것이다.

◆ 고민의자 기준으로 오른쪽은 늑대1, 왼쪽은 늑대2, 고민의자 뒤에 대장늑대가 위치한다.

◆ 고민의 번호 순서대로 역할극을 시연하도록 하면 시간이 절약된다.

늑대1 주장하기: 선생님께서 실수로 주신 것이고 원래 내가 받아야 하는 것이 아니었기 때문에 선생님께 돌려드려야 합니다. 정직하지 않게 얻은 것은 그 결과가 좋지 않을 겁니다.

늑대2 주장하기: 쿠폰을 실수로 더 많이 주신 것은 선생님입니다. 그리고 수업 준비와 여러 가지 일로 바빠 보이시기 때문에 그냥 넘어가도 될 것 같습니다. 특별히 다른 친구들에게 피해를 주는 것도 아니고요.

늑대1 반박하기: 선생님이 실수로 더 많이 주셨어도 원래 받아야 하는 것이 하나였는데 두 개를 받는 것은 정당하지 않습니다. 그리고 내가 더 받으면 다른 친구들이 불공평하다고 생각할 겁니다.

늑대2 반박하기: 내가 굳이 다른 친구들에게 말하지 않으면 친구들이 불공평하다고 생각할 일이 없습니다. 쿠폰 하나로 바쁜 선생님을 귀찮게 하는 것도 문제가 되는 것 같고요.

대장늑대: 고민이에게 조언하겠습니다. 쿠폰을 더 받는 것은 다른 친구들이 아느냐 모르느냐와 상관없이 고민이의 양심에 걸릴 것 같습니다. 선생님이 바쁘셔서 문제가 되면 선생님이 좀 여유로워졌을 때 찾아가 보는 것은 어떨까요?

5. 고민이 – 최종 결정하기

교사: 자, 고민이는 지금까지 마음속에서 갈등하는 두 늑대와 그리고 대장 늑대의 의견을 잘 들었죠? 이제 잘 생각해보고 최종 결정을 내리세요.

교사: 모둠별 고민이는 자기 고민이 무엇이었는지, 그것에 대해 어떤 결정을 했는지, 그리고 왜 그런 결정을 했는지도 함께 이야기해주세요.

고민이: 늑대1의 주장이 좀 더 정직해 보였어요. 정직하지 않으면 결국에 결과가 좋지 않다는 말이 옳다고 생각합니다.

고민이: 제가 늑대1의 주장을 선택하기는 했지만 늑대2의 주장도 도움이 되었어요.

6. 내 마음에 키우고 싶은 늑대 생각해보기

교사: 우리 마음엔 두 마음의 늑대가 자주 싸워요. 여러분이 마음속에서 계속 키우고 싶은 늑대는 어떤 늑대인가요? 오늘 활동을 돌이켜보면서 곰곰이 생각해보기 바랍니다.

◆ 활동을 마무리하면서 인터넷이나 도덕 교과서의 체로키 부족의 '마음속 두 늑대' 이야기를 읽어주어도 좋다(2015 교육과정 5학년 도덕교과서 부록 320쪽 참조).

학생들에게 고민을 뽑게 한 후 바로 시연을 하는 것보다 3분 정도 역할 정할 시간을 주었을 때 학생들은 역할극을 훨씬 더 잘 수행하였다. 한 모둠이 역할극을 시연할 때, 다른 학생들은 역할극을 매우 집중해서 보았으며 매우 흥미로워하였다. 특히 어떤 학생들은 역할극 중간에 늑대들에 대해 자신의 의견을 드러내기도 하였다. 다음은 학생들의 소감 일부이다.

현서: 아주 좋은 경험이었던 것 같아요! 짧은 순간에 두 가지로 나뉘어 고민될 때 자기도 모르게 실수를 해버리기도 하잖아요. 천천히 다시 생각해보고 옳은 늑대에게 먹이를 주도록 해야겠다 싶었어요.

은우: 내가 직접 늑대가 되어보려고 하니까 실제로 나 자신이 참 여러 가지 생각을 하고 있다는 느낌이 들었습니다.

하온: 어떻게 하면 나쁜 늑대가 승리를 못 하게 될지 생각하게 되었습니다.

지윤: 저는 착한 늑대에게 먹이를 줬더니 마음이 정화되는 느낌이 들었습니다.

주안: 내가 의견 말했는데 고민이가 내 의견이 도움이 되었다고 하면서 나를 선택해주니까 기분이 좋았어요.

이렇게 놀이할 수도 있어요

학생들의 고민으로 역할극 하기

1. 학생들에게 자신의 고민 쪽지를 쓰게 하고 익명으로 고민 쪽지를 모으기
2. 학생들의 고민 중 가치갈등상황이 가능한 문제를 뽑아 교사가 한글 문서화하여 고민 쪽지 만들기 (글씨체의 드러남 방지를 통한 익명성 보장)
3. 위와 같은 방법과 순서로 역할극하기
4. 역할극 후 고민을 쓴 고민이에게 고민이 해결되었는지 묻고, 공개할 수 있는 범위에서 다른 학생들과 함께 도움이 된 늑대의 말 이야기하기

일기 또는 글쓰기

1. 갈등을 겪은 하루를 생각하고 일기 써보기
2. 마음속에 어떤 늑대들(갈등하는 가치들)이 있었으며 어떤 말을 했는지 생각해보기
3. 자신이 먹이를 주어 키워온 늑대(내가 지지하고 있었던 가치)가 누구였는지 성찰해보기
4. 각 늑대들의 입장에서 판단의 근거 찾아보기
5. 나에게는 나의 마음을 관찰하는 대장 늑대가 있는가? 생각해보고 갈등에 대해 객관적으로 판단하여 최종 결정 내려보기

가치 시장

'보다 나은 나'를 위해 자기에게 필요한 가치를 구입하고, 반대로 자기가 이미 가지고 있는 가치는 그 가치를 필요로 하는 다른 친구들에게 기부하는 놀이이다. 이 놀이를 통해서 학생들은 각 가치에 대해서는 물론 그러한 가치가 자신이나 친구들에게 어떤 의미인지에 대해서도 알게 된다.

소요 시간	80분 정도	수업 대상	초등학교 5학년	수업 교과	실과
준비 사항	학습지(부록 323쪽), 색연필과 사인펜, 가치기부증서 및 가치투자증서(부록 324쪽)				
유의 사항	1. 가치가 중심이 되는 놀이이므로 가치어를 제대로 이해하는 것이 중요하다. 물론 놀이를 통해 그 의미를 좀 더 명료하게 이해해 가기도 하지만 사전에 함께 '가치어'에 대해 함께 생각해볼 시간을 갖는 것이 중요하다. 2. 다른 친구들에게 줄 가치를 스스로에게서 찾지 못할 때 다른 친구들이 자신의 가치를 발견해주는 경험이 매우 중요하므로 교사는 그런 점을 고려하여 놀이를 진행한다. 3. 가치기부 활동이 자유롭게 돌아다니면서 이루어지기 때문에 학생들이 장난을 치거나 지나치게 소란스럽지 않도록 미리 약속을 정하는 것도 좋다.				

▲ 학습지 앞면: 가치광고판

▲ 뒷면: 기부 및 투자 가치정산표

▲ 산 가치가 많은 학생에게 준 가치투자증서

▲ 산 가치가 많은 학생에게 준 가치투자증서

📢 놀이 과정 자세히 들여다보기

놀이 Tip 🔔

1. 가치에 대해 이야기 나누기

교사: 여기 여러 가지 가치들이 있습니다. 이 중에서 여러분이 소중하게 생각하는 마음의 가치엔 어떤 것이 있나요?

1	감사	14	배려	27	유연성	40	창의성
2	결의	15	봉사	28	이상품기	41	책임감
3	겸손	16	사랑	29	이해	42	청결
4	관용	17	사려	30	인내	43	초연
5	근면	18	상냥함	31	인정	44	충직
6	기쁨함	19	소신	32	자율	45	친절
7	기지	20	신뢰	33	절도	46	탁월함
8	끈기	21	신용	34	정돈	47	평온함
9	너그러움	22	열정	35	정의로움	48	한결같음
10	도움	23	예의	36	정직	49	헌신
11	명예	24	용기	37	존중	50	협동
12	목적의식	25	용서	38	중용	51	화합
13	믿음직함	26	후회	39	진실함	52	확신

학생들: 끈기요./ 정직이요./ 사랑이요./ 용기입니다.

교사: 그런 가치들은 여러분이 쓴다고 사라지나요?

학생들: 그렇지 않아요./ 사랑을 하면 사랑이 오히려 더 생겨요.

교사: 그럼 그런 가치가 필요한 다른 사람에게 나눠줘도 되겠네요?

학생들: 네, 맞아요.

2. 가치 시장 놀이 계획하기

교사: 지금부터 '가치 시장 놀이'를 해봅시다. 자기가 가지고 있는 가치를 필요한 친구들에게 기부하고, 또 자기에게 필요한 가치는 사는 놀이에요.

교사: 학습지에 계획서가 있으니 우선 각자 빈칸을 채워봅시다.

> 1. 내가 가지고 있는 가치(기부가치)를 찾아 적기
> 2. 내게 없어서 구해야 할 가치(투자가치) 찾아 적기
>   - 그걸 가지고 있을 만한 친구를 찾아 기록하기

교사: 각각의 가격은 얼마큼의 가치를 가지고 있는지, 또 얼마큼의 가치가 필요한지에 따라서 각자 정하면 됩니다. 참, 각 가치마다 100만 원이 한도입니다.

현서: 공짜로 기부하고 공짜로 구입하는 거 아닌가요?

교사: 네 맞아요. 가격을 매겨보는 이유는 자기가 가치를 얼마큼 가졌는지 또 필요한지를 생각하는 것도 중요하기 때문이에요. 예를 들어서 용기가 많이 필요한 사람도 있고 조금만 필요한 사람도 있으니까요.

◆ 가치 목록은 교사가 준비해도 되고 사전에 학생들이 소중하게 생각하는 가치들을 물어보고 이를 모아 정리한 뒤 수업에 활용하는 것도 좋다.

◆ 기부계획서를 작성할 때 교사는 도움이 필요한 학생이 없는지 살핀다. 주위의 친구들에게 물어보도록 안내하는 것도 좋은 방법이다.

◆ 학습지에 투자가치와 기부가치를 쓸 때 좀 더 필요하거나 많이 가진 것을 순서로 쓸 수도 있다.

3. 기부할 가치 광고판 만들기

교사: 내가 기부하고 싶은 가치를 학습지 뒷면에 가치 광고판으로 꾸밉니다.

◆ 기부가치 광고는 다른 친구들의 눈에 잘 띄도록 글자를 크고 단순하게 만들도록 안내한다.

4. 가치 시장 놀이하기

교사: 이제 자유롭게 다니면서 자기가 가진 가치는 필요한 다른 친구들에게 기부하고, 자기에게 필요한 가치는 그걸 가지고 있는 친구를 찾아서 구입하도록 하세요. 자기가 꾸민 기부 가치 광고를 친구들이 잘 보도록 합니다.

교사: 기부하거나 투자했을(구입했을) 때 그때그때 학습지에 기록합니다. 그래야 나중에 투자증서와 기부증서를 받을 수 있어요.

◆ 각자 자기가 가지고 있는 가격 안에서 기부하도록 한다. 100만 원인 경우 두 사람에게 각각 50만 원 어치씩 나눠 기부할 수도 있다.

5. 가치투자증서, 가치기부증서 수여하기

교사: 기부를 많이 한 친구에게는 가치기부증서를, 기부한 것보다 산 가치가 더 많은 친구들에게는 가치투자증서를 드립니다.

◆ 두 증서는 헌혈증서에 쓰이는 아이디어를 착안하여 비슷한 양식으로 만들어보았다(부록 324쪽).

6. 느낌 및 소감 나누기

교사: 오늘 가치 시장 놀이를 하면서 느낀 점을 이야기해볼까요?

현서: 얻고 싶은 걸 얻어서 기분이 좋았어요. 다른 친구들의 미덕을 얻는 것 같았어요.

은우: 자신도 모르던 자신의 가치를 친구들이 깨우쳐주었기 때문에 너무 좋았던 것 같아요. 친구들의 가치를 살 땐 정말 내 안에 그 가치가 들어오는 것 같았어요.

하온: 저는 나한테 이런 가치가 많았나 싶은 생각이 들었어요. 재미있었어요.

지윤: 팔거나 사는 값을 내가 정하니까 하나하나 의미가 있어서 더욱 좋았어요.

주안: 마음이 따뜻해졌어요. 내가 가진 가치를 친구들에게 나누어주어 그 친구들이 기뻐하는 모습이 뿌듯하고 벅차올랐습니다. 그리고 나에게 그런 미덕이 있다고 생각해준 친구들에게 고마웠습니다.

유리: 갖고 싶은 것을 다 얻어서 좋았고 친구들이 저의 가치를 사줬을 때 기분이 좋았어요. 등

◆ 학생들에게 두 증서 각각의 가치를 상기시키는 것도 좋다.

활동 시간은 다소 오래 걸렸지만, 꽤 보람 있게 느껴진 활동이다. 우리 반의 경우, 미덕 활동을 해왔기 때문에 가치를 생각해 적으라고 했을 때, 학생들이 미덕에 대해 생각하는 경우가 많았다. 가치가 미덕만은 아니기 때문에 미덕도 가치의 일종이며 기준으로 '보다 나은 나'를 만들기 위한 '소중한 것'이면 어떠한 것을 써도 제한은 없다고 하였다. 학생들은 자신이 모르던 자신이 가지고 있는 가치를 친구들이 깨우쳐줘서 좋았다거나, 친구들과 가치를 나누어 기뻤다는 등의 소감을 이야기하였다.

❓ **이렇게 놀이할 수도 있어요**

가치 경매하기 개인보다는 우리 반의 주요 가치를 통계 내고자 할 때 유용하다. 가치에 대한 목록을 교사가 미리 한정하여 제시한다. 가치관 카드나 직업 가치카드 등을 활용하여 일정한 기준을 가지고 가치를 제시할 수 있으면 좋다.

1. 교사가 뽑은 주요 가치(20장 내외)들을 칠판에 붙이기
2. 학생들에게 일정 금액을 나눠주기(가상 금액: 예 1인당 100만원)
3. 내가 사고 싶은 가치에 원하는 만큼의 돈을 적은 붙임 쪽지 붙이기
4. 모든 학생들이 붙인 붙임 쪽지의 가격을 더해봄으로써 우리 반 학생들이 중요시하는 가치를 알아보고 순위 매기기
5. 1, 2, 3순위에 따라 선택한 친구들에게 중요한 이유 질문하기

가치카드 교환하기 동시다발적으로 활동하면서 시간을 절약하며 가치 시장 놀이와 비슷한 효과를 낼 수 있다. 하지만 직접 친구들을 만나기 위해 돌아다닐 때는 진정 자신이 원하는 가치가 아니더라도 친하고 좋아하는 친구를 찾아가서 가치카드를 교환하는 데 의미를 더 두게 되므로 친교 활동으로 가치를 다룰 때 좀 더 효과적이라고 할 수 있다.

1. 가치 카드 중 내가 많이 가지고 있는 가치를 선택하기
2. 꼭 필요해서 사고 싶은 가치 3가지 정도를 생각하거나 적어두기
3. 돌아다니며 친구를 만나고 내가 사고 싶은 가치 카드를 가진 친구를 만나면 서로 카드를 바꾼다. 단, 바꿀 때는 왜 꼭 필요한지 이유를 반드시 듣고 나서 바꿀 수 있음
4. 교환을 여러 번 한 후, 자리에 와 카드를 바꾼 친구들을 기록 후 발표하기

장단점 찾기

"이 사과는 씻지 않고 껍질까지 먹을 수 있는 게 커다란 장점이에요."

"하지만 하나하나 비닐에 싸여있다는 건 정말 중대한 단점이에요"

장점만 또는 반대로 단점만 있는 경우는 없습니다. 어떤 일이든 장점이 있으면 단점이 있고, 어떤 사람이든 장점이 있으면 단점이 있습니다. 오직 장점만 있거나 단점만 있는 경우는 드뭅니다.

이렇게 우리는 장단점을 생각하면서 어떤 대상을 폭넓게 이해하기도 하지만 장단점 찾기가 특히 중요한 때는 우리가 무언가를 판단하고 선택해야 할 때입니다.

대상이나 사람, 혹은 일의 장단점을 찾아 서로 비교하면서 우리는 너무 극단적이거나 성급하지 않은, 좀 더 깊이 있고 신중한 판단과 선택을 할 수 있게 됩니다.

장점은 무엇이고, 단점은 무엇일까요?

'장단점 찾기' 놀이를 시작하기 전에

내용	장점과 단점을 찾아요.
효과	선택을 잘 할 수 있어요.
발문	장점이(단점이) 뭘까요?
발표문형	장점은(단점은) ~입니다.
예시문장	볼펜의 **장점은** 간편하다는 겁니다. 볼펜의 **단점은** 잘 지워지지 않는다는 겁니다.

- **장단점의 기준** - 장단점을 찾을 때는 먼저 기준을 세우는 것이 중요합니다. 똑같은 대상도 기준에 따라 장단점이 달라질 수 있기 때문입니다. 특히 이 기준은 장단점을 따지는 상황이나 맥락에 따라 달라질 수 있기 때문에 어떤 맥락인지를 먼저 알아야 합니다. 예를 들어 축구선수와 농구선수를 뽑는 경우의 기준은 달라질 것이고 따라서 장단점도 달라질 것이기 때문입니다.

- **장단점과 갈등해소** - 장단점 찾기는 사람들 사이의 갈등을 해소시켜주는 역할도 합니다. 사실 우리들 갈등의 대부분은 어떤 막연한 바람과 찬성 혹은 반대에 의해서 일어납니다. 이때 갈등하는 요소들의 장단점을 정확히 찾아봄으로써 그 각각을 좀 더 이해하는 계기가 마련되고 이를 통해 더 탄탄한 설득이나 양보의 토대를 만들 수 있습니다(컴퓨터 게임은 나쁘기만 한가?).

- **장점과 긍정적 태도** - 장점을 잘 보는 사람이 있고 단점을 잘 집어내는 사람이 있습니다. 둘 다 필요합니다. 하지만 최근에는 긍정의 힘이 강조됩니다. 사람에 대한 장점 보아주기는 그 사람에게 긍정적인 자아관을 만들어줍니다. 어떤 일에 대한 장점 보기는 그 일에 대한 전망을 밝게 하여 그에 대한 긍정적인 태도를 갖게 합니다. 이처럼 긍정적 자아관, 긍정적 태도는 힘이 있습니다.

- **장단점 찾기의 주의점** - 사실 장단점 찾기는 앞에 소개한 가치 고려하기에 포함된 사고기술입니다. 따라서 가치 고려하기의 한계를 그대로 가지고 있습니다. 즉 무분별한 적용의 문제로 굳이 장단점을 따질 필요가 없는 경우에도 따지는 거지요. 그러면 본래의 모습이나 가치를 보지 못합니다. 따라서 장단점을 찾을 필요가 있는 경우인지 그렇지 않은지를 먼저 생각해보는 것이 중요합니다.

장점 칭찬 당연하지

서로의 장점을 찾아주고 수용하는 놀이다. 친구의 장점을 찾는 과정에서 친구를 더 잘 이해하고 친구가 찾아준 장점을 수용하면서 개인의 긍정적 자아관은 물론 관계에 대한 긍정적인 마음도 성장시킬 수 있다.

소요 시간	10분	수업 대상	초등학교 1학년	수업 교과	창체, 국어
준비 사항	■ 도화지, 색채 도구 ■ 활동 전 자신의 장점을 생각해둘 수 있도록 한다				
유의 사항	1. 승패 결정에 대한 구체적인 방법을 논의 후 놀이를 시작해야 논란이 덜 하다. 2. 장난이 되지 않도록 놀이 시작할 때 이 놀이의 목적을 알려줘야 하며 평소 학급 내에서 관찰한 것에 대한 이야기로 잘 유도해서 놀이를 하면 좋다. 3. 처음에는 일대일로 장점 칭찬 놀이를 하다가 2:2, 4:4, 학급을 두 팀으로 나누어 장점 칭찬 놀이를 해도 재미있다.				

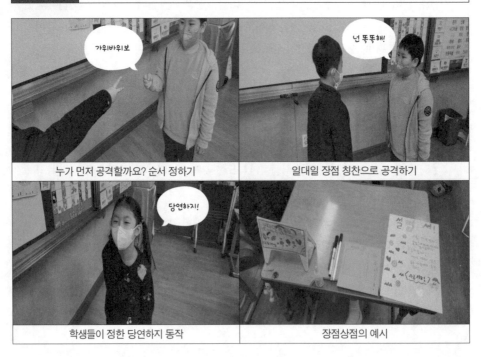

누가 먼저 공격할까요? 순서 정하기

일대일 장점 칭찬으로 공격하기

학생들이 정한 당연하지 동작

장점상점의 예시

?! 놀이 과정 자세히 들여다보기

1. 두 사람이 짝이 되어 마주보기

교사: 지금부터 '장점 칭찬 당연하지' 놀이를 시작하겠어요.

> [승패결정]
> - 장점 칭찬을 3초 안에 하지 못하면 집니다.
> - 당연하지 동작을 하지 못해도 집니다.
> - 3초 안에 당연하지를 말하지 못해도 집니다.

교사: 먼저 짝끼리 서로 마주보세요.
교사: 공격할 순서를 정하세요.

2. 한 아이가 상대방의 장점 칭찬하기

교사: 상대방에게 장점으로 칭찬 공격을 시작합니다.
짝1: 넌 참 친구의 감정을 잘 알아채는구나!

◆ 장점 칭찬을 할 때 외모에 대한 칭찬이 아니라 상대방이 잘하고 좋아하는 것으로 칭찬을 해야 한다.

3. 장점 칭찬을 들은 친구는 '당연하지' 외치기

짝2: ('당연하지' 동작과 함께) 당연하지!

◆ 당연하지를 할 때 동작을 정해서 하면 놀이가 더 재미있다.

4. 서로 역할 바꾸며 계속 장점 칭찬과 '당연하지' 외치기

짝1: 넌 경청을 잘하는구나!
짝2: 당연하지! 넌 그림을 자세히 잘 그리는구나!
짝1: 당연하지! 넌 잘 웃는구나!
짝2: ???

◆ 당연하지를 받아들이기 힘든 학생이 있으면 '고마워'로 대답하는 말을 바꾸도록 한다.

5. 승패 결정 규칙에 따라 승패 결정하기

교사: 당연하지를 3초 안에 말하지 못했으므로 ○○이가 이겼네요.

6. 소감 발표하기

교사: '장점 칭찬 당연하지' 놀이를 해봤습니다. 지금부터 '좋아바'로 놀이 소감을 발표해 봅시다. 좋았던 점은 무엇인가요?

◆ '좋아바' 활동은 좋았던 점, 아쉬운 점, 바꾸고 싶은 점을 의미한다.

윤아: 친구랑 더 친해진 것 같아요.

이안: 당연하지를 동작과 함께 하니 재미있었어요.

주호: 장점 칭찬을 받으니 내가 너무 좋아요.

해수: 가슴이 뭉클해요.

교사: 아쉬운 점이 있나요?

윤아: 다른 친구랑도 해 보고 싶어요.

이안: 평상시 친구를 제대로 관찰하지 않아서 장점을 찾는 게 너무 어려웠어요.

교사: 바꾸고 싶은 점이 있나요?

모두: 일대일도 좋았지만 일대 다수로 해도 재미있을 것 같아요.

◆ 초등 1-2 국어 '바른 자세로 말해요' 단원과 연계할 수 있다.

7. (선택) 내 장점 팔아요

교사: 지금까지 활동으로 알게 된 나의 장점으로 '장점 상점'을 열려고 합니다. 자신의 장점으로 이름을 정하고 특징을 쓴 후 누가 사면 좋을지 '추천합니다' 코너도 마련해보세요.

교사: 친구들의 장점 상점에 들러서 장점을 살펴보고 사고 싶은 장점을 마음껏 사보세요. 친구들의 장점을 사고 난 소감도 말해봅시다.

◆ 초등 1-2 통합 '내 이웃 이야기' 단원과 연계할 수 있다.

💬 **교사의 놀이 성찰**

내가 보는 나와 상대방이 보는 나는 같을 수도 다를 수도 있다. 그럼 상대방이 보는 나는 틀린 건가? 그렇지 않다. 내가 못 보던 면을 상대방이 볼 수도 있다. 일대 다수 칭찬 샤워를 하면서 어떤 아이가 칭찬에 "나는 안 그런데…"라고 이야기하며 그 친구의 칭찬을 안 받아들이고 있었다. "상대방은 너를 그렇게 볼 수도 있어. 그게 틀린 것도 아니고."라고 이야기하면서 상대방의 칭찬을 받아들여보라고 했다. 마치 나의 어릴 적 모습을 보는 것 같았다. 상대방이 아무리 말해줘도 스스로 "아니다"라고 받아들이지 않으면 아무런 변화도 발전도 없다는 것을 어른이 되어서야 깨달았다. 우리 반 학생들이 나 같이 되지 않기를 바라는 마음에서 이 놀이를 시작하였다. 놀이 후 칭찬을 받으니 얼굴이 빨개지고 손에서 땀이 나서 혼이 났다고 이야기하면서도 자신에게 칭찬을 다 하지 못한 나머지 학생들의 칭찬도 내일 들을 수 있는 거냐며 묻는 학생의 모습이 떠오른다. 점점 자신감 있게 행동하는 모습이 대견하다.

너를 칭찬해   학생들은 대개 자신에게 단점이 많다고 생각한다. 하지만 누구에게나 장점과 단점이 공존한다. 단점보다는 장점을 바라볼 기회를 줄 수 있는 놀이다.

1. 학생에게 쪽지를 1장씩 주고 "너를 칭찬해"라는 제목을 쓰도록 하기
2. 선생님이 시작 구호를 외치면 학생들은 교실을 돌아다니다 친구를 만나 가위바위보 하기
3. 이긴 학생은 상대방의 쪽지에 친구의 장점을 한 문장 또는 단어로 쓰기
4. 정해진 시간이 지난 뒤 학생들은 자리로 돌아와서 자신의 쪽지에 적힌 장점 읽기
5. 소감 발표하기

칭찬 샤워   칭찬의 대상은 한 명뿐이므로 미리 칭찬대상자에 대해서 칭찬할 거리를 생각해오는 과제를 내어준다. 그러면 평소 학급 내에서 관찰한 것에 대한 칭찬하게 되므로 칭찬을 받아들이기가 더욱 쉬워진다.

1. 장점을 칭찬하는 다수와 '고마워'로 받아들이는 한 명으로 시작하기
2. 다수는 계속 장점 칭찬을 하고 상대방은 '고마워'로 칭찬에 대해서 고맙게 받기만 하기

최대한 많이 찾아라   대상이나 사물에 대해 긍정적 태도를 갖게 만드는 놀이다.

1. 교사는 한 단어나 개념을 말하고 모둠별로 그것의 장점을 찾아 5분간 적기
2. 5분 후 돌아가며 말하는데 끝까지 발표한 모둠이 승!
   (예: 교사가 자동차라고 하면 모둠별로 돌아가며 장점을 말하고 마지막까지 장점을 말한 팀이 이김. 중복되는 것은 말할 수 없음)

손바닥 뒤집기

자신의 단점을 찾고 단점을 장점으로 바꿔보는 놀이이다. 본인이 생각하는 단점이 다른 사람이 부러워하는 장점이 될 수도 있고, 다른 관점에서 보면 장점이 될 수 있다는 사실을 통하여 긍정적인 자아상을 만드는 데 도움이 된다.

소요 시간	40분	수업 대상	초등학교 1학년	수업 교과	창체, 국어
준비 사항	한 사람당 A4 도화지 1장, 가위, 채색 도구, 자석, 장단점 카드				
유의 사항	1. 본 활동 전에 그림책 《하뿌의 분홍 리본 엉덩이》처럼 장단점에 대해 생각을 전환할 수 있는 그림책을 읽고 함께 생각할 수 있는 시간을 가지는 것이 좋다. 2. 단점을 장점으로 바꾸는 활동은 초등학교 저학년 아이들이 하기에는 어려울 수 있다. 그럴 경우에는 장단점 카드(플립 보드게임-장점과 단점카드를 뒤집으면서 즐기는 보드게임)를 제공하여 도와줄 수 있다.				

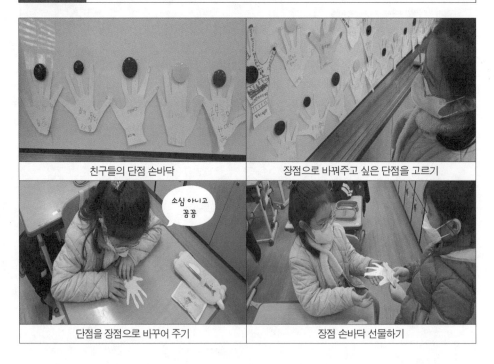

친구들의 단점 손바닥	장점으로 바꿔주고 싶은 단점을 고르기
단점을 장점으로 바꾸어 주기	장점 손바닥 선물하기

?! 놀이 과정 자세히 들여다보기

1. 자신의 단점 이야기하기

교사: 단점이란 무엇일까요?

학생들: 잘못하는 거예요./ 안 좋은 거요.

교사: 여러분들의 단점을 하나씩 말해볼까요?

학생들: 부끄럼이 많아요./ 키가 너무 커요./ 키가 작아요.

학생들: 목소리가 너무 커요./ 좀 느려요.

교사: 친구가 말한 단점 중에서 내가 가졌으면 하는 게 있나요?

윤아: 저는 목소리가 작아요. 목소리가 큰 거를 꼭 가지고 싶어요.

이안: 난 키가 작은데 키가 크고 싶어요.

교사: 친구의 단점이 장점이 될 수도 있지 않나요? 예를 들어서 좀 느린 게 좋은 점은 없나요?

주호: 좀 느려서 차근차근 할 수 있어요.

해수: 좀 느려서 실수가 적어요.

교사: 네, 단점이 장점이 될 수도 있는 거네요. 지금부터 나의 단점을 장점으로 바꾸어 생각하는 손바닥 뒤집기 활동을 해보겠습니다.

◆ 가족이나 친구들에게 본인의 단점을 알아 오도록 하는 것도 좋다.

◆ 단점을 장점으로 바꿔보는 연습을 해보는 것이 본 활동에 도움이 된다.

2. 손바닥 도화지에 자신의 단점 적기

교사: 나의 손을 종이에 대고 따라 그리고 가위로 오리세요.

교사: 오린 손바닥 그림에 자신의 단점을 적어주세요. 다 쓴 사람은 자신의 단점 손바닥을 칠판에 붙입니다.

◆ 본인의 장단점을 찾기 어려워하는 학생들에게는 FLIP 보드게임의 장단점 카드를 활용하여 이를 보고 찾도록 안내할 수도 있다.

3. 다른 친구가 손바닥을 뒤집어 단점을 장점으로 바꾸어 적기

교사: 친구들의 단점 손바닥을 잘 살펴보고 장점이 될 수 있는 것을 찾아보세요. 그리고 그 뒷면에 장점이 되도록 바꾸어 써주세요.

◆ 친구의 단점을 장점으로 만드는 과정이 쉽지 않으므로 학생들이 서로 협력해서 생각을 모으도록 안내한다.

4. 친구에게 장점 손바닥을 선물하기

교사: 단점 손바닥 뒷면에 장점 손바닥을 모두 완성했나요? 완성한 장점 손바닥을 친구에게 선물로 줄 겁니다.

> [장점 손바닥 문구 작성 예시]
> "○○아, 네가 소심한 성격을 단점으로 적었는데 이건 꼼꼼하고 세심한 것이라고 생각해. 넌 꼼꼼한 장점을 가진 친구야!"

5. 소감 발표하기

교사: 손바닥 뒤집기 놀이를 해봤습니다. 지금부터 '좋아바'로 놀이 소감을 발표해봅시다. 먼저 좋았던 점은 무엇인가요?

윤아: 단점이 장점이 될 수 있다는 게 신기했어요.

이안: 단점이 장점이 되니까 기분이 참 좋았어요.

교사: 그럼 아쉬운 점이 있나요?

주호: 단점을 장점으로 바꾸어 생각하는 게 어려웠어요.

교사: 혹시 바꾸고 싶은 점이 있나요?

해수: 많은 친구들의 단점을 장점으로 바꿔주고 싶어요.

◆ '좋아바' 활동은 좋았던 점, 아쉬운 점, 바꾸고 싶은 점을 의미한다.

6. (선택) 장단점을 주제로 일기 쓰기

교사: 이번 주 일기 주제는 겨울의 장단점 찾기입니다. 겨울의 장단점을 찾아보고 내게 겨울은 어떤 계절인지 써보세요.

◆ 다양한 주제로 장단점을 찾아보는 일기를 써보도록 하면 좋다

 교사의 놀이 성찰

자존감이 낮은 사람의 특징이 자신의 장점보다는 단점을 더 빨리 찾고 '난 원래 이런 사람(단점으로 똘똘 뭉친)이야.'라고 생각하는 것이다. 이 놀이는 학생들의 낮은 자존감을 높이기 위해서 시작하였다. 내가 잘하고 좋아하는 것, 내가 싫어하고 부족한 부분을 찾으면서 본인에 대한 이해도를 높이고 단점이 꼭 단점으로만 있는 것이 아니라 자신의 사고 전환에 따라서 충분히 장점이 될 수 있다는 사실도 알려주었다. "작은 목소리가 단점이었는데, 목소리가 작으니깐 더 집중하게 된다는 말에 자신감이 생겼어요."라고 이야기하던 학생의 모습에 내가 더 흐뭇함을 느꼈다.

이렇게 놀이할 수도 있어요

물건 팔아요　물건을 구입하는 경우와 같이 뭔가를 판단하고 선택할 때 장단점을 함께 생각해보면 더욱 깊이 있고 신중한 판단과 선택을 할 수 있게 된다.

1. 물건을 파는 세일즈맨 선발하기
2. 소비자에게 물건의 장점으로 물건 소개하기
3. 소비자는 물건의 단점을 이야기하며 거절하기
4. 세일즈맨은 소비자의 단점 공격을 장점으로 수비하기
5. 세일즈맨이나 소비자가 서로 더 이상 공격, 수비하지 못할 때 승패 결정하기

장단점 경매 놀이　칭찬의 대상은 한 명뿐이므로 미리 칭찬 대상자에 대해 칭찬할 거리를 생각해오는 과제를 내어준다. 그러면 평소 학급 내에서 관찰한 것에 대한 칭찬하게 되므로 칭찬을 받아들이기가 더욱 쉬워진다.

1. 장점을 칭찬하는 다수와 '고마워'로 받아들이는 한 명으로 시작하기
2. 다수는 계속 장점 칭찬을 하고 상대방은 '고마워'로 칭찬에 대해서 고맙게 받기만 하기

넌 누구니?　장단점을 듣고 대상을 추리하는 놀이다. 혹시 장단점의 대상이 같은 반 친구일 경우 단점이 부각되면서 놀림거리가 되었다고 생각할 수 있으므로 사물이나 역사 속 인물로 놀이를 하는 것이 좋다.

1. 대상의 장단점 적기
2. 적은 장단점을 듣고 대상 추측해서 맞히기
3. 소감 발표하기

남의 입장에 서보기

"친구가 지금 엄청 들떠있을 거 같아요."

"그 사람이 나 때문에 피해를 보았다고 생각한다면 내게 불친절할 수도 있겠네요."

다른 사람을 이해한다는 것은 세상을 사는 데 참 중요한 일입니다. 많은 오해와 갈등이 사라질 것입니다. 사실 이 오해나 갈등 때문에 상대도 힘들고 나도 힘듭니다.

하지만 그 중요성에도 불구하고 정말로 그렇게 하기는 여간 어려운 일이 아닙니다. 그렇다고 방법이 없는 것은 아닙니다. 바로 그 첫걸음은 그 사람의 입장이 되어보는 것입니다.

남의 입장에 서보기는 관련된 상대가 지금 어떤 상황에 있으며, 어떤 감정이나 생각을 갖고 있는지 추측해보는 겁니다. 즉 그 사람의 처지 위에 한번 서보는 거죠.

~의 마음(입장)은 어떨까요?

'남의 입장에 서보기' 놀이를 시작하기 전에

내용	다른 사람의 입장에 서서 생각해요.
효과	다른 사람을 이해하게 돼요.
발문	(누구)의 마음(입장)은 어떨까요?
발표문형	(누구)는 ~ 것 같습니다.
예시문장	친구는 화가 날 **것 같습니다.**

- **남의 입장에 서보기와 경험** - 다른 사람의 입장에 서보는 것을 잘하기 위해서는 무엇보다도 경험이 중요합니다. 예를 들어 배가 고파본 경험이 없이는 배고픈 사람의 입장이 되기 힘들며, 공부 때문에 좌절해보지 못한 사람이 공부 못하는 아이의 입장이 되어 보기는 힘듭니다. 그래서 인생에서의 다양한 경험과 그에 대한 성찰은 참 중요합니다.

- **남의 입장에 서보기와 상상, 유추** - 경험이 없어도 우리는 다른 사람의 입장에 서볼 수 있습니다. 정확하게 그 사람의 입장이 되어보기는 힘들지만, 상상은 할 수 있기 때문입니다. 또한 비슷한 자신의 상황을 대입해서 그 사람의 감정이나 생각을 유추할 수도 있습니다. 다른 사람에 대한 이해의 감각이 커지는 거지요. 그러면서 자기중심적인 생각에서 벗어나게 됩니다.

- **남의 입장에 서보기의 중요성** - 남의 입장에 서보기는 도덕적인 생활에서 참 중요합니다. 도덕적인 생활의 핵심은 다른 사람에 대한 감수성이나 이해에서 시작하기 때문입니다. 최근 중시하는 공감이나 감정이입의 출발도 남의 입장에 서보기입니다. 둘 다 다른 사람의 입장에 서볼 수 있어야 가능한 일입니다. 무의식적이든 의식적이든 말입니다.

- **남의 입장에 서보기의 주의점** - 우선 틀릴 수 있다는 점입니다. 왜냐하면 어쨌거나 다른 사람은 내가 아니기 때문이고, 경험이 똑같을 수도 없기 때문입니다. 더구나 상상이나 유비는 더욱 잘못될 경우가 많습니다. 따라서 다른 사람의 입장에 서서 헤아리고 이해하는 것은 매우 중요한 일이지만 자신의 이해를 단정하면 안 됩니다. 그 사람과 관련된 어떤 판단이나 선택을 해야 할 때는 더욱 신중해야 합니다.

랜덤 인터뷰

인터뷰 제비를 만들고, 이를 뽑아서 무작위로 나온 질문에 서로 대답하는 놀이이다. 질문에 대한 답을 들으며 친구의 입장을 이해해보도록 한다. 놀이 후 인터뷰한 내용을 다른 친구들에게 소개한다.

소요 시간	40분	수업 대상	초등학교 6학년	수업 교과	창체
준비 사항	학생당 종이컵 1개와 A4용지 1장, 인터뷰 기록 활동지(부록 325쪽)				
유의 사항	1. 학생들이 관심 가지고 좋아할 만한 질문을 인터뷰 질문으로 만든다. 2. 친구의 입장을 파악하거나 속마음을 알아볼 수 있는 질문을 만든다. 3. 친구를 인터뷰하는 중에 경청한다. 4. 친구의 답변에 적당한 추임새 '그렇구나!' 등의 간단한 반응을 하도록 한다. 5. 인터뷰를 마친 후 서로 고맙다는 표현을 하도록 한다.				

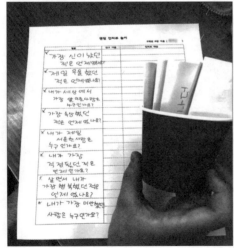

▶ 인터뷰 제비를 만드는 모습

▶ 인터뷰 장면

놀이 Tip 🔔

1. 인터뷰 제비 만들기

교사: (기자나 리포터의 인터뷰 영상을 보여주고) 무엇을 하는 장면일까요?

학생들: 취재요. / 인터뷰요.

교사: 인터뷰는 왜 하는 걸까요?

서준: 그 사람에 대해서 궁금한 걸 알기 위해서요.

로운: 뉴스나 신문에 그 사람을 소개하려고요.

교사: 맞습니다. 인터뷰를 통해 우리는 상대방에 대해서 많은 정보를 얻을 수 있고 따라서 상대방을 잘 이해할 수 있게 됩니다. 오늘 해볼 것은 인터뷰 질문 제비를 만든 다음, 돌아다니며 만난 친구들과 무작위로 질문을 뽑아 묻고 답하는 놀이입니다.

교사: 먼저 인터뷰 제비를 만들어볼까요? A4용지를 8등분한 다음 제비 하나에 인터뷰 질문을 하나씩 적어봅시다. 완성된 제비는 가로로 접어 종이컵에 넣어주세요.

[인터뷰 질문 예시]
- 좋아하는 사람은 누구인가요?
- 좋아하는 것은 무엇입니까?
- 가장 행복한 때는 언제인가요?
- 언제 슬픈가요?

———— 자르는 선

·········· 접는 선

2. 랜덤 인터뷰하기

교사: 선생님이 틀어주는 노래에 맞추어 교실을 돌아다니다가 노래가 멈추면 동작을 멈춥니다. 그리고 주변의 한 친구와 짝을 이루어 제비를 하나씩 뽑고 랜덤 인터뷰를 해봅시다. 한 번 인터뷰 한 사람은 또 만날 수 없습니다.

◆ 놀이 전 역할극으로 인터뷰할 때의 규칙과 예절에 관한 시범을 보여주면 좋다.

3. 인터뷰 내용 소개하기

교사: 친구들을 인터뷰했던 내용을 소개해볼까요? 두세 개 정도만 발표해봅시다. 앞에서 발표한 사람과 내용이 겹치지 않도록 발표해주세요.

서준: 지은이가 좋아하는 것은 강아지이고, 로운이는 숲을 걸을 때 행복하고, 현아는 수학 시험을 못 봤을 때 슬펐다고 했습니다.

교사: 인터뷰하면서 공감되었던 내용이 있나요?

로운: 예, 현아처럼 저도 수학 시험을 못 봐서 슬펐던 때가 있었어요.

교사: 시험 때문에 슬펐던 일이 둘 다 있었네요. 이럴 때는 어떻게 해주면 기분이 나아질까요?

현아: 저는 친구들이 모른 척 해주면 좋을 것 같아요.

지은: 저는 다음에 시험 잘 칠 수 있다고 위로해주면 좋을 것 같아요.

4. 소감 나누기

교사: 랜덤 인터뷰를 하고 난 소감을 이야기해볼까요?

서준: 우리 반의 여러 친구들을 인터뷰할 수 있어서 좋았어요.

로운: 친구를 인터뷰 하다 보니 공감되는 부분도 있었어요.

현아: 질문을 무작위로 뽑아서 하니까 어떤 질문이 나올지 모르니까 재밌었어요.

교사: 친구를 인터뷰 하면서 알게 된 것이 있나요?

지은: 친구가 좋아하는 것, 행복할 때를 알아서 친구를 더 알게 됐어요.

현우: 친구가 싫어하는 행동을 알게 돼서 앞으로 조심해야겠다고 생각했어요.

보라: 같은 상황에서 다르게 행동하거나 느낀다는 것을 알게 됐어요.

교사: 친구가 나에 관해 인터뷰한 내용을 소개할 때의 기분은 어땠나요?

주안: 좀 부끄럽기는 했는데, 그래도 제 대답을 잘 들어준 것 같아 고마웠어요.

◆ 학생들이 단순히 인터뷰 내용을 소개하는 데 그치지 않고, 교사의 다양한 연속 질문을 통해 상대방의 입장에 공감할 수 있도록 한다.

2학기 중반 6학년 학생들이 이제는 서로에게 꽤 익숙해져서 많이 알고 있다고 생각했는데, 진지하게 인터뷰하는 모습을 보고 여전히 친구들에게 관심이 많다는 것을 알았다. 친구를 인터뷰하면서 인터뷰 질문에 적절한 추가 질문도 스스로 만들었다. 친구와 비슷한 점, 다른 점을 발견해가며 흥미롭다고 느끼고 공감하며 참여했다. 짝 인터뷰와 소개하기에 진지하고 재미있게 참여하고, 인터뷰 후의 자신의 소감도 잘 이야기하는 학생들의 모습에서 간단하면서도 의미가 있는 활동이었다.

❗ 이렇게 놀이할 수도 있어요

소개된 친구 알아맞히기

1. 인터뷰 질문 목록 작성하기
2. 짝끼리 인터뷰하기
3. 인터뷰한 활동지 모으기
4. 선생님이나 학생이 인터뷰 활동지 1개를 골라 소개하기
5. 소개된 친구가 누구인지 알아맞히기(소개하고 알아맞히기 이어가기)
6. 친구의 입장을 이해하게 된 내용을 중심으로 소감 나누기

직업인 인터뷰 소개하기

1. 직업이 쓰여 있는 쪽지 준비하기
2. 각 직업의 사람들에 대해 간단하게 함께 이야기하기(하는 일, 소망, 기쁠 때, 슬플 때 등)
3. 직업이 적힌 쪽지 1장씩 나눠 갖고 자기 직업 확인하기
4. 그 직업을 가진 사람이라고 생각하고 일하는 모습 상상하기
5. 상상한 하루를 일기로 쓰고 자기의 직업 기록하기
6. 인터뷰 짝 정하고 인터뷰 후 소개하기
7. 직업에 대해 이해하게 된 내용을 중심으로 소감 나누기

남의 고민에 서보기

1. 발바닥 모양을 본떠 검은색 도화지에 붙이기   2. 발바닥 모양 옆에 자신의 고민 적기
3. 모둠끼리 동그랗게 모여 발바닥 밟고 서기   4. 자신의 고민을 이야기하기
5. 옆으로 한 칸씩 옮겨가며 친구의 고민 느껴보기
6. 친구의 고민에 대해 이해하게 된 내용을 중심으로 소감 나누기

주인공은 나야 나!

이야기 속 인물을 교실로 소환해 궁금한 점을 묻거나 인터뷰하는 활동(핫시팅, Hot seating)이다. 이야기 속 인물로 가정된 학생이 의자에 앉으면, 다른 학생들이 이야기에 드러나지 않는 인물의 생각이나 속마음을 물어본다. 의자에 앉은 학생은 이야기의 속 주인공의 입장에서 그 마음이나 생각을 추측하여 다른 학생들이 묻는 질문에 답을 한다.

소요 시간	30~35분	수업 대상	초등학교 6학년	수업 교과	국어
준비 사항	의자				
유의 사항	1. 핫시팅은 진지한 분위기에서 드라마적인 상황을 유지해야 한다. 특히 교사는 학생들이 몰입할 수 있도록 등장인물이 된 학생을 실제 등장인물처럼 대해야 한다. 2. 처음 의자에 앉는 사람은 교사가 되거나 인물이나 작품을 잘 이해하고 있는 학생을 시키도록 한다. 처음 인터뷰하는 사람의 태도가 다음에 인터뷰하는 사람들에게 큰 영향을 미치기 때문이다. 3. 학생들이 주제에서 벗어난 질문과 대답을 하면 적절하게 대처해 분위기를 잡아 주어야 한다. 앞에 나온 학생이 어려워하면 도움을 줄 수 있다. 4. 질문을 만들 때에도 "예.", "아니요."로 대답할 수 있는 질문보다는 구체적인 대답을 들을 수 있는 질문을 만드는 것이 좋다. 5. 저학년의 경우 역할 속 인물과 친구의 구분이 모호하므로 천을 둘러주거나 모자를 씌우는 등 친구와 역할 속 인물이 구분됨을 분명히 알리는 것이 좋다.				

▶ 주인공에게 질문하기

▶ 주인공이 되어 일기 쓰기

?! **놀이 과정 자세히 들여다보기**

1. 빈 의자에 앉힐 이야기의 중심인물 정하기

교사: 2학기 국어책에서 읽은 〈갈매기에게 나는 법을 가르쳐준 고양이〉로 '주인공은 나야 나!' 놀이를 해보겠습니다.

교사: 이야기의 중심인물의 입장에서 연기할 사람을 뽑아 의자에 앉힌 다음, 친구들은 궁금한 점을 물어보고 의자에 앉은 사람은 친구들의 질문에 대답을 하는 거예요.

교사: 어떤 인물을 주인공으로 앉힐 것인지 이야기해볼까요?

서준: '갈매기에게 나는 법을 가르쳐준 고양이'에서는 검은 고양이 '소르바스'와 '시인'을 주인공으로 만들면 좋겠어요.

2. 중심인물에게 물어보고 싶은 질문 만들기

교사: 이야기의 주인공 '소르바스'에게 궁금하거나 물어보고 싶었던 것을 질문으로 만들어볼까요?

학생들: (공책에 '소르바스'에게 하고 싶은 질문을 쓴다)

3. 교실 앞 의자에 중심인물 앉히기

교사: '소르바스' 역할을 해볼 친구가 있나요?

(역할에 지원한 학생은 주인공 의자 자리에 앉는다)

4. 궁금한 것에 대해 질문하고 답하기

교사: 여러분들은 주인공에게 궁금한 것을 질문하고, 앞에 나와 앉아 있는 학생은 이야기 속 주인공이 되어 대답을 해볼까요?

(주인공 소르바스에게 질문하고 답하기)

서준(질문): 자신의 알을 잘 보살펴주고, 아기가 잘 날 수 있게 해달라는 갈매기 '켕가'의 부탁을 소르바스는 왜 받아들였나요?

로운(답): 왠지 그냥 그래야 할 것 같아서입니다. 죽어가는 켕가가 불쌍하기도 해서 마지막 부탁이니 들어줘야 할 것 같았습니다.

서준(질문): 아기 갈매기를 키우면서 힘든 점은 무엇이었나요?

로운(답): 아기 때 먹이 먹이는 것, 건달 고양이들, 쥐가 나타나 아포르투나다를 위협했을 때… 그럴 때가 힘들었어요.

서준(질문): 키울 때 힘든 것도 많았는데, 어떻게 끝까지 키울 수 있었나요?

로운(답): 켕가한테 새끼를 잘 키워주기로 약속을 했기 때문입니다.

◆ 이야기를 읽으며 일어난 사건과 인물의 성격을 충분히 파악하고 이해하는 과정이 필수이다.

◆ 어떤 질문이 좋은지에 대한 토의를 거치면 좋다.
- 이야기 상황이나 사건과 관련된 질문
- 명확하게 설명되지 않아 궁금한 점에 대한 질문
- 사람마다 관점이 다를 수 있는 질문

◆ 만약, 적당한 답변을 할 연기자가 없다면 빈 의자에 인물이 있다고 가정하고 진행해도 된다(교사가 역할을 대신할 수도 있다).

◆ 몰입할 수 있도록 조명, 음악을 등을 활용하는 것도 좋다.

(주인공 시인에게 질문하고 답하기)

서준(질문): 갑자기 고양이가 사람의 말을 했을 때 어땠나요?

로운(답): 처음에 놀라고 당황했고, 꿈을 꾸는 것 같았습니다.

서준(질문):왜 나는 법을 가르쳐 달라는 소르바스를 도와주었나요?

로운(답): 아기 갈매기가 날 수 있도록 도움을 주고 싶었기 때문입니다.

5. 주인공이 되어 일기 쓰기

교사: 내가 이야기 속 주인공이 되어 일기를 써봅시다.

교사: (일기를 쓴 후) 이야기 속 주인공이 되어 쓴 일기를 발표해볼까요?

서준: 소르바스의 일기입니다.

> 전부터 키워오던 아기갈매기가 마침내 날았을 때, 갈매기가 날고 싶다는 생각을 하고 노력해서 날았다는 사실이 정말 대견하고 기특했다. 모두가 같이 노력해서 날았다는 것도 자랑스러웠다. 나는 것과 동시에 마지막 약속을 지켰다는 것에 후련하기도 했다. 아기갈매기가 하고 싶은 것을 하며 자유롭게 살았으면 좋겠다.

6. 활동 후 소감 이야기하기

교사: 친구들이 질문했을 때 어떤 마음이 들었는지 얘기해볼까요?

로운: 질문을 받고 어떤 답을 말할까 생각하는 게 재미있었어요.

교사: 답하기 쉬웠나요? 어려웠나요? 왜 그렇게 느꼈는지 좀 더 이야기해줄래요?

현아: 책 내용과 관계없는 질문에 상상하고 둘러대서 말할 때 재미있었어요. 어려운 질문에는 친구가 원하는 답이 무엇일까 추측했습니다.

교사: 내가 의자에 앉은 주인공에게 질문할 때 어떤 마음이 들었나요?

지은: 의자에 앉은 친구가 어떤 답을 말할까 흥미진진했어요.

교사: 인물이 되어보니 인물이 왜 그렇게 행동했다고 생각하나요?

현우: 소르바스가 켕가와의 약속을 지키기 위해 행동했습니다.

교사: 활동 후 인물이 왜 그런 행동을 했는지에 대해 새롭거나 변한 생각이 있나요?

보라: 약속은 깨질 수도 있고 지켜질 수도 있다고 생각했지만, 지금은 약속을 지키지 못하면 그건 약속이 아니라고 생각합니다.

교사: 이야기 속의 주인공 활동을 해본 소감을 이야기해볼까요?

주안: 이야기를 더 생생하게 이해하고 느낄 수 있었고 재미있었습니다.

민주: 친구들의 예리한 질문에 주인공 입장을 더 생각해보게 됐습니다.

2학기 동안 학급 전체가 읽은 책으로 '주인공은 나야 나!' 활동을 했다. 함께 책을 읽으며 학생들이 이야기 내용을 이해하고 책 속에 나오는 각 주인공의 성격도 잘 파악했다. 학생들은 이야기 속 인물을 교실로 소환하여 마주할 수 있다는 점에서 즐겁게 받아들였다. 이야기 속 인물을 만나 책을 읽으면서 생겼던 의문점, 물어보고 싶은 것 등을 이야기 나눌 수 있어 생동감 있는 활동이 되었다. 주인공이 되어 친구들의 질문에 답하면서 자신의 생각이 아닌 인물의 입장과 마음을 이해하는 시간이었다.

❗ 이렇게 놀이할 수도 있어요

모둠별 주인공 되기

1. 교실 앞에 의자를 3~4개 준비하기
2. 주인공에게 물어보고 싶은 질문 만들기
3. 모둠끼리 질문에 대해 토론하기
4. 한 모둠을 불러내서 의자에 앉히기
5. 주인공에게 궁금한 것을 질문하고 주인공이 답하기
6. 활동 후 소감 이야기하기

주인공에게 전화 걸기

이 활동은 저학년 학생들에게 적합하다. 이야기 속의 주인공과 전화 통화로 연결되어 질문하고 답을 듣는 것만으로도 인물의 이야기에 몰입하여 인물의 입장과 생각에 가까이 다가갈 수 있다.

1. 주변 사람에게 주인공 역할 부탁하기
2. 이야기 속 주인공에게 물어보고 싶은 질문 만들기
3. 주인공에게 전화해서 질문하기
4. 주인공의 답변을 듣고 주인공의 입장 이야기해보기
5. 활동 소감 이야기하기

가설 세우기

"아마 지구의 중심에서 끌어당기는 힘이 있기 때문인 거 같습니다."

"아이들이 방학을 좋아하는 이유는 아이들이 자유를 원하기 때문 아닐까요?"

가설 세우기란 모르는 일이나 세상에 대해서 추측하고 가정해서 설명해보는 일입니다. 원인에 대해서도 가설을 세워보고 그 결과에 대해서 가설을 세우기도 합니다.

우리 주위에서 어떤 일들이 자꾸 벌어지는데 그것을 설명할 수 없다면, 아마 우리는 불안하고 두려울 것입니다. 그래서 우리는 어떻게든 가설을 세워보려 노력합니다.

하지만 가설은 세우는 데에서 끝나면 안 됩니다. 어디까지나 가정이기 때문입니다. 조사나 실험을 통해서 그것이 사실인지를 밝혀내는 것이 중요합니다. 그래야 가설이 의미가 있습니다.

왜 이런 일이
일어났을까요?
아마…

'가설 세우기' 놀이를 시작하기 전에

내용	모르는 것에 대한 설명에 도전해요.
효과	새로운 사실을 발견하게 돼요.
발문	왜 이런 일이 일어났을까요? 어떤 가설을 세울 수 있을까요?
발표문형	아마 ~ 일겁니다.(일 것 같습니다.)
예시문장	바닥에 떨어져 있는 것은 **아마** 과자 부스러기**일 겁니다.**

- **가설의 중요성** - 우리는 특히 어려운 문제에 부딪혔을 때 그저 괴로워하거나 좌절하지 않고 가능한 가설을 세워 그 상황을 이해하고 문제를 해결하기 위해 대안을 찾고자 애씁니다. 이렇게 가설을 세우는 일은 보다 합리적인 문제해결로 우리를 초대합니다.

- **가설과 과학적 진보** - 과학의 영역에서 가설을 세우는 일은 매우 중요합니다. 초등학교 과학 시간에도 가설 세우기를 배울 정도로 과학탐구에서 가설 세우기는 기본적인 절차의 한 단계입니다. 특히 우리가 직접 볼 수 없는 우주나 작은 입자들에 대한 현대물리학의 눈부신 성과는 모두 가설에서 출발합니다.

- **가설과 문제해결** - 처음에는 가설이 주로 과학적인 탐구에서 활용되었지만, 철학자이면서 교육학자인 듀이는 우리들의 일상적인 문제해결의 단계에도 가설이 중요하다고 생각했습니다. 그래서 그와 제자들은 가설 세우기가 포함된 문제해결의 단계를 만들어 우리에게 소개했습니다. 간단히 정리하면 문제 인식과 파악, 잠정적 가설 세우기, 가설 검증을 위한 조사나 실험, 가설의 정설화 혹은 가설 폐기와 새 가설 세우기입니다.

- **가설 세우기와 진리** - 가설은 어디까지나 추측이자 가정일 뿐입니다. 반복된 실험과 검증에 의해 결국 가설이 틀렸다고 밝혀지는 경우도 많습니다. 인류의 진보는 그런 무수한 가설의 실패 속에서 새 가설을 세우고, 다시 탐구하는 순환들이 오랜 시간 쌓여 이루어진 것입니다. '가설은 언제든 틀릴 수 있다'는 것은 정말 중요한 생각입니다. 나아가 우리가 가설을 검토해서 진리로 받아들였다 해도 몰랐던 새로운 사실이 발견되면 언젠간 폐기될 수도 있다는 것을 잊지 말아야 합니다. 그래서 어떤 사람은 우리가 진리라고 알고 있는 것들도 그저 지금까지는 진설(眞說)로 인정되는 가설에 불과하다고 말하기도 하는데 결코 틀린 말은 아닙니다.

아마도 놀이

교사가 제시하는 상황을 보고 그에 대한 가설을 만들며 엄지를 쌓는 놀이이다. 가설 세우기의 의미를 이해하고 사고기술을 연습하는 기초 단계에 해당한다.

소요 시간	40분	수업 대상	초등학교 4학년	수업 교과	창체
준비 사항	■ 학생: 활동지 (부록 326~327쪽 활용) ■ 교사: 놀이에 제시할 수 있는 여러 가지 문제 상황 (부록 328~329쪽 활용)				
유의 사항	1. 교사가 문제 상황을 읽는 동안에는 가설을 말하지 않는다. 2. 반드시 문제 상황의 마지막 음절인 "~까?"를 신호로 삼아서 놀이를 시작하도록 한다. 교사가 "까?"를 외치기 전에 가설을 세우는 것은 무효이다. 3. 한 학생이 엄지를 내밀고 가설을 세우는 동안 모둠 안의 다른 친구들은 '아마도'를 외칠 수 없으며 여전히 양손을 머리 위에 위치하여야 한다. 4. 수업 사례에서는 한 손만 활용하여 엄지를 쌓도록 하였으나, 학생들의 수준에 따라 양손을 모두 써서 한 사람당 가설을 두 개씩 세우도록 할 수도 있다. 이때 한 손이 엄지를 내밀고 있다면 다른 한 손은 머리 뒤에 위치하여야 한다.				

▶ 학생들이 양손을 머리에 올리고 문제 상황을 들으며 '까?' 신호를 기다리고 있다.

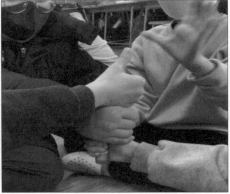

▶ 맨 처음 시작한 학생이 딱풀을 쥐고, 나머지 학생들은 그 위에 엄지를 쌓으며 가설을 세우고 있다.

1. 활동지를 보고 물음에 답하기

교사: 선생님이 만든 이야기를 읽고 물음에 답해봅시다.

(활동지에 제시된 이야기 읽기)

교사: '나'는 용돈이 사라진 까닭을 무엇이라고 생각하였나요?

서연: 언니가 훔쳐 갔을 거라고 생각했어요.

교사: '나'가 언니를 의심한 까닭은 무엇일까요?

서연: 이전에도 비슷한 일이 있었기 때문이에요.

교사: '나'의 생각에 몇 점 정도 동의하나요? (10점 만점) 그 이유는 무엇인가요?

서연: 0점이요. 돈이 다른 곳에 있을 수도 있잖아요.

연우: 9점이요. 언니나 오빠나 동생이 있는 집안에서는 이런 의심을 할 수도 있다고 생각해요.

지훈: 0점이요. 이야기 속 언니가 정말 억울해 보였어요.

서윤: 5점이요. 언니가 가져갔을 가능성도 있지만, 그렇다고 다 짜고짜 소리치는 건 아닌 거 같아요.

교사: 용돈이 사라질 만한 다른 원인은 없을까요?

서연: 바지 주머니에 있을 수도 있어요.

연우: 애초에 안 챙겼을 수도 있어요.

지훈: 다른 곳에 떨어뜨렸을 것 같아요.

서윤: 다른 곳에서 이미 돈을 써놓고 깜빡했을 수도 있어요.

민주: 안주머니에 넣어둔 거 아닐까요?

2. 가설의 뜻 알기

교사: '가설 세우기'란 여러분이 방금 용돈이 사라질 만한 원인을 추측해서 설명했던 것처럼 '어떤 일이나 현상의 원인에 대하여 추측하고 가정해서 설명해보는 것'입니다. 한 가지 일이나 현상에 대한 가설은 여러 가지가 존재할 수 있습니다. 그렇기 때문에 여러 가설을 두루 생각해보지 않고 성급하게 원인을 한 가지로 단정 지어버리는 일은 위험할 수 있습니다. 여러 가설을 세우기 위해서는 내가 떠올린 원인에 대해서 '정말 그럴까?' 하고 열린 자세로 생각해보는 것이 도움이 됩니다.

◆ 이야기를 실감나게 읽으면 학생들이 상황에 더욱 몰입할 수 있을 것이다.

◆ 수직선 토론을 진행할 수도 있다.

◆ 가능한 한 많은 원인을 생각해볼 수 있도록 한다.

3. 놀이하기

교사: 먼저 모둠끼리 둥그렇게 앉아 머리 위로 양손을 올리세요. 선생님이 제시하는 문제 상황을 듣고 적절한 가설을 떠올려봅니다. 선생님이 …'까?'를 말하면 이것이 시작 신호가 됩니다.

교사: 적절한 가설이 생각난 사람은 '아마도!'를 외치면서 엄지를 내밀고 2초 안에 가설을 말해야 합니다. 나머지 학생들은 앞선 학생이 내민 엄지 위에 자신의 엄지를 쌓으며 가설을 세웁니다. 맨 마지막까지 엄지를 쌓지 못한 학생이 벌칙을 수행합니다. 자, 그럼 시작해볼까요? 그럼 선생님이 문제 상황을 제시하겠습니다.

교사: 동생이 갑자기 배가 아프다고 한다. 왜 그럴…'까?'

서연: (딱풀을 쥐고 엄지를 내밀며) 아마도! 상한 음식을 먹었을 것이다.

연우: (서연 학생의 엄지 위에 엄지를 쌓으며) 아마도! 우유를 못 먹는데 우유를 먹었을 것이다.

지훈: (연우 학생의 엄지 위에 엄지를 쌓으며) 아마도! 어디에 혼자 부딪혔을 것이다.

윤하: (지훈 학생의 엄지 위에 엄지를 쌓으며) 아마도! 학교 가기 싫어서 꾀병을 부리는 중일 것이다.

서연: (마지막으로 가설을 세운 윤하에게) 윤하 벌칙! 인디안~밥!

교사: 친한 친구가 오늘따라 싸늘해 보인다. 왜 그럴…'까?'

서연과 연우: (딱풀을 동시에 잡은 상황) 가위바위보!

서연: 이겼으니까 나 먼저! 아마도 부모님께 혼났을 것이다.

연우: 아마도! 다른 친구하고 싸웠을 것이다.

지훈: 아마도! 나한테 뭔가 오해한 게 있을 것이다.

윤하: 으아~ 또 내가 벌칙이네.

◆ 문제 상황의 말끝을 흐려서 '까?'가 확실하게 신호탄 역할을 할 수 있도록 한다.

◆ 많은 학생이 동시에 '아마도!'를 외치면 누가 먼저인지 알 수 없게 된다. 따라서 놀이 시작 전 모둠 중앙에 딱풀을 놓고, 딱풀을 가장 먼저 쥐는 학생이 첫 가설을 세우게 한다.

◆ 딱풀을 동시에 잡으면 가위바위보를 통해 순서를 정하도록 한다.

◆ 벌칙은 빠르게 수행할 수 있는 가벼운 벌칙으로 한다.

가설 세우기는 이미 알고 있는 지식이나 경험을 토대로 한다. 따라서 가설을 세울 때 우리는 주어진 문제 상황의 여러 조건을 고려해야 한다. 예를 들어 친한 친구가 내게 싸늘한 것 같다면 그 친구와 내가 가장 최근에 나눈 대화가 무엇인지, 그 친구가 평소에 싫어하는 말이나 행동은 무엇인지 등의 배경지식을 토대로 가장 적합한 가설을 세우게 된다. 하지만 본 활동에서는 그러한 조건까지는 고려하지 않고, 가능한 한 허용적인 분위기에서 다양한 가능성을 두고 가설을 세우게끔 하였다. 일종의 스피드 게임이므로 '까?'신호에 맞추어 놀이 시작하기, 딱풀을 먼저 켠 사람부터 시작하기, 항상 양손을 머리 위에 두고 발언할 때만 앞으로 엄지 내밀기 등의 규칙이 잘 지켜져야 분쟁 없이 원만한 활동이 이루어질 수 있을 것이다.

❗ 이렇게 놀이할 수도 있어요

집중 놀이 반 전체의 학생이 동시다발적으로 가설을 세우게 되므로 가설의 중복 여부, 적합성 여부는 크게 중요하지 않다. 이런 자투리 놀이를 몇 번 활용한다면 학생들이 가설이라는 용어를 한층 더 친숙하고 익숙하게 느끼게 될 것이다.

1. 수업 시작 전과 같이 소란스러운 학생들을 집중시키고자 할 때 '아마도 놀이 시~작!'을 외치고 문제 상황을 교실 TV화면에 띄우기
2. 학생들은 재빨리 자신의 자리로 돌아가 '아마도!'를 외치고 가설을 세운 뒤 자리에 앉기 (이미 자리에 조용히 앉아있던 학생들은 제외)
3. 가장 늦게 자리에 앉은 학생은 가벼운 벌칙 받기

내 마음을 알아줘 1교시보다는 3~4교시쯤에 진행하는 것이 적합하며, 놀이 예고를 하면 학생들이 서로를 좀 더 주의 깊게 관찰할 수 있을 것이다.

1. 문제를 내고 싶은 학생이 자신의 감정이나 상태를 말하기 (예: 나 지금 기분 좋아. / 왜 그럴까?, 나 어제 늦게 잤어. 왜일까?)
2. 그 친구를 관찰한 내용을 바탕으로 가설을 세우고 근거를 말하기
3. 토론과 거수를 통해 가장 그럴듯한 가설을 뽑아보기
4. 문제를 낸 사람의 답을 듣고 확인하기

탐정 역할놀이

'아마도 놀이'에서 학생들은 상황 맥락을 고려하지 않고 허용적인 분위기에서 가설 세우기를 연습해보았다. 가설 세우기 두 번째 놀이에 해당하는 본 활동은 본격적으로 상황 맥락을 고려하여 가설을 세워보고 가설 점검까지도 해보는 놀이이다.

소요 시간	40분	수업 대상	초등학교 4학년	수업 교과	창체
준비 사항	활동지, 역할 대본 (부록 330~332쪽) 활용, 학생 수만큼의 붙임쪽지				
유의 사항	1. 텍스트 바깥의 상황을 자유롭게 상상하기보다는 최대한 활동지에 제시되어있는 문장에 근거하여 가설을 세우도록 한다. 2. 어떤 가설을 세울 때는 그럴 만한 증거나 까닭이 있어야 함을 안내한다. 3. 시민 역할을 맡은 학생은 가능하면 대사를 보지 않고 외울 수 있도록 한다.				

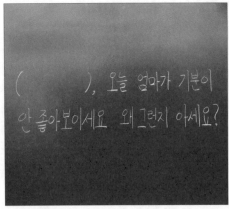

▶ 칠판에 적어놓은 인터뷰 문형

▶ 시민을 인터뷰하는 탐정

🅿️ 놀이 과정 자세히 들여다보기

1. 가설 검증의 의미 알기

교사: 한 가지 일이나 현상에 대한 가설은 여러 가지가 있을 수 있습니다. 그렇다면 여러 가설을 세우고 나서 다음으로 할 일은 무엇일까요?

서연: 어떤 가설이 더 나은지 생각해보는 일이요.

교사: 네, 그것을 '가설을 검증한다'고 합니다. 증거가 불충분한 가설은 하나씩 지워지는데, 이를 '가설을 소거한다'고 합니다. 마지막까지 남아있는 가설은 어떤 것일까요?

연우: 증거가 많고, 많은 사람들이 인정할 만한 가설이에요.

교사: 여러 가지 증거들에 의해서 뒷받침되고 진실로 인정받게 되면 '가설이 채택된다'고 합니다. 한 번 채택된 가설은 영원히 진실로 인정받게 될까요? 아니면 다른 더 힘이 센 가설이 나타나면 자리를 내어줘야 할까요?

지훈: 자리를 내어줘야 할 거 같아요.

교사: 맞아요. 한 번 진실로 인정받은 가설이라고 하더라도 이후에 더 설득력 있는 다른 가설이 등장할 경우에는 거짓이 될 수도 있습니다.

2. 탐정은 활동지를 읽고 가설 세우기

교사: 탐정들은 '나'의 일기를 읽고 어머니의 표정이 어두운 까닭에 대한 가설을 세워봅시다.

◆ 활동지에 가설의 검증에 대한 설명을 적어두었다. 교사가 읽고 학생들은 듣기만 하는 것보다는 사례와 같이 문답식으로 읽는 것이 좋다.

◆ 학생들의 수준에 따라 '검증, 소거, 채택' 등의 용어를 쉬운 용어로 대체할 수 있다.

◆ 부록 330~331쪽 활동지 활용

<u>2021년 11월 1일 월요일</u>
요즘 엄마도 아빠도 너무 바쁘신 것 같다. 두 분 다 늦게 들어오시는 날이 많아졌다. 그래서 형이랑 나는 요즘 저녁으로 음식 배달을 시켜 먹는다. 오늘은 치킨을 시켜 먹었다. 엄마 아빠가 힘든 건 싫지만 배달 음식은 좋아!

<u>2021년 11월 2일 화요일</u>
오늘은 형과 피자를 시켜 먹었다. 다 먹고 치워야 하는데 형이 학원에 늦었다며 그냥 갔다. 짜증나서 나도 안 치웠다. 어제 치킨도 안 치우더니… 형은 맨날 집 청소할 때 핑계 대고 빠지는 것 같다. 집에 돌아오신 엄마가 혼을 내셨다. 흥, 그래도 나 혼자서는 절대 못 치우지!

<u>2021년 11월 3일 수요일</u>
오늘은 병원에 계신 외할머니를 뵙고 왔다. 그렇게 큰 병은 아니라 다행히 잘 회복하고 계시지만 또 갑자기 건강이 안 좋아지실 수도 있다고 하니 걱정이다.

<u>2021년 11월 4일 목요일</u>
거실에서 엄마와 아빠가 다투시는 소리가 들린다. 크게 싸우시는 건 아니지만 그래도 좀 무섭다.

<u>2021년 11월 5일 금요일</u>
오늘도 엄마는 집에 늦게 돌아오셨다. 그런데 오늘따라 표정이 어두워 보이신다. 무슨 일일까?

교사: 서연이는 '할머니가 돌아가셨을 것이다.'라고 가설을 세웠네요. 이 가설의 증거가 충분하다고 생각하나요?

서연: 네. 여기 할머니가 병원에 계신다고 나와있어요.

교사: 으음…그런데 할머니의 병이 그렇게 크지는 않다고도 나와있네요.

서연: (잠시 생각하더니) 아!!

교사: 연우는 '병원비가 부족할 것이다.'라고 가설을 세웠네요. 어떤 증거를 바탕으로 이 가설을 세웠나요?

연우: 외할머니가 병원에 누워 계신다고 했는데 병원비는 보통 비싸잖아요. 그리고 엄마랑 아빠가 싸웠다고 하는 걸 보니 뭔가 돈 걱정을 하시는 거 같아요.

3. 시민은 역할을 맡아 대본 외우기

교사: 여기에 다섯 종류의 인물(아줌마, 아저씨, 이모, 아빠, 형) 카드가 있습니다. 시민들은 인물 하나를 맡아 카드 안에 적힌 대사를 외워주세요. 그리고 붙임쪽지에 자신이 맡은 역할을 큰 글씨로 적어 몸의 잘 보이는 곳에 붙여주세요.

4. 탐정은 시민을 인터뷰하고 가설 검증하기

교사: 탐정들은 지금부터 돌아다니면서 다른 역할을 지닌 다섯 명의 인물을 만나 인터뷰를 하고 가설을 검증하도록 하겠습니다. 인터뷰의 시작은 어떻게 하면 좋을까요?

학생들: 안녕하세요, 저희 엄마가 기분이 안 좋으신데 왜 그런지 아세요?

교사: 네, 인물에 따라 호칭이나 말투를 다르게 할 수 있겠지요. 시민들도 역할의 느낌을 잘 살려서 인터뷰해주시기 바랍니다.

서연: 이모, 저희 엄마가 기분이 안 좋아요. 왜 그런지 아세요?

연우: 안 그래도 오늘 엄마 퇴근하고 나서 6시쯤 전화했어. 집도 회사도 아닌 것 같은데 목소리가 평소보다 어두워서 이상하다고 생각했었지.

서연: (그럼 집에 오기 전부터 기분이 안 좋으셨던 건가?) 형, 엄마가 오늘 기분이 안 좋은데 무슨 일인지 알아?

지훈: 오늘은 학원가기 전에 집도 깨끗하게 다 치워놓고 나왔는데 왜 그러시지?

서연: (그럼 집이 더러워서 그러시는 건 아니네) 아저씨 안녕하세요, 혹시 저희 엄마 오늘 무슨 일 있으셨나요? 표정이 어두우셔서요.

서윤: 이상하네. 오늘 회사에 아주 좋은 일이 있어서 내내 표정이 밝으셨는걸. 참, 퇴근하고 병원에 들러야 한다던데 어디 아프신 건 아니니?

◆ 교사는 교실을 돌아다니며 학생들의 활동을 관찰하고, 근거가 부족한 가설을 세운 학생에게 비계(발판)를 제공한다.

◆ 돈 문제는 예상치 못한 가설이었지만 학생의 근거가 나름 타당하다고 생각했다.

◆ 붙임쪽지 대신 인물 카드의 뒷장에 역할을 적을 수도 있다.

◆ 부록 332쪽 인물카드 활용

◆ 인터뷰 문형을 칠판에 잘 보이도록 적어 둔다.

◆ 인터뷰 내용이 기억나지 않을 경우 같은 역할을 또다시 인터뷰할 수 있다.

서연: (일이 힘드셨던 게 아닌가? 병원에는 왜 가셨을까…?) 아빠, 오늘 엄마 기분이 안 좋아 보이는데 왜 그런지 아세요?

민주: 어제 잠깐 다툰 것 때문인가... 근데 오늘 아침에 화해했는걸. 여기 봐라. 오늘 점심에 다정하게 주고받은 문자도 있잖니?

서연: (아빠랑은 화해했으니 싸워서 그러시는 건 아니네…) 아줌마, 오늘 엄마가 기분이 안 좋아 보여요. 회사에서 무슨 일 있었나요?

도하: 글쎄다, 오늘 직장에서 힘들어 보이진 않았는데 말이지. 너의 외할머니 뵈러 간다고 퇴근도 일찍 하셨어.

서연: (회사에선 기분이 좋으셨구나. 병원에는 외할머니를 뵈러 간 거였고…)

5. 탐정과 시민의 역할을 바꿔 똑같이 진행하기

6. 모범 답안 확인하기

교사: '나'의 일기로부터 어떤 가설을 세울 수 있었나요?

서연: 일이 바빠서 표정이 어두우셨을 것이다.

연우: 형이랑 내가 음식을 먹고 치우지 않았기 때문일 것이다.

지훈: 외할머니의 건강이 나빠졌기 때문일 것이다.

서윤: 엄마가 어제 아빠랑 싸웠기 때문일 것이다.

교사: 최종적으로 채택한 가설은 무엇인가요?

대표: 아마도 외할머니의 건강이 나빠지신 것 같아요. 왜냐하면 직장에서는 기분이 좋으셨다고 했고, 형이 먹은 음식도 치웠으니 집이 더러워서도 아닐 거고, 아빠랑은 화해하셨다고 했어요. 그리고 일찍 퇴근하시고 할머니를 뵈러 병원에 가셨거든요. 퇴근하고 집에 오시기 전에 이미 목소리가 어두웠다고 하니까 병원에서 안 좋은 소식을 들으신 것 같아요.

◆ 정답이 아니라 모범 답안일 뿐이고, 증거만 충분하다면 학생들이 세운 다른 가설도 좋은 가설이 될 수 있음을 알린다.

 교사의 놀이 성찰

학생들이 가설 세우기를 넘어 가설 검증 단계까지 경험해보기를 바랐다. 다만 학생들의 수준 차이를 고려하여 가급적 모든 학생들을 대상으로 한 활동지를 만들다 보니 교사의 안내 및 개입이 강해졌다. 다른 사고놀이에 비해 어느 정도 정해진 답이 분명하여 학생들의 자율성이나 창의성이 떨어진다는 아쉬움도 있다. 하지만 학생들이 좋아하는 역할극을 활용하여 모두가 즐겁게 참여할 수 있었다. 완벽하지는 않지만 가설 검증 과정을 비교적 쉽고 재미있게 체험해볼 수 있는 활동이라고 생각한다.

숨은 전제 찾기

"아이의 의견이니까 무시한다는 말에는 아이는 생각할 능력이 없다는 전제가 숨어있어요."

"그 말에는 당신의 주장이 무조건 옳다는 전제가 숨어있네요."

전제란 우리가 어떤 대상이나 상황에 대해 미리 가지고 있는 생각입니다. 즉 생각의 밑바탕에 깔려있는 일종의 신념 같은 것으로 우리 생각의 방향을 결정하지요.

그런데 우리는 전제를 잘 표현하지 않습니다. 당연해서 굳이 말할 필요가 없다고 느끼는 거지요. 예를 들어 땅 위를 걸으면서 우리는 '땅은 꺼지지 않으니까.'라는 생각조차 하지 않습니다.

하지만 우리가 당연시하면서 숨기고 있는 전제가 항상 옳은 것은 아닙니다. 선입견이나 편견일 수도 있고, 고집일 수도 있지요. 그래서 때로는 숨은 전제를 찾는 것이 매우 중요합니다.

이 말의 숨은 전제는 무엇일까요?

'숨은 전제 찾기' 놀이를 시작하기 전에

내용	기본 바탕이 되는 생각(대전제)을 찾아봐요.
효과	편견이나 선입견을 피해요.
발문	숨겨진 전제(가정)가 뭘까요?
발표문형	이 말의 숨은 전제는 ~
예시문장	삼촌은 내가 남자니까 무용을 하면 안 된다고 하십니다. 삼촌 말의 **숨은 전제는** 모든 남자는 무용을 하면 안 된다는 겁니다.

- **추리와 전제** - 우리의 의견이나 주장은 대개 어떤 근거를 바탕으로 추리되어 만들어집니다. 이때 근거들을 우리는 전제라고도 부릅니다. 예를 들면 다음과 같습니다.

  〈추리 1〉 나는 사람이다.　　　　　---- 전제(근거)

  　　　　　그러므로 나는 반드시 죽는다. ---- 결론(주장)

- **소전제와 대전제** - 그런데 위의 추리를 자세히 보면 '나는 사람이다.'라는 전제로부터 '나는 반드시 죽는다.'는 결론이 나오기 위해서는 좀 더 큰 상위의 전제가 필요합니다. 바로 '모든 사람은 죽는다.'는 전제입니다. 직접 전제를 우리는 소전제라고 하고, 보다 큰 상위의 전제를 대전제라고 부릅니다. 위의 추리를 예로 들면

  〈추리 2〉 모든 사람은 반드시 죽는다.　---- 대전제

  　　　　　나는 사람이다.　　　　　---- 소전제

  　　　　　그러므로 나는 반드시 죽는다. ---- 결론

- **대전제의 중요성** - 대전제가 없다면 그 아래 추리는 이루어질 수 없습니다. 그런데 그 대전제가 언제나 옳고 바른 것은 아닙니다. 선입견이나 편견 혹은 고집일 수도 있습니다. 예컨대 아주 어린 아이들은 추상적인 사고를 할 수 없다는 대전제가 오랫동안 교육정책을 지배했고, 그에 따라 아이들은 진지한 대화에서 배제되어야 했습니다.

- **숨은 전제 찾기의 중요성** - 그런데 문제는 우리가 일상적인 대화나 토론에서 우리 주장에 대한 소전제는 잘 드러내는 반면 대전제는 그러지 않는다는 겁니다. 아무리 추리가 정확해도 대전제가 옳지 않으면 그 추리와 결론은 받아들일 수 없는데 말입니다. 그래서 우리는 우리들의 의견이나 주장을 검토해보기 위해서 그 생각을 만들어낸 소전제는 물론 대전제까지 찾아서 점검해야 합니다. 특히 갈등 상황에서는 더더욱 중요합니다. 각자 생각의 뿌리, 즉 대전제를 찾아내 그것의 적절성을 따져보아야 하는 거지요.

숨은 전제 빨리 찾기

주장-이유의 카드를 읽고 그 속에 숨은 전제 카드를 찾아 짝을 지우는 모둠별 놀이
이다. 이 놀이를 통해 학생들은 숨은 전제 찾기와 검토의 중요성을 이해하고 숨은
전제 찾기에 익숙해진다. 국어교과의 토론 단원에서 진행하였다.

소요 시간	40분	**수업 대상**	초등학교 5~6학년	**수업 교과**	국어
준비 사항		■ 숨은 전제 빨리 찾기 연습문제 1, 2, 3 학습지(학생 수만큼- 부록 334~336쪽) ■ 게임용 주장과 이유, 숨은 전제 문장카드(부록 333쪽) 두 세트(두 가지 색), 자석			
유의 사항		1. 동기유발용 광고영상 활동에 너무 시간을 낭비하지 않도록 한다. 광고의 특징상 광고는 사람들의 편견과 감각을 자극하여 자연스럽게 가치관을 공략하고 물건을 사게 만들기 때문에 짧은 15초의 광고 속에 많은 숨은 전제들이 숨어 있다. 함께 본 후 자동차 광고가 말하는 '성공'에 대한 이야기로 초점을 맞추어 문장으로 간단히 정리한다. 2. 주장-이유 카드의 개수보다 숨은 전제 카드의 수를 2배로 만든다. 연습문제에서 나온 숨은 전제 정답 문장카드 10개와 트릭 카드 10장을 보태어 20장 중 낱말만 보고 찾지 않고 문장의 논리를 따져보고 찾도록 하기 위함이다. 3. 모둠별 학생들의 수보다 많은 문제를 준비한다. 각 모둠의 카드 (주장-이유 카드, 숨은 전제 카드)는 모둠별로 한 색으로 통일되도록 만들어 모둠의 카드가 서로 섞이지 않도록 색깔을 달리하는 것이 좋다.			

▶ 칠판 앞 주장과 이유 문제지를 색깔을 달리하여 놓음

▶ 교실 뒤쪽 바닥: 각 팀의 숨은 전제를 보이게 깔아놓음

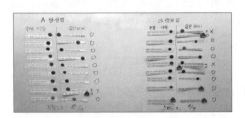

▶ A팀, B팀 두 조로 나누어 주장과 이유에 따른 맞는
숨은 전제를 찾아 붙이기 활동

	놀이 Tip

1. 숨은 전제의 의미와 중요성 이해하기

교사: 이 광고가 말하고 싶은 것은 한마디로 무엇인가요?

함께: 멋진 차를 가지고 있으면 성공이다.

교사: 직접 그렇게 말하지는 않았지만, 그런 생각이 이 광고에 깔려있죠? 그런 걸 우리는 숨은 전제라고 해요. 그런데 사람의 성공은 정말 멋진 차를 가지고 있는지 없는지에 달려있나요?

현서: 꼭 그렇지는 않아요.

은우: 차를 가지지 않고도 성공한 경우는 많아요.

교사: 그러면 숨은 전제가 무엇인지 알고 그 전제가 맞는지도 검토해봐야 우리가 더 좋은 생각을 하게 되겠군요.

2. 말속에 숨은 전제 찾기 연습하기

교사: [연습문제1] 다음의 일상의 말속에 숨은 전제는 무엇일까요?

교사: [연습문제2] 주장과 이유 속에서 숨은 전제는 무엇일까요?

◆ [연습문제1] 학습지는 부록 (334쪽)

◆ [연습문제2]의 활동지는 부록 (335쪽)

◆ 학습지 해결은 모둠별로 해도 좋다.

3. 숨은 전제 빨리 찾기 게임 준비하기

교사: 모둠 수만큼의 세트로 '주장-이유 문장카드'를 통 속에 넣어둘 거예요. 그리고 모둠 수만큼 '숨은 전제 문장카드'를 교실 뒤에 깔아두겠어요.

◆ 주장-이유 카드는 뽑을 수 있도록 통에, 숨은 전제 카드는 읽을 수 있도록 바닥에 깔아놓는다.

4. 모둠별 릴레이로 게임하기

① 각 모둠의 1번이 나와 '주장-이유 문장카드' 한 장을 뽑아 읽기
② 뒤쪽으로 가서 맞는 '숨은 전제 문장카드'를 찾아오기
③ 칠판에 짝을 지어 붙이기
④ 모둠의 2번이 터치하고 반복하기

◆ 자석을 준비하고 두 카드를 짝지어 차례대로 붙여 나가도록 칠판에 모둠이 붙일 칸을 정해준다.

5. 함께 답 맞히기 및 점수 주기

교사: 주장-이유와 숨은 전제가 잘 짝지어졌나요?

◆ 문제당 일정 점수를 주고 먼저 한 모둠에게는 보너스 점수를 준다.

6. 게임 성찰 및 소감 발표하기

교사: 숨은 전제를 정확하게 찾지 못한 이유는 무엇일까요?

현서: 빨리 찾느라 낱말만 보고 문장 전체를 읽지 못했습니다.

교사: 숨은 전제를 찾기 어려웠나요?

은우: 아니요, 이유를 가져오고 주장을 합쳐서 만들 수 있었습니다.

하온: 네, 저는 아직은 좀 어렵습니다.

7. 과제 내기: 주장-이유-전제 찾아오기

① 주장	_____ 해야 한다.	
② 이유	왜냐하면 ~	
③ 숨은 전제	~이면 _____ 해야 한다.	

◆ 학생들에게 숨은 전제를 찾는 일정한 공식 '(이유)~이면, (주장)~한다.' 식의 만드는 방법을 알려주어도 좋다.

◆ 과제는 다음의 심화 게임을 위한 연습이므로 심화 게임을 하지 않는다면 굳이 낼 필요가 없다.

◆ [연습문제3] 주장과 숨은 전제 그 건전성 판단하기 (일기연습지 336쪽 참조)

💬 교사의 놀이 성찰

숨은 전제 빨리 찾기 활동이 끝난 후 잘못 찾은 것을 수정할 기회를 주면 틀린 학생은 맞는 문장카드를 뒤에서 다시 찾아와 붙일 수 있도록 했다. 그랬더니 '아! 알았다'는 표정이다. '현대를 살아가는 데 숨은 전제 찾기 사고기술이 왜 필요할까요?' 와 같은 질문을 던져 광고나 유튜브가 넘쳐나는 현대사회를 살아가는 데 꼭 필요한 사고기술임을 학생들이 느낄 수 있도록 하면 더 좋을 것이다. 활동이 끝난 후, 수업 초반에 보여준 광고를 다시 보여주면서 학생들이 숨은 전제를 더 찾아보도록 하였더니 처음보다 찾은 전제가 더 늘어났다. 다음은 수업을 마치고 다시 보여주었을 때 학생들이 말한 숨은 전제들의 일부이다.

[자동차 광고에서 찾은 숨은 전제들]

-현서: 낮에 아빠가 나를 데리러 오면 회사에서 잘린 것이다.

-은우: 공개 수업에 아빠가 오면 회사에서 잘린 것이다.

-하온: 시간 관리가 되면 아이를 데리러 갈 수 있다.

-지윤: 승진을 하면 시간 관리가 된다.

-주안: 성공한 사람들은 그랜저를 탄다(또는 타야한다?고 말한다. '성공에 관하여'라 쓰여 있어서).

-유리: (엄마의 편견) 유튜버들은 돈을 벌기 어렵다. 엄마들은 그랜ㅇ를 좋아한다.

-서연: 성공한 유튜버들은 그랜ㅇ를 탄다. 좋은 차를 타면 성공한 것이다.

이렇게 놀이할 수도 있어요

카드 메모리 게임하기 모둠별로 주장과 이유카드, 숨은 전제 찾기 메모리 게임하기

1. 모둠별 주장과 이유카드, 숨은 전제카드 한 세트씩 준비하기
2. 카드를 뒤집어 주장과 이유와 숨은 전제 카드 짝을 맞추면 가져가기
3. 가장 많이 가져간 모둠이 승!

심화 활동- 반박하는 글쓰기 세상의 편견에 대한 반박의 글 일기 쓰기 - '~면 ~ 한다' 형식의 숨은 전제의 주장과 이유를 찾고, 건전성 따져보기

1. 속담이나 노래에서의 숨은 전제의 건전성 따져보기
   - 예1) 노래를 못하면 시집을 못가요. 여기에서의 주장과 이유는? 건전성은?
   - 예2) 다리를 떨면 복이 나간다. - 주장과 이유는? 건전성은?

2. 남녀차이, 세상의 편견에 대한 숨은 전제의 건전성 따져보고 반박하는 글쓰기
   - 예1) 남자는 치마를 입어서는 안 된다, 남자는 힘이 세야 한다 등
   - 예2) 여자는 운전을 못한다. 여자는 얌전해야 한다 등
   - 예3) 공부를 잘해야 성공한다. 공부를 못하면 돈을 못 번다 등

릴레이 숨은 전제 쓰기

주어진 추리를 보고 숨은 전제를 찾는 앞의 기본편을 했다면, 이번 놀이는 주제어를 보고 학생들이 직접 주장과 이유를 만들고 그 추리에 대한 숨은 전제까지 직접 찾아보는 놀이이다. 일종의 심화놀이라고 볼 수 있다.

소요 시간	40분	수업 대상	초등학교 5학년	수업 교과	국어
준비 사항	■ 한 모둠 당 보드마커 1개, 주제어 카드 [붙임쪽지 활용] ■ 허니컴보드 충분히(한 모둠 당 3의 배수 개로 모둠별로 같은 개수 준비)				
유의 사항	1. 주제어와 주장의 형식(~해야 한다)을 주는 이유는 학생이 갑자기 뭔가를 주장해야 하는 생각의 어려움을 덜기 위함이다. 자신이 꼭 주장하는 바가 아니어도 짧은 문장 만들기 방식으로 가상의 주장을 만들도록 한다. 2. 나온 학생이 몰라서 주장에 대한 이유나 숨은 전제를 찾아 쓰기가 어렵다면 자신의 모둠에 돌아가서 도움을 요청하여 듣고 올 수 있도록 한다. 단, 모둠 친구가 힌트나 쓸 문장을 알려줄 순 있지만 문장을 대신 써줄 수는 없다. 3. 주장, 이유, 숨은 전제의 순서로 된 문장을 읽은 후 확인할 때, 교사는 숨은 전제를 떼어내어 주장과 이유의 맨 앞에 붙이면서 대전제: 숨은 전제-> 소전제: 이유->결론: 주장의 순으로 짚어주어 읽어주면 좋다. 논증의 순서와 추리의 순서가 거꾸로 됨으로써 추리를 하게 됨을 확인할 수 있다.				

▶ 붙임쪽지의 주제어를 떼어 1번 주장을 쓰는 모습

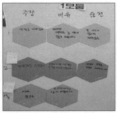

▶ 1모둠과 4모둠의 주장, 이유, 숨은 전제

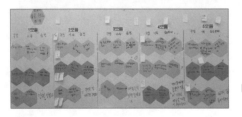

▶ 칠판 나누기로 주장과 이유 숨은 전제를 모둠별 릴레이 이어쓰기로 다 채운 칠판의 모습

놀이 과정 자세히 들여다보기

1. 게임 주제어 정하기

교사: 요즘 여러분이 가장 관심 있는 물건이나 사람, 장소를 떠올려 보고 각자 낱말 1개만 붙임쪽지에 써봅시다.

학생들: 엄마요, 학원이요, 학교요, 공부요, 시험이요, 장난감이요 등

◆ 붙임쪽지를 모두에게 나누어주고 낱말을 하나 써서 칠판 맨 위에 붙인다.

2. 게임 준비하기

교사: 4~5인 모둠을 만들고 모둠별로 게임 순서를 정하세요.

교사: 세 사람이 짝이 되어 순서대로 주장, 이유, 숨은 전제를 찾는 놀이입니다. 먼저 연습해봅시다.

짝1: 1번은 주제어를 하나 뽑고 그에 대해 주장을 하나 합니다.

    (주장: 공부를 열심히 해야 한다)

짝2: 2번은 그 주장에 대한 이유를 댑니다.

    (이유: 왜냐하면 그래야 성공할 수 있기 때문이다)

짝3: 3번은 그 추리의 숨은 전제를 찾아봅니다.

    (숨은 전제: 성공하려면 공부를 열심히 해야 한다)

◆ 모둠별로 칠판나누기를 하여 허니컴보드를 붙일 공간을 마련하고 각 모둠 3문제 9장을 모둠별로 칠판 앞에 쌓아둔다.

3. 릴레이 숨은 전제 쓰기 게임하기

① 모둠별 1번 나와 주제어 뽑고 칠판에 주제어가 들어간 주장 쓰기
② 2번이 나와 주장의 이유쓰기
③ 3번이 나와 숨은 전제 찾아 쓰기
④ 4번이 나와 주제어 뽑고 칠판에 주제어가 들어간 주장 쓰기
⑤ 그 다음 번호가 차례로 반복하기
⑥ 다한 모둠은 함께 문장 검토하고 자리에 돌아가 앉기

◆ 무엇을 써야 할지 모르면 모둠에 가서 도움을 받아 적도록 한다.

◆ 게임 시간은 적절히 하되, 글씨를 알아보게 써야 하므로 속도 경쟁은 붙이지 않는다. 다른 모둠이 다할 때까지 기다렸다가 확인한다.

4. 게임의 결과 (주장-이유, 숨은 전제쓰기) 평가하기

교사: 1모둠에서 쓴 주장과 이유의 숨은 전제는 어떻게 수정하면 좋을까요?

주안: '다리가 길어야 달리기를 잘한다'로 하는 게 맞을 거 같아요. 등

교사: 그 숨은 전제의 건전성이 좋다고 할 수 있을까요?

유리: 아니요, 다리가 길다고 무조건 달리기를 잘할 것이라고 할 수는 없어요.

◆ 잘못 쓴 숨은 전제는 다시 학생들이 고쳐볼 수 있게 기회를 준다.

5. 소감 발표하기

교사: 4모둠이 숨은 전제를 잘 찾았는데 비결이 있나요?

현서: 저희는 숨은 전제 만들 때 늘 이유를 앞에 넣었어요.

교사: 이번 게임은 여러분이 모두 만들어낸 것인데 해보니 숨은 전제를 잘 찾을 수 있었나요?

은우: 지난번에 써진 문장을 찾는 건 쉬웠는데 문장을 다 쓰려고 하니 뭐라고 써야 할지 생각이 안 나서 좀 어려웠어요.

하온: 앞 친구들이 주장과 이유를 쉽게 써주어야 숨은 전제도 찾기 쉬워요.

6. 확인하기

교사: 마지막 확인 문제입니다. 주장과 이유를 보고 이 추리에 숨은 전제를 찾아보세요.

> -주장: 나는 오늘 숨은 전제 찾기를 쉽게 찾을 수 있게 되었다.
> -이유: 왜냐하면 게임을 하면서 연습을 많이 했기 때문이다.
>   숨은 전제는?

지윤: 게임을 하며 연습을 많이 하면 숨은 전제 찾기를 잘 할 수 있다.

◆ 이 게임은 지적인 측면이 강하므로 이 절차를 넣었다. 하지만 상황에 따라 꼭 할 필요는 없다.

💬 교사의 놀이 성찰

숨은 전제 찾기 대장정이 마무리되었다. 학습지로 생각 연습 → 빨리 찾기를 통해 주어진 문제 연습 → 마지막으로 아이들이 주장, 이유, 숨은 전제 세 가지를 모두 스스로 만들어내어 써보면서 마무리하였다. 몇몇 친구들은 아직도 헷갈려하기도 했지만, 대부분의 학생들이 주장과 이유를 조합하여 잘 만드는 모습에 흐뭇했다.

[학생 소감]
-현서: 첫 번째 주장이 쉬우면 숨은 전제 찾기가 쉬운데 어렵게 쓰면 어려워져요.
-은우: 주장도 어렵지만, 뒤에 이유만 잘 대면 쉬운 것 같아요. 주장과 이유만 보면 간단하게 숨은 전제는 찾을 수 있었거든요.
-하온: 숨은 전제는 이유를 먼저 생각하고 쓰면 쉬워져요 등

이렇게 놀이할 수도 있어요

숨은 전제 사냥 게임 (학급 전체)

1. 문장 형식을 주고 '~해야 한다. 왜냐하면~ 때문이야.' 반 전체 돌아가며 꼬리에 꼬리를 무는 주장과 이유 발표하기. 교사는 칠판이나 컴퓨터로 기록하기

예)
-현서: 우리는 학교를 다녀야 한다. 왜냐하면 친구들을 사귀어야 하기 때문이야.
-은우: 우리는 친구를 사귀어야 한다. 왜냐하면 친구가 있어야 놀 수 있기 때문이야.
-하온: 친구가 있어야 재미있게 놀 수 있어. 왜냐하면 혼자는 재미가 없기 때문이야.

⋮

마지막 학생: 학생 수만큼 릴레이로 주장과 이유를 이어 말하고 이를 기록한다.

2. 친구들이 말한 문장을 보고 숨은 전제 문장 사냥하기: 많이 맞힌 모둠 승!

예)
-주안: (현서가 말한 문장에서 숨은 전제는) 친구를 사귀려면 학교를 다녀야 한다.
-세직: (은우가 말한 문장에서 숨은 전제는) 친구랑 놀려면 친구를 사귀어야 한다.
-철민: (하온이 말한 문장에서 숨은 전제는) 재미가 있으려면 친구랑 놀아야 한다.

숨은 전제 말하기 게임(분단대항) *시간이 없을 때: 모둠 대항

1. 토킹 스틱이 될 만한 물건이나 솜 공이나 콩주머니를 준비
2. 주장 ->이유- ->숨은 전제 ->새로운 주장->의 순서대로 분단별(분단 대결)로 앞사람이 옆이나 뒷사람에게 패스하며 모두 돌아가며 말하기
3. 한 팀이 다한 후, 문장을 성찰하며 숨은 전제가 맞는지 점수를 매기기
4. 숙련이 되면 한 반 전체가 정해진 시간 내에 숨은 전제 찾기 미션을 수행하여 속도감을 주면서 좀 더 정확하고 신속히 말해보는 연습하기

다양한 관점에서 보기

"동물 보호의 관점에서 보면 생약실험에 동물을 사용한다는 것은 옳지 않은 일이지요."
"하지만 인간을 위한 의학 발전의 관점에서는 반드시 이루어져야 하는 게 아닐까요?"

우리가 살면서 만나는 대상이나 그와 관련된 일들은 대개 매우 복잡합니다. 더구나 그것들의 이해관계는 정말 복잡하게 얽혀있습니다. 따라서 전체적으로 조망하지 않고 부분에만 집착하거나, 오직 하나의 측면에서만 바라보려 한다면 그것의 정체를 제대로 파악하기가 힘듭니다.

그래서 우리는 다양한 관점에서 보기 위해 노력합니다. 위에서도 보고 아래에서도 보고 옆에서도 봅니다. 가능한 한 여러 측면에서 보고 제대로 이해하고자 합니다.

아이들이 세상을 보는 다양한 관점이 있다는 것을 알고 실천하는 것은 매우 중요합니다. 대상을 단편적으로 보고 쉽게 판단하지 않고 전체를 신중하게 조망하는 거죠. 그래야 그를 바탕으로 자신들의 이해와 판단을 좀 더 적절하게 만들 수 있습니다.

~ 면에서(~의 관점에서) 보면 어떨까요?

'다양한 관점에서 보기' 놀이를 시작하기 전에

내용	여러 측면에서 생각해봐요.
효과	치우침 없이 전체를 볼 수 있어요.
발문	~ 면에서 보면 어떨까요?
발표문형	~ 관점에서 보면
예시문장	댐 건설은 생태계 보호의 **관점에서 보면** 바람직하지 않은 것입니다

- **관점의 의미** - 관점이란 간단히 말해서 대상을 바라보는 관찰자의 위치입니다. 내가 어디에서 그 대상을 바라보고 있느냐가 핵심이죠. 같은 물체라도 내가 서 있는 위치를 변경하면 다르게 보이니까요. 그렇다고 관점이 단지 물리적인 위치만을 뜻하는 것은 아닙니다. 예컨대 내가 어떤 신념과 가치관을 지니고 있는지와 같은 정신적인 관점도 매우 중요하죠. 물론 이런 정신적 관점은 물리적 위치처럼 이동시키기가 쉽지는 않습니다.

- **관점 이동의 중요성** - 삶이든 사람이든 대상이든 다양한 측면을 가지고 있다 보니 제대로 이해하려면 다양한 관점에서 바라볼 필요가 있습니다. 그러기 위해서는 관점을 이동해야 합니다. 어디선가 네 개의 의자 이야기를 들은 기억이 납니다. 사각형의 탁자 위에 책이 있고 네 모서리마다 네 개의 의자가 있습니다. 책이라는 실체 혹은 진실은 적어도 그 네 의자에 돌아가면서 앉아보고서야 알 수 있다는 것입니다.

- **관점과 입장** - 관점이 무엇인가를 바라보는 시점이라면 입장은 처한 상황입니다. 예컨대 엄마의 관점은 엄마가 무언가를 바라보는 물리적 정신적 위치인 반면, 엄마의 입장은 엄마가 처한 상황을 의미합니다. 하지만 관점과 입장은 매우 긴밀히 연결되어 상호작용합니다. 관점이 바뀌면 입장이 바뀌기도 하고, 반대로 입장에 따라서 관점이 바뀌기도 하니까요. 다른 사람의 입장에 제대로 서보기 위해서는 그 입장에 처한 사람이 사태를 어떻게 바라볼지 관점까지 함께 이해하면 더 좋겠지요.

- **부분과 전체** - 아무리 다양한 관점에서 보더라도 우리가 어떤 실체를 제대로 안다는 것은 어렵습니다. 장님이 아무리 다양한 방향에서 코끼리를 만져도 코끼리의 실제 모습을 그대로 알아내기란 쉽지 않지요. 그래서 상상이 필요합니다. 물론 그렇게 해서 얻은 이해도 완벽하다고 할 수는 없습니다. 잠정적 결론에 지나지 않습니다. 이런 한계도 극복하는 방법은 함께 각자의 다양한 관점을 나누는 것입니다. 특히 현명한 문제해결을 위해서는 꼭 필요한 일입니다.

외계인에게 설명하기

외계인(선(先) 개념이 없는)에게 무언가를 설명한다는 목표를 가지고 여러 사람이 설명한다. 그런 다음 그 결과를 공유하며 똑같은 개념·상황이라도 다양한 관점에 따라 다르게 설명할 수 있다는 것을 체득한다. 이 놀이를 통해 다양한 관점을 간접 경험할 수 있으며, 그 결과 어떤 개념 또는 상황에 대한 이해가 깊어지고 넓어진다.

소요 시간	40분	**수업 대상**	초등학교 3학년	**수업 교과**	창체
준비 사항	■ 연습장, 붙임쪽지 ■ 나와 내 친구의 생각이 모이면 더 잘 이해할 수 있음을 지도하기				
유의 사항	1. '몸으로 말해요' 단계에서는 다양한 관점이 모이면 더 잘 이해할 수 있음을 미리 느껴볼 수 있다. 단, 시간이 부족하면 생략할 수 있다. 2. 함께 설명할 것을 정할 때, 학생 수준에 따라 그 대상이 달라질 수 있다. 처음에는 단순한 개념, 모두 알고 있는 단어(낱말) 등으로 시작한다. 고학년의 경우 단어(낱말)뿐만 아니라 간단한 상황을 제시하여 관점에 맞게 설명하도록 하면 더욱 재미있다.				

같이 노는 사람	꼭 사람일 필요는 없음	같이 있으면 재미있는 사람	누구를 볼 때 마음이 따뜻한 것	그냥 좋아하는 것보다 더 큰 마음	가족들에게 느끼는 마음
힘이 되어 주고, 없으면 외로운 것	**친구**	같이 있으면 힘이 생기는 사람	어떤 사람이랑 오랫동안 친하게 지내다가 생기는 마음	**사랑**	용서할 수 있게 하는 마음
나와 비슷한 사람과 되기도 하고, 나와 다른 사람과 되기도 함	맛있는 것을 같이 먹고 싶은 사람	내 비밀을 말할 수 있는 사람	엄마가 안아줄 때 드는 마음	누구를 엄청 좋아할 때 생기는 마음	소중하게 생각하고 아끼는 것

▲ 친구에 대한 학생들의 설명 모음   ▲ 사랑에 대한 학생들의 설명 모음

놀이 Tip 🔔

1. 몸으로 말해요

교사: 몸동작을 보고 단어를 알아맞히는 놀이입니다. 5명의 친구
들이 앞에 나와서 연달아 몸동작으로 설명할 거예요. 어떤
낱말인지 알 것 같은 사람은 손을 들어 표시해주세요.

학생들: 친구/ 엄마/ 언니

교사: 한 명이 설명할 때와 다섯 명이 설명할 때 차이점이 있나요?

윤아: 힌트가 많아서 답을 생각해내기 좋았어요.

교사: 다섯 사람의 설명이 서로 다른 까닭은 무엇일까요?

이안: 각자 생각하는 것이 달라서 그럴 것 같아요.

교사: 이제부터 '외계인에게 설명하기' 놀이를 해봅시다. 우리가
외계인에게 지구에 있는 무언가를 말로 설명하면 외계인이
그것을 알아맞히는 놀이입니다.

◆ 설명할 사람을 4~5명
뽑은 뒤, 한 명씩 연달
아 설명하도록 한다.

◆ 답이 무엇일지 생각해냈
더라도 5명 모두의 설명
이 끝날 때까지 말하지
않도록 주의시킨다.

2. 외계인 5명 뽑기

교사: 외계인 역할하고 싶은 사람 5명만 나와서 칠판을 향해 섭니다.

주호: 선생님, 외계인이 한국말을 알아듣나요?

교사: 번역기를 가지고 있어서 다 알아들을 수 있대요.

3. 나머지는 주어진 단어를 설명할 문장 쓰기

교사: 선생님이 외계인 몰래 단어를 하나 보여줄 거예요. 그 단어
를 외계인에게 한 문장으로 어떻게 설명할지 생각해보고 붙
임쪽지에 써보세요.

> 친구

◆ 설명할 것을 문장으로
쓰는 것에 시간을 너무
많이 빼앗기지 않도록
한다. 간단히 메모하며
어떻게 설명할지 구상
할 수 있는 정도면 충분
하다.

4. 도미노 발표로 설명 덧붙여가기

교사: 도미노 발표로 한 사람씩 외계인에게 설명을 해보세요. 외계
인들은 설명을 다 듣고 서로 협의해서 단어를 맞혀보세요.

윤아: 같이 노는 사람이야.

이안: 힘이 되어 주고, 없으면 외로운 거야.

주호: 나랑 비슷한 사람과 되기도 하고 좀 다른 사람과 되기도 해.

해수: 꼭 사람이 아니어도 돼.

◆ 모두 다 일어선 다음 차
례대로 발표하고 앉는
다. 자신이 발표할 내용
이 친구의 발표 내용과
같아도 발표한다.

◆ 외계인들은 설명을 들
을 때 비판하지 않고 듣
되, 의문이 드는 점은 메
모해둔다.

5. 외계인들 협의하여 답 맞히기

교사: 외계인들은 단어를 찾았나요?

외계인들: 친구요.

교사: 어떻게 알게 되었나요?

승주: 처음부터 눈치를 챘는데 다른 설명을 계속 들으니까 좀 더 확실해졌어요.

교사: 혹시 헷갈리게 한 설명은 없었나요?

준서: 사람이 아니어도 될 수 있다는 게 마음에 좀 걸렸지만, 한 친구가 동물과도 친구가 될 수 있다고 했어요.

6. 2~3가지 단어로 활동 이어가기

> 학교, 사랑 등

7. 소감 발표하기

교사: 외계인에게 설명하기 놀이를 해보았습니다. 이제 소감을 발표해봅시다.

윤아: 외계인이라고 생각하고 설명하니까 기분이 좀 이상했어요. 그런데 친구들 설명을 듣고 나서 내 설명을 덧붙이니까 좀 보충이 되는 것 같아서 안심됐어요.

이안: 한 가지에 대해서 여러 가지 생각이 있다는 것을 알아서 신기했어요.

승주: 여러 사람이 설명하면 더 정확하고 자세하게 알 수 있어서 좋아요.

아, 친구였어…

외계인이라는 단어 자체에서 오는 재미가 있었던 놀이이다. 학생들은 외계인에게 설명을 해주어야 한다고 생각하니 설명을 더 잘해야겠다는 생각이 들었다며 입을 모았다. 학생들이 설명을 더해가며 개념의 범위를 넓혀가는 모습을 보며 새삼 '집단 지성의 힘이란 이런 것이구나.' 하는 생각이 들었다. 이 놀이를 하면서 학생들은 각 자의 관점에 대한 존중을 바탕으로 서로의 관점에 따라 다른 것이 보일 수 있음을 자 연스럽게 확인할 수 있었다. 놀이가 끝난 후 학생들에게 더욱 강조하면 좋은 것은, 다양한 관점이 있기에 세상이 더욱 풍요로워진다는 점이다. 이 점을 민주시민교육 에도 효과적으로 적용할 수 있다. 수업에서 다양성을 강조하고 싶은 개념을 '외계인 에게 설명할 대상'으로 설정한다면 학생들은 하나의 개념이나 사건에서 다양한 관 점이 존재할 수 있다는 사실을 더욱 쉽게 받아들이게 될 것이다.

이렇게 놀이할 수도 있어요

지구 단어 사전 만들기　이렇게 변형하면 발표하기 힘들어하는 학생들이 자신의 의견을 더 잘 드러낼 수 있다. 대신 의견을 적는 데에 걸리는 시간이 더 걸릴 수 있다. 놀이 2단계에서 단어 개수를 더 늘리고, 의견을 적을 시간을 길게 설정할 수도 있다.

1. 외계인에게 설명하기 놀이 1~2단계까지 같음
2. 2단계에서 정한 단어에 대한 설명을 각자 붙임쪽지에 적기
3. 2단계에서 정한 단어를 적은 종이 위에 붙임쪽지를 모아보기
4. 3의 종이를 모아 지구 단어 사전을 만들기

외계인 핫시팅　이렇게 변형하면 지구인들의 다양한 관점에 대해 바로 대화를 나눌 수 있다는 장점이 있다. 또한 외계인 역할이 있기에 놀이에 재미를 더하고 더욱 집중할 수 있도록 도울 수 있다. 하지만 다양한 관점을 들어보기 전에 한 가지 관점에 대한 토론이 이어질 수도 있어 교사의 적절한 진행이 필요하다.

1. 외계인에게 설명하기 놀이와 1~3단계까지 같음
2. 외계인 역할을 할 학생들을 뽑아 교실 앞에 앉히기
3. 지구인들의 설명을 들으며 외계인과 지구인이 대화를 나눔
4. 소감 발표하기

5개의 눈으로 세상보기

이야기에 등장하는 인물들 각각의 눈(관점)으로 이야기를 다시 읽고 새롭게 발견한 점들을 서로 나누는 놀이이다. 이를 통해 학생들은 한 이야기나 사건 속에는 자신이 미처 생각하지 못한 다양한 관점이 있다는 것과 그런 다양한 관점을 두루 생각하는 것이 중요하다는 것을 이해하게 된다.

소요 시간	40분	수업 대상	초등학교 3학년	수업 교과	국어
준비 사항	■ 다양한 관점으로 볼 수 있는 이야기, 뉴스, 사건 등 ■ 셀로판지로 만든 눈 카드(단, 셀로판지 대신 구멍만 뚫어도 됨)				
유의 사항	1. 카드를 받고 난 뒤 자신이 '그 카드'의 눈으로 세상을 본다는 것을 확실히 인지하는 절차가 필요하다. 그래서 카드에 셀로판지를 붙여 지금까지 보던 방식과 다르게 보게 된다는 것을 몸으로 인식하도록 하였다. 셀로판지 대신 카드 중앙에 구멍을 뚫는 것으로 대체할 수 있다. 카드가 없다면 제자리에서 한 바퀴 돌며 다른 관점으로 변신하는 행동을 하여 재미를 더할 수도 있다. 2. 5개의 눈에 대해 이해하는 시간이 필요하다. 학년의 특성에 따라 '○○눈의 특성에 대해 함께 이야기해볼 시간을 가질 수도 있고, 재미와 의외성을 위해 '○○눈으로 본다면 어떨지 생각해보자' 라고 간단히 언급하며 지나갈 수도 있다. 3. 꼭 5개라는 숫자를 지킬 필요는 없다. 다만 '다양한 관점'에서 보기 위해 적어도 3개 이상의 눈이 있다면 놀이가 가능하다.				

▶ 눈 카드를 대고 이야기 읽기

▶ 인물의 관점에 근거하여 대화 나누기

?! 놀이 과정 재세히 들여다보기

1. 다양한 관점의 중요성 알아보기

교사: '장님 코끼리 만지기'라는 옛이야기입니다.

> 인도의 왕이 장님들을 모아 코끼리를 만져보게 했어요. 그런 다음 코끼리가 어떻게 생겼는지 말해보라고 했대요. 그러자 상아를 만져본 이는 "무", 귀를 만져본 이는 "키", 머리를 만져본 이는 "돌", 코를 만져본 이는 "절굿공이", 다리를 만져본 이는 "널빤지", 배를 만져본 이는 "항아리", 꼬리를 만져본 이는 "새끼줄" 같다 했어요.

교사: 장님들은 왜 코끼리를 제대로 말하지 못했나요?

윤아: 자기가 만져본 부분이 코끼리라고 오해했어요.

교사: 장님이 코끼리의 생김새를 잘 이해하려면 어떻게 해야 할까요?

이안: 서로 생각을 합쳐야 해요.

교사: 지금부터 '5개의 눈으로 세상보기'를 할 거예요. 하나의 이야기를 다섯 사람의 눈으로 보고 이해하는 놀이예요.

2. 이야기 읽고 관련된 사람들 찾기

교사: 〈꼴찌라도 괜찮아〉를 읽어봅시다.

교사: 이야기에 관련된 사람들이 누구누구인가요?

윤아: 이호, 기찬, 반 친구들, 선생님이 있어요.

교사: 이야기에 나오지는 않았지만 더 추가해보고 싶은 사람이 있나요?

이안: 기찬이 엄마를 추가하고 싶어요.

교사: 이제 〈꼴찌라도 괜찮아〉 이야기를 보는 눈 5개가 만들어졌어요.

3. 이야기를 읽는 눈 카드 5개를 나누어 갖기

교사: 5개의 눈 카드를 하나씩 나누어 가집시다.

교사: 기찬이 카드를 받은 사람 손들어 볼까요?
(이 요청을 눈 카드 순서대로 각각 반복한다.)

4. 자신의 눈 카드에 맞게 이야기 다시 읽어보기

교사: 각자 눈 카드를 눈에 대어 보세요. 그리고 그 인물이 되었다고 생각하고 그의 눈으로 이야기를 다시 읽어봅시다.

◆ 단순히 '다양한 관점이 존재할 수 있다'는 것에 그치는 것이 아니라, 다양한 관점에서 봄으로써 상황이나 대상에 대한 깊은 이해를 끌어낼 수 있다는 점이 강조되도록 이끌어 준다.

◆ 국어 3-2 나 교과서에 수록된 이야기이다. 그림책으로도 볼 수 있다.

◆ 관점별로 손을 들어 보라고 하여 학생들이 자신이 받은 카드가 무엇인지 다시 한번 기억할 수 있도록 한다.

◆ 고학년이라면 먼저 각 인물의 사고방식이나 특징에 대해 잠깐 이야기해보는 것이 각 인물의 눈으로 사건을 다시 바라보는 데 도움이 된다.

5. 새롭게 느끼거나 알게 된 점 발표하기

교사: 기찬이 카드를 받은 학생들 앞으로 나와볼까요? 기찬이의 눈으로 보았을 때 이 이야기에서 무엇을 생각하고 느꼈나요?

윤아: 친구들에게 섭섭하고 짜증이 났어요. 나도 달리기 못해서 속상한데 나 때문에 질 거라면서 모두 다 비난하는 건 좀 아닌 것 같아요.

이안: 솔직히 저는 숨고 싶었어요. 잘 하지도 못하는데 대표로 해야 하니까요. 그래도 나름대로 용기를 내서 달리기 한 거예요.

(눈 카드별로 이러한 대화를 반복한다)

교사: 혹시 서로에게 질문이나 말할 것이 있다면 해볼까요?

윤아(기찬): 선생님, 애들이 저를 놀리는데 왜 아무것도 안 해주세요.

이안(선생님): 기찬이가 많이 속상했을 것 같아. 다음에는 너를 지켜줄게.

주호(선생님): 얘들아, 너희들 기찬이가 꼴찌를 했는데 왜 원망하지 않았어?

해수(반 친구1): 기찬이가 나가고 싶어서 나간 게 아니잖아요.

승주(반 친구1): 꼴찌인 줄 알면서도 끝까지 뛰어서 멋있는 거 같아요.

◆ 자신이 받은 인물의 관점에 근거하여 질문하고 대답함으로써 다양한 관점이 있음을 더 잘 이해할 수 있다.

6. 소감 발표하기

교사: 5개의 눈으로 세상보기 놀이를 해보았습니다. 소감을 말해봅시다.

윤아: 기찬이의 이야기를 듣고 나니까 이기는 것만 생각한 것이 미안해졌어요.

이안: 어떤 일이 있을 때 내가 생각하지 못한 것도 있다는 것을 알아서 신기했어요.

주호: 눈 카드를 들고 이야기를 읽으니까 진짜 그 사람이 된 것 같았어요.

해수: 여러 사람의 말을 다 들어봐야 진짜로 무슨 일이 일어난 건지 알 수 있겠다는 생각이 들었어요.

교사: 여러 개의 눈이 필요한 때가 또 있을까요?

승주: 싸웠을 때나 뭔가 문제가 있을 때요

준서: 서로 의견이 달라서 생각을 하고 이야기를 해야 할 때요.

◆ 실생활에서 '다양한 관점에서 보기' 사고기술을 사용하도록 마무리한다.

교사의 놀이 성찰

5개의 눈으로 세상보기 놀이를 할 때, 먼저 학생들에게 세상을 이해하기 위하여 다양한 관점이 필요하다는 점을 강조할 필요가 있다. 각자 자신이 맡은 인물의 관점에서 이야기를 읽으며 타인의 관점에서 바라보는 연습을 하였다면, 반드시 그 관점들을 통합하는 단계를 거쳐야 한다. 그러므로 이 놀이에서 가장 중요한 발문(發問)은 **"친구들의 이야기를 듣고 나서 새롭게 이해하게 된 점이 있다면 말해봅시다."**라고 할 수 있다. 이 발문에 놀이 1단계에서 배운 속담을 연결 짓는다면 학생들이 이해하는 데에 큰 도움이 될 것이다. 그런데 학생들과 놀이하다 보니 자신이 맡은 인물의 관점에 과몰입하는 문제가 생겼다. 셀로판지로 만든 눈 카드가 새롭고 신기해서 더욱 몰입하게 된 것 같기도 했다. 또한 오랜 시간 셀로판지를 사용하여 보는 행동을 계속하면 자칫 눈이 피로해질 수 있다. 따라서 이 놀이를 적용할 때, 각 반 아이들의 특성을 고려하여 눈 카드 종이에 셀로판지를 붙이는 대신 구멍만 뚫는 것도 좋은 방법이 될 것이다. 인물이 처한 상황에 집중하게 되면 아이들은 '관점'이 아닌 인물의 '입장'을 생각할 수도 있다. 따라서 인물이 어떤 사람일지, 그 인물은 어떤 방식으로 생각할 것 같은지 말해보는 과정이 중요하겠다.

이렇게 놀이할 수도 있어요

모둠끼리 놀이하기

1. 모둠 내에서 각각 한 개의 눈 카드 갖기
2. 각자 자신들이 보고 느낀 것에 대해 이야기하기
3. 모둠별로 나눈 이야기를 서로 비교하기

역할놀이

1. '5개의 눈으로 세상보기'와 1~4단계까지 같음
2. 각자 느낀 점을 바탕으로 역할놀이 만들고 발표하기
3. 소감 발표하기

5개의 눈 찾기

1. 갈등 상황을 제시해주기
2. 모둠별로 '그 상황을 바라보는 눈-그 눈으로 볼 수 있는 것'을 찾아 최대한 많이 적기

오류 피하기

"힘이 세다고 그 사람의 말에 동의하는 것은 오류입니다."

"모든 새가 난다고 해서 날 수 있는 것이 모두 새입니다. 이건 후건긍정의 오류입니다."

우리들의 의견이나 판단이 항상 옳지는 않습니다. 실제로 많은 오류를 범하고 있죠. 생각의 원천인 감각으로부터의 오류도 있고, 일상에서 쓰고 있는 말에서부터의 오류도 있고, 논리적인 오류도 있습니다.

생각을 바르게 한다는 것은 이런 오류를 범하지 않고 생각한다는 의미이기도 합니다. 이런 오류들은 대개 생각할 때 지켜야 할 몇 가지의 기준들을 지키지 않았기 때문에 생기므로 이런 것들을 주의하면 오류를 줄이거나 없앨 수 있습니다.

오류를 피하려고 오류의 종류를 모두 알아야 할 필요는 없습니다. 좋은 생각이 가져야 할 기준을 알고, 지키려고 노력하면 됩니다. 이런 노력은 단지 생각을 바르게 하기 위함이 아닙니다. 그런 생각을 가지고 다른 사람들과 함께 좀 더 나은 삶과 세상을 만들기 위함입니다. 결국 우리의 결정과 행동을 이끄는 것은 우리의 생각이니까요.

어떤 오류가 있을까요?

'오류 피하기' 놀이를 시작하기 전에

내용	잘못된 생각의 과정을 찾아 피해요.
효과	생각을 바르게 할 수 있어요.
발문	어떤 오류가 있을까요?
발표문형	~는 ~오류입니다.
예시문장	사꾸 겁을 주는 건 힘에 호소하는 **오류입니다**.

- **오류의 종류** - 우리가 범하는 생각의 오류는 대개 감각오류, 비형식오류, 형식오류 등으로 나뉩니다. 물론 감각오류는 다른 두 가지와 좀 다른 차원이지만 중요하기 때문에 소개하려 합니다. 우리는 시각으로부터 거의 반 이상의 외부로부터 정보를 얻는데 착시일 때도 많습니다. 예를 들어 같은 크기의 원이라도 다른 배경에 있으면 크기가 다르게 보이는 식이죠. 그런데 우리는 이러한 감각을 통해 얻어지는 정보들을 바탕으로 생각을 만들어 내기 때문에 이러한 감각오류에 주의할 필요가 있습니다.

- **엄격한 논리의 규칙을 깬 형식오류** - 형식오류는 연역논리의 형식에 맞지 않을 때 생기는 오류입니다. 앞의 숨은 전제 찾기에서 알아본 3단 논법이 대표적인 형식논리로 엄격한 공식에 따라 이루어지는데 이 공식을 어기면 오류에 빠지게 됩니다. 형식오류 중 대표적인 것은 후건긍정의 오류입니다. 예를 들어 '사람이라면(전건), 반드시 죽는다(후건).'에서 '뭔가가 죽는다(후건긍정).'고 해서 '그것이 사람이다.'라고 판단한다면 오류라는 겁니다. 후건긍정은 무조건 오류입니다. 우리는 일상에서 후건긍정의 오류를 자주 범합니다. 하나 더 예를 들어보겠습니다. 여러분도 논리의 흐름을 따라가 보십시오.
  예) 새라면 날 것이다. → 어떤 동물이 난다. → 그러므로 그 동물은 새다?
  (곤충도 날기 때문에, 난다고 모두 새라고 추리하는 것은 오류입니다.)

- **비형식오류와 좋은 생각의 기준** - 비형식오류는 우리에게도 친근합니다. 성급한 일반화의 오류, 힘에 호소하는 오류 등이 대표적인 예입니다. 이런 오류들은 우리가 좋은 사고의 기준이라고 여기는 것들을 어기는 겁니다. 대개 관련성, 정확성, 충분성, 강력성, 공정성, 일관성, 건전성으로 정리할 수 있죠. 성급한 일반화의 오류는 충분성을 어긴 것으로 충분하지 않은 근거로 성급하게 결론을 내버리는 오류입니다. 힘에 호소하는 오류는 관련성을 어긴 것으로 주제와 관련 없는 힘을 이용해서 주장을 관철하려는 오류입니다.

말의 오류를 찾아라!

일상적인 언어생활에서 자주 범하게 되는 오류를 찾아보는 놀이이다. 이를 통해 오류의 다양한 형태나 이름과 친숙해지고 나아가 우리가 말을 할 때 쉽게 오류를 범한다는 것을 깨닫게 된다.

소요 시간	40분	수업 대상	초등학교 4학년	수업 교과	도덕
준비 사항	오류 문제 20가지 정도 복사해두기				
유의 사항	1. 초등학생들에게 오류 피하기는 매우 낯선 사고기술이다. 따라서 우리들의 일상적인 생각이나 말에서 오류의 사례를 많이 찾아보도록 하여 오류에 대한 감을 잡도록 하는 것이 중요하다. 2. 학생들의 흥미 유발을 위해서 오류를 찾아 피하는 것이 왜 중요한지를 수업의 전후 적당한 시점에 함께 논의해보는 것이 좋다. 3. 학생들이 오류의 이름을 아는 것도 필요하지만 더 중요한 것은 오류의 형태나 종류 등을 직접적으로 느끼는 것이다.				

▲ 오류 찾기 학습지 작성 예시

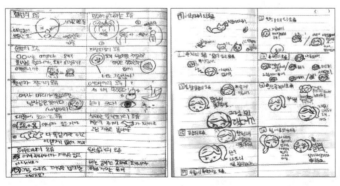

▶ 학생들이 만화로 정리한 오류

?! 놀이 과정 자세히 들여다보기

1. 둘씩 짝을 지어 오류 찾기

교사: 오류란 뭔가 잘못된 거죠? 오늘은 우리가 자주 쓰는 말의 오류를 찾는 놀이를 해보려고 해요.

교사: 활동지의 문장을 읽고 '어! 이상한데!'라는 곳이 있으면 밑줄을 긋고, 그 이유를 아래에 써보세요.

◆ 5분 정도 시간을 주는 것이 좋다.

2. 오류 발표하고 오류 이름 알아보기

교사: 찾아낸 오류를 발표해봅시다.

◆ 학생들이 공책에 오류를 정리할 수 있도록 천천히 진행한다.

> 천국과 지옥이 없다는 증거는 없잖아. 그러니까 천국과 지옥은 있는 거야.

서준: 이 문장에서 증거가 없으니까 천국과 지옥이 있다고 하는 것이 이상해요.

교사: 잘 찾았어요. 증거가 없다고 그 반대가 꼭 옳은 것도 아니죠? 이런 오류를 '무지에 호소하는 오류'라고 해요. 또 다른 오류는요?

◆ 활동지(부록 337쪽 참조)에 오류의 이름도 써보게 한다. 이때 자신이 알 수 있도록 만화 형태로 정리해보는 것도 좋다.

> 똘똘이는 모범생이다. 왜냐하면 똘똘이는 모범상을 받았기 때문이다.
> 똘똘이는 모범상을 받았다. 왜냐하면 똘똘이는 모범생이기 때문이다.

로운: 여기서 모범생인 이유가 모범상을 받았기 때문이라는 것도 좀 이상해요.

현아: 뭔가 맴도는 것 같아요. 모범생이라서 모범상을 받은 거니까 좋은 이유가 아니에요.

교사: 네, 이런 걸 '순환논증의 오류'라고 해요. 근거와 판단이 서로 맞물려 빙글빙글 돈다는 뜻이에요.

교사: '똘똘이는 모범생이다.'에 대한 좋은 근거는 어떤 것이 있을까요?

서준: 어려운 친구들을 잘 도와준다.

로운: 과제를 성실하게 한다.

현아: 정해진 규칙을 잘 지킨다.

◆ 학생들이 오류의 이름을 아는 것이 좋기는 하지만, 오류의 이름을 너무 강조할 필요는 없다. 그보다 중요한 것은 말을 할 때 오류를 쓰지 않도록 주의하고, 말을 들을 때 오류가 무엇인지를 알도록 하는 것이면 된다.

교사: 다른 오류를 발표해볼까요?

> 하나를 보면 열을 안다고, 너의 행동을 보니 참 버릇없는 아이로구나.

지은: 어쩌다 한 번 그런 실수를 한 것일 수도 있는데 매일 그러는 것처럼 말하는 것은 아니라고 봐요.

교사: 잘 찾았어요. 봄에 제비 한 마리를 보고 봄이 왔다고 판단해서 얇은 봄옷을 입으면 안 되겠지요? 이런 것을 '성급한 일반화의 오류'라고 해요.

> 최고로 좋은 재료로 만든 옷이기 때문에 최고로 아름다운 옷이 만들어질 것입니다.

현우: 좋은 재료로 만들었다고 다 아름다운 옷이 만들어지는 것은 아니에요.

교사: 잘 찾았어요. 아름다운 옷은 옷감만 좋으면 되는 것이 아니지요. 디자인도, 바느질도 좋아야 하고 누가 입느냐에 따라서로 달라지지요. 이렇게 모아놓기만 하면 뭔가가 된다는 것도 오류인데 '결합의 오류'라고 해요.

> 어머니께 꾸중을 들어서 기분이 몹시 나빴는데 놀이터에서 나를 빤히 쳐다보는 동생이 있어서 그 동생에게 욕을 했다.

보라: 자신의 기분이 나쁘다고 해서 다른 사람한테 분풀이를 한 것은 잘못된 것 같아요.

교사: 정말 잘하는군요. 마음속에서 슬프고 화날 수 있지요. 그러나 자신의 감정이 그렇다고 기분대로 하는 것은 잘못이고 오류예요. 이런 것을 '감정에 호소하는 오류'라고 해요.

> 갑돌이: 어제는 비가 오는데 우산이 없어서 비를 맞고 갔어.
> 갑순이: 비가 많이 오면 산불도 나지 않고 참 잘됐네.

주안: '비를 맞았다'는 이야기를 하고 있는데, 엉뚱하게 산불 이야기를 했어요.

교사: 잘 찾았어요. 말하고 있는 주제에서 벗어난 이야기를 하는 거지요. 이런 것을 '논점일탈의 오류'라고 해요.

◆ 이곳에 소개한 오류 외에도 다양한 오류가 있다. 이와 관련해서는 《토론수업레시피》(교육과학사) 논리와 오류 부분을 참조하면 도움이 된다.

3. 오류 찾기의 중요성 파악하기

교사: 여러분은 오류를 잘 찾아내는군요. 여러 가지 오류에 대해 알아보았어요. 그런데 우리는 왜 오류를 알아야 할까요?

민주: 오류로 우리가 잘못된 생각을 할 수 있어요.

승우: 다른 사람의 말에 속지 않아야 하기 때문입니다.

소미: 잘못 판단해서 나쁜 짓을 할 수도 있어요.

◆ 오류 찾기의 중요성에 대한 논의는 교사의 판단에 따라서 활동 전에 먼저 진행할 수도 있다.

4. 소감 나누기

교사: 오류가 무엇인지, 어떤 것이 있는지에 관한 활동을 하면서 느낀 점, 깨달은 점, 다짐 같은 것이 있었나요? 누가 먼저 말해볼래요?

서준: 오류가 이렇게 많은 줄 몰랐는데 알게 되었어요.

로운: 오류인지 알려면 생각해야 하는 시간이 필요해요.

현아: 오류에 걸리지 않으려면 오류에 대해 좀 더 알아야겠어요.

지은: 오류는 잘못인데도 왜 사람들이 자꾸 사용하는 건지 궁금해졌어요.

◆ 오류에 대해 주의하려는 마음가짐과 태도가 중요하므로 소감 나누기는 중요한 활동이다.

5. 역할극에서 '오류' 찾아내기

교사: 모둠별 오류 상황을 역할극으로 하고, 오류 찾기를 해봅시다.

하나를 보면 열을...

성급한 일반화입니다...

오류는 형식적 오류와 비형식적 오류로 나눌 수 있다. 형식적 오류는 한 개의 전제로부터의 결론을 도출할 때, 두 개 이상의 전제로부터 결론을 도출할 때의 형식 여부에 의해 오류를 판명한다. 직접추리나 삼단논법 또는 가언삼단논법이 있으나 여기서는 다루지 않는다. 여기에서는 일상적인 언어생활에서 자주 쓰고 있는 비형식적 오류만 다루었으며, 비형식적 오류도 종류가 매우 많아서 학생들이 토론을 하거나 일상에서 자주 쓰는 몇 가지 오류만 골라서 활동지로(부록 337쪽 참조) 만들었다.

처음에는 한 명에 한 가지씩 활동지를 주려고 하였지만, 모든 오류를 다룰 수 있는 시간이 부족하였다. 그래서 짝 활동으로 하고 맞히기 놀이처럼 진행하였다. 나머지 오류는 따로 시간을 내서 교사가 오류 문장을 말해주고 학생이 찾아내고 다시 교사가 오류 이름을 말해주는 활동을 하였다.

사실 오류의 이름을 알도록 하는 것이 목적이 아니라, 오류가 무엇인지 알고 바르게 생각하는 힘을 기르고 실제의 삶에 쓰도록 하는 것이 목적이다. 오류를 한 번 훑어봤다고 오류에 걸리지 않거나 벗어날 수는 없다. 이것을 반복하고 심화할 수 있는 경험이 필요하다. 오류에 대한 활동을 할 때 실제 생활에서 어떻게 오류를 써서 판단을 흐리게 하는지에 관한 다양한 사례가 필요하다. 마침 15여 년 전 추석을 앞둔 가을, 3호선 전철을 타고 출장을 가는 전철에서의 경험은 오류 공부를 할 때 소중한 자료가 되고 있다. 전철에서 물건을 파는 상인의 선전은 오류 공부에 딱 좋은 소재였고, 읽고 있던 책 뒤에 바로 메모해둔 것을 두고두고 잘 써먹고 있다. 그 이야기를 고스란히 활동지에 담아서 반복학습 및 심화학습을 하고 있다. 매번 몇 개의 오류를 찾을 수 있을까 기대하면서 활동한다. 이것은 이어지는 놀이 '산다? 사지 않는다!'에서 소개하도록 하겠다.

이렇게 놀이할 수도 있어요

상황맥락에서 오류 찾기

1. 일상생활, 뉴스 기사, 이솝우화, 그림책, 광고 속에서 오류 찾기
   [보기] 광고 속 과대포장의 오류 찾아보기
   　　　 어미 게와 새끼 게의 이야기 - 피장파장의 오류

뒤를 조심해!(후건긍정의 오류 찾기)

1. 후건긍정의 예시 문장들을 모둠별로 나눠주고 오류 찾기
2. 모둠별로 문장을 읽어주고, 다른 모둠의 학생에게 오류를 찾게 하기
3. 발표 모둠이 오류를 찾기
4. 교사가 확인해주기
   [예시 문장]
   숙제를 다 하면 게임을 한다. 게임을 한다. 그러므로 숙제를 다 했다.
   → 게임을 한다고 숙제를 다 했다고 볼 수 없다.
   　　공부를 잘하면 똑똑하다. 똑똑하다. 그러므로 공부를 잘한다.
   → 똑똑하다고 공부를 다 잘하는 것은 아니다.
5. 익숙해지면 후건긍정의 오류 문장을 만들어 맞히기 놀이 해보기

산다? 사지 않는다!

광고문을 보고 상품에 대한 1차 구입 결정을 내린 후, 광고문의 오류를 살피고 2차 구입 결정을 내리는 활동이다. 오류 찾기가 실생활에서 어떤 의미가 있는지 체험할 수 있을 뿐 아니라 오류를 찾아가는 과정을 꼼꼼히 밟아볼 수 있다.

소요 시간	40분	수업 대상	초등학교 4학년	수업 교과	도덕
준비 사항	활동지(부록 338쪽), 색 사인펜, 연필, 이야기 ppt				
유의 사항	1. 오류의 이름을 외우도록 강제하지 말아야 한다. 어떤 상황에서 꼼꼼하게 따져봐야 하는지 생각 경험을 시킨다. 2. 내가 다른 사람의 말이나 글에서 오류를 찾았다고 해서 그것을 그대로 받아들이면 안 된다는 것을 학생들이 알아야 한다. 왜냐하면 어떤 글이나 말의 진실은 표면에 드러나지 않을 수도 있기 때문이다. 그리고 내가 찾은 오류가 오류가 아닐 수도 있기 때문이다. 그러므로 상대가 오류를 범했다고 단정짓기 전에 그 점에 대하여 대화를 나누는 것이 필요하다는 것을 알려주어야 한다.				

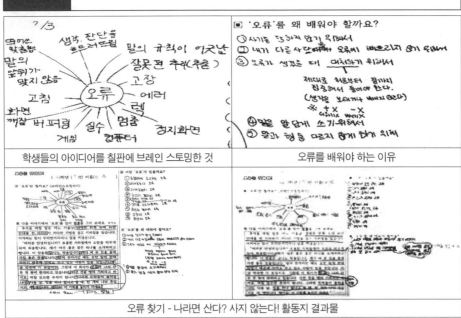

학생들의 아이디어를 칠판에 브레인 스토밍한 것

오류를 배워야 하는 이유

오류 찾기 - 나라면 산다? 사지 않는다! 활동지 결과물

1. 오류에 대해 브레인스토밍하기

교사: 활동지에 '오류' 하면 생각나는 낱말을 써보세요. 시간은 1분 입니다.

> 기계 / 컴퓨터 / 잘못 / 에러 / 말실수 / 고치기 / 게임 / 멈춤

교사: 기계처럼 말이나 글에도 오류가 있을 수 있나요?

서준: 네, 말이나 글도 앞뒤가 안 맞으면 오류가 나는 거예요.

교사: 만약 말이나 글에 있는 오류를 찾아내지 못하면 어떻게 될 까요?

서준: 잘못된 생각이니까 잘못된 행동을 하게 될 거 같아요.

로운: 다른 사람도 그렇지만, 나도 손해를 볼 수 있어요.

◆ 교사는 칠판에 학생들이 말하는 오류와 관련된 낱말을 브레인스토밍한다. 학생들의 배경지식을 파악하는 사전활동이기도 하다.

2. '산다? 사지 않는다!' 결정하기

교사: 활동지에 있는 글을 읽어보고 여러분이라면 그 칫솔을 살 지, 아니면 사지 않을지 결정해봅시다.

서준: 전 사요! 싸니까 우리 가족들 것도 사고 싶어요.

로운: 전 안 사요! 아저씨의 이야기가 잘 믿어지지 않아요.

교사: 아저씨의 광고에 오류가 있어 보인다는 거군요. 그럼 살펴 보아야죠?

◆ 오류는 오류 사태를 직접 겪게 함으로써 알려주는 것이 효과적이다.

◆ 활동지(부록 338쪽)는 실제로 겪은 일을 바탕으로 쓴 오류사례이다. 반드시 이 사례를 사용할 필요는 없다. 오류사례는 학생들의 상황에 맞는 것으로 하는 것이 좋다.

3. 광고 글의 오류 찾기

교사: 선생님이 한 문장씩 읽을게요. 오류를 찾았으면 말해주세 요. '멀쩡한 한쪽 눈에 하얀 안대를 한 아저씨가 커다란 가방 을 끌고 지하철을 탔습니다.'는 어떤가요?

서준: 멀쩡한 눈에 붕대를 한 것이 이상해요.

로운: 불쌍하게 보이려고 그러는 거 같아요.

교사: 맞아요. 이런 것을 '동정심에 호소하는 오류'라고 해요.

교사: '이 칫솔은 금나노 칫솔입니다.'는 어떤가요?

현아: 나노가 뭔지 모르겠어요. 금나노 칫솔은 들어본 적이 없어요.

◆ 국어 교과서에는 광고에서 주로 쓸 수 있는 과대포장의 오류를 가르치고 있다. 이것을 함께 활동시켜도 좋다.

교사: '나노기술'은 최첨단 과학 기술이에요. 그런 기술로 만든 칫솔이라는 거지요. 과학이라는 '권위에 호소하는 오류'예요. 또 칫솔에 금을 썼다는 것인데 '과대포장의 오류'이기도 하지요.

서준: 와, 뻥이에요?

로운: 진짜일 수도 있지.

교사: '얼마 전까지만 하더라도 오천 원에 판매되었기 때문에 아직도 쓰고 있는 사람이 있을 것입니다.'는 어떤가요?

현아: 오천 원인 것과 아직도 쓰고 있는 것은 관계가 없어요.

교사: 그래요. 이런 오류를 '거짓 원인의 오류'라고 해요.

교사: '이 회사가 부도가 나서 단돈 천 원에 판매하고 있습니다.'는 어떤가요? '부도'란 회사가 망했다는 뜻입니다.

지은: 이거 회사가 망했다고 불쌍하니까 사달라는 거 같아요. '동정에 호소하는 오류' 아닌가요?

4. '산다? 사지 않는다!' 재결정하기

교사: 아저씨가 광고하는 말의 오류를 하나하나 살펴보았으니 이제 칫솔을 살지 말지 다시 결정해봅시다.

서준: 과대광고입니다. 전 안 사겠어요.

로운: 전 아저씨 말이 오류가 있어도 사고 싶어요. 불쌍해요.

5. 정리하고 소감 나누기

교사: 왜 우리는 오류를 알아야 할까요?

서준: 오류를 모르면 속을 수 있어요.

로운: 내가 다른 사람을 오류에 빠뜨릴 수 있어요.

교사: 이 활동으로 새로 알게 된 점, 공감이 가는 점, 다짐 등을 말해보세요.

서준: 다른 사람의 말이나 글을 볼 때 오류를 잘 살펴야 할 거 같아요.

로운: 내가 다른 사람을 오류에 빠뜨릴 수 있어요.

현아: 광고에 오류가 많을 거 같아요.

지은: 오류를 더 알아야겠다고 생각했어요.

교사: 네, 오류에 빠지면 제대로 된 판단을 하기 어렵게 되지요. 내가 오류에 빠져서도 안 되지만, 남을 오류에 빠뜨려서도 안 되지요.

◆ 이 광고에서 우리가 찾은 오류는 정확한 오류가 아닐 수 있다. 말을 한 아저씨의 입장이나 생각을 들어보지 않았기 때문이다. 그런 단점이 있음에도 이런 활동을 하는 목적은 맥락을 가진 긴 말이나 글이 가진 오류에 관심을 갖고 찾아보려는 행위 자체에 있다. 따라서 이런 점을 학생들에게 알려주는 것이 좋다.

◆ 오류는 지식으로 알게 하려는 것이 목적이 아니다. 오류를 알게 하려는 것은 말의 규칙을 잘 지킴으로써 올바르게 판단하며 말에도 책임이 있음을 깨닫게 하는 것에 무게를 두기 위함이다.

아직 4학년인데, 학생들이 오류에 대하여 상당한 관심을 보인 것이 의외였다. 학생들은 먼저 자신들이 알고 있던 오류라는 말이 무엇인지를 또렷하게 하고 난 후 본격적인 오류 찾기에 나섰다. 하지만 오류 찾기가 만만찮다는 것을 깨닫게 된 활동이다. 지하철에서 겪은 실화로부터 오류를 찾는 활동을 매우 흥미롭게 집중력 있게 파고들었다. 오류가 아니라고 여겼는데 한 문장 한 문장이 오류임을 알게 되자 탄성이 우러나왔다. 마무리로 왜 오류를 배워야 하는가에 대한 학생들의 생각은 참으로 통찰력이 있었다. 한 주일이 지나서 수업에 들어갔더니 또 하자는 학생도 있고, 이런 것도 오류냐며 물어보는 학생이 있었다는 것은 그만큼 마음에 남은 활동이었지 않나 싶다. 우리는 학생들이 가져온 오류에 대한 궁금증으로 오류 찾기를 한 시간 더 하였다. 학생들은 얼굴을 찡그리면서도 오류 찾기에 매달렸다. 사실 이 문제는 말장난, 궤변, 핑계 따위와도 연결되어 정밀하게 파고들어야 할 문제이다. 도덕 수업 하러 갔다가 유쾌한 봉변?!을 당한 날이었다. 담임이 아닌 것이 너무나도 아쉬웠다. 왜 아이들은, 어떻게 이런 문제에 매달릴 수 있을까?

❗ **이렇게 놀이할 수도 있어요**

그림책에서 오류 찾기

그림책 《구두 전쟁》[1]에 나오는 문장에서 오류를 찾아보기
- 구두가 가지고 싶을 때 무조건 떼를 쓴다. - "나만 없다."고 한다.
- "딴 엄마들은 다 사준다"고 말한다.   - "그렇게 부러우면 그 집 가서 살든가."
- 엄마가 마음대로 하듯이 나도 내 마음대로 하겠다.
- "그럼 네가 돈 벌어서 사렴."   - 누구보다 착한 아이가 될 수 있다.

일상생활에서 오류 찾기

일상에서 마주치는 오류의 예를 들어보기
[보기] - 다툼이 일어 선생님 앞에 갔을 때, "얘가 먼저 했어요.", "아니에요. 제가 먼저 했어요."라고 티격태격하는 경우
　　　 -"저는 이번이 처음이고, 길동이는 여러 번 잘못 했잖아요."
　　　 -"키가 크니까 맨 뒤에 서야 해."

---

1. 한지원,《구두 전쟁》, 한림출판사, 2016

복합 사고기술 놀이

지금까지 사고기술에 마음을 열고 가까워지도록 하기 위한 생각톱니 카드놀이를 비롯하여 23가지 각 사고기술을 연습할 수 있는 다양한 놀이들을 살펴보았습니다. 이제 둘 이상의 사고기술들을 중심으로 하는 '복합 사고기술 놀이'를 소개하려고 합니다.

사실 '복합 사고기술'이라는 말은 원래 없습니다. 게다가 사고기술은 단독으로 쓰이기 보다는 다른 사고기술들과 함께 작동하면서 우리의 생각을 만들어내는 것이기 때문에 앞서 소개한 23가지 사고기술을 연습하기 위한 놀이들 또한 각각의 개별 사고기술만 쓰이지는 않죠. 다만 해당 사고기술을 '중심'으로 놀이가 이루어질 뿐입니다.

여기서 소개하는 놀이들은 앞서 소개한 각 사고기술을 중심으로 하는 놀이들과는 달리 둘 이상의 사고기술이 중심이 되거나 모든 사고기술을 종합적으로 자유롭게 활용하는 놀이들입니다. 그래서 둘 이상의 사고기술이 중심이 된다는 의미에서 편의상 '복합'이라는 말을 앞에 붙여 각 사고기술을 중심으로 하는 놀이들과 구별하였습니다. 앞에서 연습한 각 사고기술들을 두루 활용하는 심화놀이 정도로 생각하면 좋을 것 같습니다.

지금부터는
여러 가지 사고기술을
적절하게 활용해볼까요?

여기서 소개하는 복합 사고기술 놀이는 다음의 여섯 가지입니다.

① 스무고개

② 의미 있는 물건 소개

③ 접속어 이어가기

④ 가치 라이어 게임

⑤ 빵을 어떻게 나눠야 할까?

⑥ 누가 배를 타야 할까?

일반적으로 잘 알려져 있고 쉽게 할 수 있는 스무고개 놀이부터 시작하여 뒤로 갈수록 좀 더 난도가 높은 놀이로 배치하였습니다. 5, 6번 놀이의 경우는 놀이이면서 문제를 해결하는 토의·토론 활동이기도 합니다.

놀이를 시작하기에 앞서 해당 놀이에서 주로 활용되는 사고기술들이 무엇인지 파악해두면 학생들을 지도하는 데 도움이 될 수 있을 것입니다. 놀이 소개 부분에 주로 사용되는 사고기술들을 정리해두었으니 참고하시기 바랍니다.

또 놀이 후 학생들과 함께 어떤 사고기술들이 놀이에 활용되었는지, 적절하게 활용되었는지 체크해보는 것도 의미 있을 것입니다.

스무고개

한 사람이 어떤 단어를 마음속으로 정해두고 다른 사람들이 스무 번의 질문을 통해 그것이 무엇인지 알아맞히는 놀이다. 이는 질문 만들기, 공통점과 차이점 찾기, 비유하기, 관찰하기, 예 들기, 추론하기 등을 할 수 있는 복합적인 생각훈련놀이로 질문을 질적으로 향상시킬 수 있다.

소요 시간	10분	수업 대상	초등학교 2학년	수업 교과	창체
준비 사항	없음				
유의 사항	1. 스무고개 놀이는 한 사람이 정답을 맞히지만 그 정답을 알아내기까지 다른 학생들의 질문들이 중요한 역할을 하는 협동놀이다. 따라서 놀이 후, 보상을 할 때에 정답을 맞힌 학생뿐 아니라 질문에 참여한 모든 학생들에게도 보상을 해주는 것이 중요하다. 2. 놀이 전에 대답의 종류를 ①'예' 또는 '아니오'로 대답할 수 있는 것 ②구체적인 답변 중 어떤 것으로 할지 정한다. 저학년일수록 ②번으로 대답할 수 있는 질문으로 하는 것이 좋지만, 학생들의 수준과 상황에 맞게 정하면 된다. 3. 스무고개 놀이는 포괄적 질문부터 시작하여 답으로 수렴해가면서 질문의 질을 높이는 놀이다. 그래서 이때 교사가 질문의 범위를 손동작으로 표현하여 시각적으로 질문의 범위를 알게 해준다. 처음에는 양손을 가슴 앞에서 넓게 벌렸다가 정답을 알게 해주는 좋은 질문일 경우에는 양손의 간격을 좁혀주고, 수렴되지 않는 질문을 할 때에는 다시 넓힌다. 정답일 경우에는 크게 박수를 친다. 그럴 때 학생들은 자신들이 하는 질문이 정답과 얼마나 가까운지 시각적으로 알게 되어 질문에 대한 감이 직관적으로 생길 것이다. 4. 사랑, 우정 같은 추상적인 단어들을 출제할 수 있는지 '무엇'의 범위를 미리 정하는 것이 좋다. 또 '손목시계'가 정답일 때, 질문자가 '시계'라고 답을 하면 이를 정답으로 인정할지와 같이 정답의 범위 또한 합의가 필요하다.				

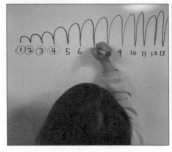

▶ 스무고개 놀이를 그림으로 표현하기(좌), 교사가 학생의 질문이 정답에 얼마나 가까웠는지 손동작으로 표현해주기(우)

?! 놀이 과정 자세히 들여다보기

1. 술래는 '무엇'을 생각해두기

교사: 선생님이 한 가지 단어를 마음속에 생각했습니다. 스무고개 놀이를 통해 그것이 무엇인지 여러분이 맞혀보세요.

2. 다른 학생들은 '무엇'을 알아맞히기 위해 질문하기(20번까지)

3. 학생들의 질문에 정성껏 답하기

서연: 살아있나요?　　　　　교사: 네, 살아있습니다.

연우: 어디에 사나요?　　　　교사: 바다에 삽니다.

지훈: 고래인가요?

교사: 아닙니다. 정답을 직접 말하지 말고, 열다섯 번째 고개까지는 질문을 해주세요. 정답을 알고 있다면 그것이 정말 맞는지 확인하는 질문을 해주세요.

서윤: 크기가 어떤가요?

교사: 작은 것도 있고, 큰 것도 있습니다. 큰 것은 40cm정도 됩니다.

민주: 다리가 있나요?

교사: 다리는 없습니다.

도하: 몸에 점이 있나요?

교사: 점이 있는 것도 있고 없는 것도 있습니다.

지유: 우리가 먹을 수 있나요?

교사: 먹을 수 있을 것 같은데, 저는 한 번도 먹어본 적이 없습니다.

하은: 우리가 쉽게 볼 수 있는 것인가요?

교사: 그럴 것 같기도 합니다. 그런데 저는 잘 못 봤습니다.

은호: 주로 뭘 먹고 사나요?

교사: 아주 작은 게나 새우 같은 것을 먹고 삽니다.

한결: 어떻게 생겼나요?

교사: 주둥아리가 길고 꼬리가 접혀 있습니다.

지수: 주둥아리가 뾰족한가요?

교사: 네, 뾰족한 것도 있고 약간 뭉툭한 것도 있는 것 같습니다.

서연: 혹시 바다의 말이라는 별명을 가진 것인가요?

교사: 오, 네 맞습니다!

연우: 해마인가요?

교사: 딩동댕! 정답입니다.

4. 그 단어를 맞히면 놀이 마치기

◆ 정답을 맞히려는 의욕만 앞서서 대뜸 답을 말하는 학생이 많다면, 사전에 15번까지는 질문만 할 수 있다는 규칙을 세우고 시작하는 것이 좋다.

◆ 협동놀이로서의 스무고개 놀이이기 때문에 지나친 경쟁이 되지 않도록 질문의 기회를 균등하게 준다.

〈또 다른 스무고개 놀이 사례〉

이현: 제가 한 가지를 생각했습니다. 이것이 무엇인지 맞혀 보세요!

규명: 살아있나요?

이현: 아니요.

서윤: 주로 어디에서 볼 수 있나요?

이현: 주로 집에서 볼 수 있어요.

한영: 모양이 어떤가요?

이현: 모양은 다양해요.

은유: 언제 쓰나요?

이현: 무엇인가를 하고 싶을 때 써요.

현아: 그림 그릴 때 쓰나요?

이현: 아니요.

은수: 사람들이 좋아하는 것인가요?

이현: 네, 저는 좋아하는데 다른 사람들은 모르겠어요.

은호: 장난감인가요?

이현: 장난감은 아니에요. 장난감으로도 쓸 수 있을 거예요.

한결: 만질 때 느낌이 어떤가요?

이현: 딱딱해요.

지은: 사람들이 자주 사용하나요?

이현: 네. 그런데 사람마다 다 달라요.

서연: 아까 말한 건데 무엇인가를 하고 싶다는 것이 무엇이 에요?

이현: 궁금할 때 물어보고 노래도 들려줘요.

송은: 노트북인가요?

이현: 아니에요. 그런데 비슷할 거 같아요.

희진: 휴대폰인가요?

이현: 아니에요. 그런데 그것도 비슷할 것 같아요.

서윤: 혹시 AI와 관련되어 있나요?

이현: 네, 맞아요!

한영: 인공지능 스피커인가요?

이현: 네, 정답입니다!

◆ 여러 학생들이 참여할 수 있도록 모둠별로 돌아가며 질문하기, 번호 순대로 질문하기, 남자와 여자 순으로 질문하기 등으로 여러 사람이 참여할 수 있도록 한다.

◆ 칠판에 스무고개를 산으로 그리거나, 20까지 숫자를 적으며 놀이를 하면 학생들이 질문을 더 신중하게 하게 된다.

◆ 스무고개가 지나도록 답을 알아맞히지 못했을 때에는, '①답을 알려준다', '②답을 맞힐 때까지 질문을 한다'를 학생들에게 물어보고 결정한다.

스무고개 놀이는 아주 간단하지만, 사고기술들을 복합적으로 활용하는 데 있어 탁월한 놀이다. 놀이를 반복할수록 학생들이 던지는 질문의 질이 향상되어 몇 번의 질문만으로 정답을 알아맞히기도 한다. 학생들이 질문하는 것을 어려워하거나, 질문에 소극적인 학생들이 많다면 스무고개 놀이를 자주 해보면 도움이 될 것이다. 자신들의 질문으로 정답을 알아맞혔을 때의 기쁨과 성취감은 적극적인 학습의 태도로 연결되기 때문이다. 질문을 자주 하다 보면 '자신'과 '타인', 그리고 '세상'에 대한 탐구로도 자연스럽게 이어지며 그 질문들은 삶의 여러 과정에서 도움이 될 것이다. 나는 이 작은 놀이를 하면서 학생들의 긴 삶을 생각한다. 질문을 해본 사람과 그렇지 않은 사람, 질문으로 답을 알아낸 경험이 있는 사람과 그렇지 않은 사람의 차이는 긴 시간이 지나면 드러날 것 같다. 학생들에게 자주 질문의 기회를 주자. 스무고개를 하자.

❓ 이렇게 놀이할 수도 있어요

질문 꽃이 피었습니다

1. '무궁화꽃이 피었습니다' 놀이와 '스무고개'놀이를 합친 놀이로, 술래가 한 가지를 머릿속으로 정하고, "질문 꽃이 피었습니다."라고 말한 뒤 뒤돌아보기
2. 다른 학생들은 술래가 뒤돌아보는 순간 손을 들고 멈추기
3. 술래는 한 학생의 이름을 부르고, 지목된 학생은 스무고개 놀이처럼 한 가지 질문을 한다. 다른 학생들은 움직이지 않고 멈춰있어야 함
4. 1~3번을 반복하며 술래가 정한 그 단어를 맞히게 되면 승!
5. 질문의 횟수는 놀이 시작 전에 정해두기

누구일까 우리 반 친구 찾기

1. 우리 반 학생 중 한 사람을 정하기
2. 그 학생이 누구인지 질문하며 맞히기
3. 질문을 할 때는 구체적인 것이 좋으며, '예와 아니오'로 대답하기

질문 이어달리기(모둠놀이)

1. 한 단어나 주제어를 생각하기
2. 그것과 관련된 질문을 만들어 붙임쪽지에 적기
3. 바닥에 질문 붙임쪽지를 붙여 가장 길게 만든 모둠이 승!

의미 있는 물건 소개하기

자신에게 의미 있는 물건을 가져와 친구들 앞에서 소개하는 놀이다. 자신에게 소중한 것이 무엇인지 고민할 시간을 충분히 주고 편안한 분위기에서 발표하게 한다. 발표를 들으며 친구들과 여러 가지 사고기술들(질문하기, 추리하기, 가설 세우기, 상상하기, 이유 찾기, 남의 입장에 서보기, 가치 고려하기 등)을 활용한 다양한 질문을 주고받으면서 그 물건의 의미를 더 깊이 생각하게 된다.

소요 시간	10분(한 사람당)	수업 대상	초등학교 3학년	수업 교과	창체
준비 사항					

준비 사항	■ (학생) 자신에게 의미 있는 물건 1가지 준비 (교사) 질문을 적을 붙임쪽지 ■ 아침시간, 동아리 시간 등 자유롭게 활용 가능
유의 사항	1. 자신에게 의미 있는 물건을 소개하기 위해서는 충분히 고민하고 선택할 수 있도록 준비 시간을 넉넉히 주는 것이 중요하다. 최소 일주일 전에 과제를 내주어 자신에게 의미 있는 물건의 우선순위를 따져보고 선택하도록 하며, 친구들에게 소개할 때 선택한 이유를 말할 수 있도록 한다. 2. 발표 전에 친구가 가져온 물건에 대해 비판하지 않고 경청하여 듣는 것을 규칙으로 정해야 한다. 어떤 물건이라도 각 개인에게 소중한 물건이기 때문에 존중하고 경청하는 분위기를 만드는 것이 이 활동에서 가장 중요한 점이다. 3. 사고기술을 활용하여 질문할 수 있도록 교사는 미리 좋은 질문들을 준비하여 발문의 예를 보여주는 것도 좋다. 생각톱니 카드를 활용하여 질문해도 좋다. 4. 물건을 선택하는 것이 어려운 학생이 있다면, 학급에서 만든 창작물이나 책 등을 선택하도록 안내한다. 발표가 어려운 학생이 있다면 발표의 기본적인 문장을 안내하여 발표할 수 있도록 한다. (발표 문장 예시 - 제가 선택한 물건은 (　　　)입니다. 제가 많은 물건 중에서 이것을 선택한 이유는 (　　　)입니다.)

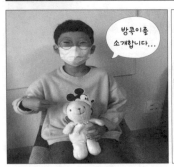

▶ 자신에게 의미 있는 물건을 소개하는 모습(좌), 활동 후 글쓰기

놀이 Tip 🔔

1. 의미 있는 물건을 소개하는 과제를 미리 내기

교사: 선생님에게 의미 있는 물건은 이 펜이에요. 왜 의미 있는 물건일까요?

현서: 내가 아끼는 것이에요.

은우: 소중하게 생각하는 것이에요!

하온: 좋아하는 사람에게 받은 선물이에요!

교사: 맞아요. 제가 선생님이 되었을 때 부모님이 주셨던 것이라 의미 있어요.

지윤: 선생님. 발표할 것은 꼭 물건이어야 해요?

교사: 네. 다음주에 '눈에 보이는 의미 있는 물건'을 가지고 와서 친구들에게 소개하는 시간을 가질 예정입니다. 나에게 소중하고, 의미 있는 것이라면 무엇이든 됩니다. 그것을 선택한 이유와 관련된 이야기들을 준비해주세요.

◆ 의미 있다는 말의 의미를 알 수 있도록 교사가 미리 교사의 의미 있는 물건을 가져와 소개하는 것도 좋다. 구체적으로 어떤 것을 선택하고, 발표하면 되는지 교사가 모델링해주면 활동의 질이 높아질 것이다.

2. 의미 있는 물건을 가져와 친구들 앞에서 소개하기

교사: 은호가 나와서 '나에게 의미 있는 물건'에 대해 발표해주세요.

은호: 저에게 소중한 것은 이 인형입니다. 이름은 방콕입니다. 왜 방콕이라고 정했냐면 제가 어릴 때 처음 갔던 해외여행이 방콕이었는데, 거기 호텔에서 이 인형을 선물해주었기 때문입니다. 저는 이 인형과 같이 놀기도 하고, 책도 읽고, 여행도 갑니다. 작지만 소중한 것입니다.

◆ 직접 가져온 물건의 크기가 작다면 실물화상기 등을 활용하여 크게 보이도록 한다.

3. 발표를 들으며 사고기술을 활용해 질문하고 답하기

교사: 은호와 방콕이 인형에게 궁금한 점이 있다면 질문해주세요. 여러분들이 들고 있는 생각톱니 카드를 이용해서 발표하면 더욱 좋습니다.

아현: 만약 그 인형이 없어진다면 어떨 거 같습니까?

은호: 아… 생각만으로도 너무 슬픕니다.

한비: 인형들이 많은데 왜 그 인형이 가장 특별하다고 생각하나요?

은호: 아까 발표했듯이 제가 태어나서 처음 갔던 해외여행에서 받은 첫 번째 선물이 이 인형이기 때문입니다.

규영: 그 인형을 언제까지 갖고 있을 겁니까?

은호: 할 수 있는 한 오래 오래 갖고 있고 싶습니다.

진희: 누군가 네가 엄청 갖고 싶어하는 레고와 방콕이를 바꾸자고 하면 어떻게 할 건가요?

◆ 같은 종류의 물건(예를 들어 인형)을 가져와서 발표하는 경우 학생들의 반응이 "똑같잖아요."라고 할 수 있다. 이런 경우 물건의 종류는 같지만, 인형의 모양, 색깔 그리고 학생이 인형을 선택한 이유는 다를 수 있음을 질문을 통해 인식할 수 있도록 해준다. 개인이 선택한 물건이 가진 의미는 각각 다르고, 각자에게 소중하다는 것을 존중할 수 있는 기회가 될 것이다.

은호: 제가 레고를 좋아하긴 하지만 이 인형이랑 바꾸고 싶지 않습니다. 레고는 레고 놀이하고, 이 인형은 인형 놀이할 때 쓰고 싶습니다.

재은: 방콕이랑 놀 때 기분은 어떤가요?

은호: 친구랑 같이 노는 느낌이고 즐겁고 편안합니다.

교사: 다음은 규영이가 발표해보겠습니다.

규영: 저에게 의미 있는 물건은 지브리 피아노 연주곡 책입니다. 제가 피아노 연주를 정말 좋아하는데, 엄마가 이번 생일에 이 책을 사주셔서 요즘 연습하고 있습니다. 이 책은 애니메이션에서 나온 음악인데 참 좋습니다.

교사: 규영이와 이 연주책에 대해 궁금한 점을 질문해주세요.

◆ 생각톡니 질문카드에서 관련된 질문을 선택하여 활용하도록 하면 질문의 유형이 한층 다양해질 수 있다.

한결: 그중에서 어떤 노래를 가장 좋아합니까?

규영: '언제나 몇 번이라도'라는 노래를 제일 좋아합니다.

이현: 그 이유는 무엇입니까?

규영: 마음이 편안해지고 행복해지는 것 같고 엄마가 생각납니다.

혜숙: 그 연주곡을 칠 때 떠오르는 생각이나 상상 같은 게 있을까요?

규영: 기차 여행을 가고 싶은 마음이 들고, 구름 위를 날고 싶어요.

은유: 피아노 연주를 직접 해줄 수 있나요?

규영: 피아노가 있다면 할 수 있습니다.

◆ 의미 있는 물건이 연주할 수 있는 것이라면 직접 연주하며 발표할 수 있도록 사전에 준비하도록 한다.

교사: 여러분들이 발표한 것들에서 공통점이 있나요?

아현: 모두 소중하게 생각하는 것이에요.

한비: 선물 받은 것들이에요.

혜숙: 추억이 있어요.

이현: 같이 있으면 좋은 것들이에요.

교사: 발표한 학생은 이 놀이를 한 후에 어떤 느낌이 드나요?

은호와 규영: 친구들의 질문에 대답하면서 제 물건이 더욱 소중하게 느껴졌어요.

4. [선택] 놀이 후 의미 있는 물건에 관한 글쓰기

교사: 오늘 발표한 내용을 바탕으로 내게 의미 있는 물건에 관한 글을 쓰겠습니다. 그 물건에 선택한 이유, 발표할 때 들었던 느낌과 생각, 친구들 질문을 기억하며 자세히 적어보세요.

◆ 글을 쓰고 교사가 정성껏 반응해주면, 자존감이 높아지고 더욱 그 물건을 가치 있게 여기게 될 것이다.

교사의 놀이 성찰

자신에게 의미 있는 물건을 선택하고 발표하는 과정은 설레는 일이다. 학생들은 무엇을 가져올지 한참을 고민했고 자신이 갖고 있는 여러 물건들을 살펴가며 그중 가장 소개하고 싶은 물건 하나를 골라 왔다. 그 과정에서 이미 많은 사고기술들을 활용했을 것이다. 소개했던 그 물건들은 대부분 선물을 받았거나 자신이 만들었던 것으로 추억이 많이 담겨 있었다. 그래서 그 물건을 소개하는 내내 행복해했고, 자신과 그 물건에 대해 여러 가지 질문을 해주는 친구들에게 웃음으로 대답했다. 그 과정을 지켜보는 교사도 행복했다. 학기 초나 학기 말에 이 활동을 한다면 서로에 대해 깊이 이해하는 기회가 될 것 같다.

함께 읽으면 좋은 그림책
· 존 버닝햄, 《알도》(이주령 옮김), 시공주니어, 2001
· 베라 윌리엄스, 《엄마의 의자》(최순희 옮김), 시공주니어, 1999
· 패트리샤 폴라코, 《할머니의 조각보》(김서정 옮김), 미래아이, 2018(개정증보판)
· 피터 카나바스, 《나에게 소중한 것들》(이상희 옮김), 시공주니어, 2012
· 요시타케 신스케, 《고무줄은 내 거야》(유문조 옮김), 위즈덤하우스, 2020

이렇게 놀이할 수도 있어요

제목을 맞혀보세요

1. 의미 있는 물건을 주제로 하여 동시 쓰기
2. 학생들 앞에서 발표하기
3. 학생들은 그 동시의 제목을 알아맞히기
   - 예: 어디든 너랑 함께하고 싶어, 신나게 너와 달리고 싶어, 우리 힘을 합쳐 여행을 떠나자
   - 정답: 자전거

어느 물건이 너의 것이니?

1. 여러 가지 물건을 교실 앞에 두기
2. 발표할 학생이 가져온 물건이 무엇인지 맞혀보기
3. 그 물건이 그 학생에게 왜 의미 있는 물건일지 알아맞히기
4. 발표할 학생이 자신의 물건을 공개하며 발표하기

접속어 이어가기

여러 접속어를 사용하여 이야기를 만드는 놀이이다. 학생들은 이 놀이를 통해 접속어에 따라 이야기의 전개가 달라지며, 여러 가지 사고기술을 활용하여 자신의 의견을 창의적으로 말하는 훈련을 하게 된다. 이 과정에서 이유 찾기, 상상하기, 결과 예측하기, 대안 찾기, 오류 피하기 등의 다양한 사고기술이 활용될 수 있다.

소요 시간	20분	수업 대상	초등학교 3학년	수업 교과	국어
준비 사항	접속어 이어가기 활동지(부록 339쪽)				
유의 사항	1. 놀이 전에 활동지로 접속어의 개념과 그 예시 문장을 확인하고 시작한다. 2. 처음 놀이를 할 때에는 자유롭게 이야기를 만들도록 허용한다. 고학년이거나 놀이를 여러 번 해본 경우 이야기의 주제를 제시하거나, 접속어 이외의 단어를 주고 그 단어를 모두 사용하여 이야기를 만들도록 하는 등의 조건을 부여해도 좋다. 3. 학생들의 참여율이나 집중력을 고려하여 모둠별로 하거나 개인별로 해도 좋다. 여럿이 함께 만들다 보면 자칫 장난스럽게 이야기를 만들어갈 수 있기 때문에 교사가 상황을 판단하여 놀이를 재구성한다. 4. 모든 문장에 접속어를 사용하여 이야기를 만드는 것이 어렵다면 1~2회 정도는 접속어를 사용하지 않고 문장을 만들도록 허용한다. 억지로 접속어를 사용하다 보면 이야기의 흐름이 부자연스럽고 재미없게 느껴지기 때문이다. 5. 교사가 이야기에서 사용될 접속사와 제시어를 미리 제시하여 이야기를 만들도록 하고 모둠별 만들기를 한다면 모둠별로 서로 다른 이야기가 완성되어 서로의 생각이 달라서 재미있다는 경험을 하게 될 것이다.				

▶ 판서 내용(사용된 접속어에 체크)

▶ 접속어로 이야기 만들기(전체 활동)

?! 놀이 과정 자세히 들여다보기

1. 접속어의 개념 알기 (활동지)

교사: 접속어가 무엇일까요?

현서: 단어와 단어, 문장과 문장을 이어주는 말입니다.

교사: 오늘 놀이에서 사용할 접속어의 개념과 예시를 살펴보겠습니다.

> 그래서 / 그렇지만 / 그리고 / 예를 들어 / 더구나 /
> 게다가 / 한편 / 아무튼 / 결국 / 따라서

교사: '그래서'로 문장을 만들어볼까요?

현서: 나는 배가 고팠다. '그래서' 먹을 것을 찾아 냉장고를 열었다.

2. 접속어를 사용하며 이야기 만들기

교사: 첫 번째 문장은 '어느 날, 자고 일어나니 내 등에 날개가 생겼다.'입니다. 여러 접속어를 사용해 문장을 만들어봅시다.

[전체 활동-돌아가면서 말하기]

어느 날 자고 일어나니 내 등에 날개가 생겼다. 으악! **더구나** 그 날개는 빛나는 잠자리 날개 모양으로 엄청 웃겼다. **그래서** 나는 그 날개를 감추려고 옷을 입었다. **그러나** 그 날개는 내 옷을 뚫고 또 나타났다. **그래서** 더 두꺼운 패딩을 입었는데 또 날개가 나타났다. **그래서** 나는 더 두꺼운 패딩 잠바를 도 입었다. 또 날개가 보였다. **게다가** 더 반짝 반짝 빛이 났다. 나는 학교에 가야 하는데 어쩌지? 엉엉 울었다. 그랬더니 엄마가 방으로 들어오셨고 왜 우냐고 물으셨다. **그래서** 이 날개를 봐, 나는 잠자리가 아닌데 왜 날개가 생겼는지 모르겠어. 나 어떻게 해야 하냐고 말하면서 계속 울었다. **그런데** 엄마는 이 날개가 보이지 않는다고 했다. **그래서** 내가 이 날개가 이렇게 빛이 나는데 왜 안 보일 수 있지? 깜짝 놀랐다. 혹시 이 날개를 볼 수 있는 사람이 있을까? 궁금했다. **그래서** 우선 학교에 가기로 했다. 한편 내 날개가 진짜 있는 것인지 없는 것인지 궁금하기도 했다. 어떻게 내 눈에는 분명히 보이는데 엄마는 이 반짝이는 것이 안 보인다니 말도 안 된다. **그런데** 친구들도 내 날개가 안 보이는지 아무도 날개를 말하지 않았다. **결국** 나만 보이는 거구나! 라고 생각하니 마음이 편해졌다. **그런데** 저기 오는 친구도 날개가 있었다. **그래서** 그 친구에게 달려갔다. **그리고** 그 친구와 우리에게 생긴 날개에 대해서 이야기를 했다. 우리 둘에게만 보이는 날개라니 신기했다. **그래서** 우리는 이 날개로 날아보기로 했다. 우리는 사람이 없는 곳으로 갔다. **결국** 우리는 하늘을 날았다. **게다가** 날개 있는 친구가 있어서 다행이었다. **아무튼** 정말 기분이 좋았다. **그래서** 친구와 여행을 계획했다. **그러나** 사람들이 우릴 보게 된다면 어쩌나 걱정도 됐다. **하지만** 재밌을 것 같다.

◆ 학생이 직접 예를 들도록 하면 이해와 집중도를 높일 수 있다.

◆ 이 과정을 접속어별로 몇 번 반복하면 학생들이 문장 만들기에 익숙해진다.

◆ 문장 덧붙이기를 할 때 앉은 순서대로 돌아가며 말하거나, 자유롭게 손들고 말하거나, 토킹칩을 사용해 말할 수 있다.

◆ 반 분위기가 매우 적극적이라면 자유롭게 말하기보다는 뽑힌 순서대로 또는 앉은 순서대로 말하기를 사용하는 것이 낫다.

◆ 교사가 학생들의 이야기를 들으며 정리해둔 이야기를 화면에 띄워 공유한다.

◆ 학생이 선택한 접속어를 큰 소리로 다함께 외친 후 이야기를 이어가면 더욱 재미있고 경청하는 분위기가 형성된다.

[개인 활동 - 주제 : '옛날 옛적에'로 시작하는 이야기 만들기]

옛날 옛적에 호랑이가 살고 있었다. **그런데** 그 호랑이는 풀만 먹는 호랑이였다. **그러나** 다른 동물들은 이 사실을 모르고 호랑이가 자기를 잡아 먹을까봐 피해 다녔다. **그래서** 호랑이는 슬펐다. **왜냐하면** 호랑이의 속마음은 동물들과 친구가 되고 싶었기 때문이다. **한편** 토끼는 호랑이가 풀을 먹는 것을 자주 보았다. 설마 호랑이가 풀을 먹을까? 궁금해졌다. **그래서** 멀리 떨어져서 풀을 먹는 호랑이에게 "넌 우리를 잡아먹을 거니?"라고 물었다. **그랬더니** 호랑이가 자기는 채식 호랑이라고 대답했다. **그래서** 토끼는 신나게 동물 친구들에게 이 소식을 전했다. **그러나** 동물 친구들은 믿지 않았다. **그래서** 호랑이가 풀을 먹을 때 다 같이 몰래 구경했다. **그리고** 호랑이와 친구가 되기로 했다. **그래서** 호랑이는 정말 행복했다.

◆ 학급의 인원이 많거나, 학생들이 접속어 이어가기를 처음 한다면 개인 활동이나 짝 활동으로 먼저 놀이하는 것도 좋다. 여러 친구들의 발표를 들으며 접속어가 어떻게 쓰이는지 자연스럽게 배울 수 있기 때문이다.

3. 소감 말하기

교사: 접속어를 사용하여 이야기를 이어보니 어땠나요?

한비: 어떤 접속어를 선택하느냐에 따라 내용이 달라질 수 있기 때문에 집중해서 들어야 했어요.

은호: 상황에 맞는 접속어를 잘 써야 내용이 재밌는 것 같아요.

아현: '그런데'라고 말하고 나면 새로운 이야기가 나와야 할 것 같았어요.

규영: 내가 하고 싶은 말이 있었는데 친구가 다른 이야기를 해서 자꾸 이야기가 달라지니까 좀 복잡하고 힘들었어요.

아현: 접속어를 사용하여 이야기를 만드니 재미있었어요. 또 하고 싶어요!

◆ 놀이를 통해 알게 된 점을 이야기하며 마무리하면 그 놀이의 가치가 더욱더 높아진다.

처음 시작할 때에는 여러 가지 접속어를 자유롭게 선택하여 사용하도록 했다. 그랬더니 학생들은 여러 접속어들 중에 자신들이 자주 사용하는 것만 사용하려고 했고, 아예 사용하지 않았던 접속어들도 있었다. 접속어 이어가기 놀이에 익숙해지면, 주어진 접속어를 모두 다 사용하여 이야기를 꾸미도록 놀이의 규칙을 정하면 좋겠다. 그러면 이야기의 전개가 더 재미있게 진행되며, 접속어를 언제 어떻게 사용하는 것이 더 나은 것인지 고민하게 되면서 사고력을 높이는 데 도움이 될 것이다.

접속어에 따라 이야기의 흐름이 바뀌기 때문에 놀이를 하면 할수록 접속어를 신중하게 사용하게 된다. 자신이 말했던 이야기가 친구의 접속어와 문장에 따라 바뀌는 것이 힘들기도 하지만, 다 함께 만들어가는 이야기가 어디로 흘러갈지 모른다는 점과 다소 엉뚱하면서도 상상력을 자극하는 이야기를 통해 공동체 만들기 활동으로도 도움이 될 것이다. 전체놀이 후에는 개인 '접속어 이어가기' 놀이 시간을 주어 자기 마음껏 접속어를 활용하여 상상의 이야기를 짓도록 하는 것이 좋다.

❗ 이렇게 놀이할 수도 있어요

이야기는 해피엔딩 이야기에 '끝 문장'이라는 목표가 생기기 때문에 접속어 사용과 이야기 이어가기를 좀 더 섬세하게 하여야 한다. 이러한 변형은 접속어 사용이 능숙하고 접속어가 무엇인지 잘 알고 있는 고학년에게 적합하다. 끝 문장은 교사가 정해주는 것도 좋고, 여러 개의 문장 중에서 뽑기를 해도 좋다.

1. 첫 문장과 끝 문장을 미리 정하기
2. 첫 문장에서 끝 문장으로 자연스럽게 연결되도록 접속어 이어가기

동화책《의》읽고 상상 이어가기 다양한 접속어의 구체적인 쓰임새를 살펴볼 필요가 없고 활동 난도가 낮아져 저학년에서 고학년까지 즐길 수 있다. 또한 예시문과 그림이 함께 포함된 동화책을 함께 읽음으로써 이야기를 이어갈 때 좋은 참고가 된다. 상상력에 집중할 수 있으며 이야기 속에 빠져들게 할 수 있다.

1. 동화책《의》[1] 함께 읽기
2. '의'가 어떤 뜻으로 쓰인 것인지 함께 생각해보기
3. 문장의 첫머리 알려주기
4. 이야기 이어가기
5. 소감 발표하기

1. 주나이다, 《의》(이채현 옮김), 비룡소, 2021

가치 라이어 게임

'누가 이 대화의 라이어(liar)'인지 찾아내는 추리 놀이이다. 라이어 쪽지를 받은 학생은 라이어가 아닌 친구들의 말을 들으며 이 대화의 주제어가 무엇인지 추리하여 주제어와 관련된 말을 해야 하고, 이 놀이를 보고 있는 관중들은 라이어(liar)가 누구인지 알아내야 한다. 이 과정에서 공통점과 차이점 찾기, 관계 찾기, 비유하기, 추리하기, 개념 정의하기 등의 다양한 사고기술이 적극적으로 사용된다.

소요 시간	40분	수업 대상	초등학교 6학년	수업 교과	도덕
준비 사항	가치 단어가 적힌 쪽지, 라이어 쪽지				
유의 사항	1.놀이 전에 이 놀이에서 사용될 가치 단어들을 포함하여 몇 개의 단어들을 칠판에 적어두면 좋다. 가치 단어의 개수가 워낙 많기 때문에 단어의 예를 제한하면 더 집중해서 단어의 의미를 파악하려고 할 것이다. 2.참가자들이 해당 단어를 설명하지 않고 패스를 자주 사용한다면 놀이가 제대로 될 수 없기 때문에 패스를 1회로 제한하여 놀이의 집중도를 높인다. 3.이 놀이는 설명 가능한 단어만 있다면 다양하게 활용 가능하다.				

▶ 가치 라이어 게임에 사용된 쪽지들

?! 놀이 과정 자세히 들여다보기

1. 가치 라이어 게임 방법 설명하기

교사: 먼저 가치 라이어 게임 방법에 대해 알아보겠습니다(학생들에게 다음의 놀이 절차를 안내한다).

① 6명의 학생이 참여한다면, 단어 쪽지 5장과 물음표 쪽지 1장에서 한 장을 뽑게 한다. 물음표 쪽지가 라이어가 된다.
② 차례대로 쪽지에 적힌 단어에 대해 설명한다. 라이어는 다른 사람들의 설명을 들으며 그 단어가 무엇인지 추론하여 설명한다.
③ 관중들은 설명을 들으며 누가 라이어인지 추론하여 지목한다.
④ 가장 많이 지목된 사람이 라이어인지 확인한다.
⑤ 지목된 사람이 라이어라면, 라이어는 쪽지에 적힌 가치 단어가 무엇인지 맞힌다. 이때 지목된 사람이 라이어가 아니거나, 지목된 사람이 라이어라도 라이어가 정답을 맞히면 라이어의 승리이다.

2. 가치 라이어 게임하기

교사: 선생님이 라이어 후보 6명을 뽑았습니다. 앞에 나온 6명의 학생들은 가치 단어가 적힌 쪽지 5개와 물음표가 있는 쪽지 1개 중하나를 받게 됩니다. 물음표 쪽지를 받은 학생이 라이어입니다.
교사: 이제 쪽지에 적힌 가치를 친구들에게 설명하겠습니다. 관련된 단어, 비유, 행동 설명 모두 좋습니다. 모르겠으면 패스해도 됩니다. 대신 라이어일 것이라는 의심을 사게 되겠죠?
윤아: 잘못을 했을 때, 이거를 해요.
이안: 아, 너무 어려워요. 음, 일기를 쓸 때 하는 것?
주호: 이걸 해야, 잘 살 수 있어요.
해수: 이거는 다 해야 해요.
승주: 스스로 돌아보는 그런 거.
준서: 내가 나를 어떻게 하는 것입니다.
교사: 여러분, 의심이 가는 사람이 있나요? 한 번 더 설명해주세요.
윤아: 잘 생각해보는 것과 관련되어 있어요.
이안: 저는 모르겠어요. 패스할래요.
주호: 일기를 잘 쓰는 사람이 이걸 잘 할 것 같습니다.
해수: 패스하겠습니다.
승주: 반성하는 것과 관련되어 있습니다.
준서: 우리가 이걸 잘 해야 훌륭한 사람이 된다고 합니다.

◆ 가치 라이어 게임은 가치 단어를 이해하고 적절한 설명을 해야 하기 때문에 비교적 어려운 편이다. 그러니 게임을 하기 전에, 인터넷에 올라와 있는 라이어 게임 영상을 학생들에게 보여주는 것이 좋다. 가치 단어가 아닌 다른 단어로 연습 게임을 해보는 것도 추천한다.

◆ 라이어를 찾기 위해 관중과 질문을 주고받을 때 여러 가지 사고기술을 활용하여 질문하도록 이끌어준다.

교사: 이제 이 친구들에게 질문하겠습니다.

소이: (해수에게) 이거를 한 경험이 있어? 어떤 상황에서 했어?

해수: 이게 학교에 다니면서 한 번쯤은 하게 돼.

도윤: (이안이에게) 일기를 쓰는 것이 좋다는 건가요?

이안: 네, 일기를 쓰면 이 가치를 기를 수 있습니다.

교사: 누가 라이어일지 손을 들어 투표해봅시다. 14명이 해수를 지목했습니다. 해수는 라이어가 맞나요?

해수: 맞아요!

교사: 그러면 해수는 이 대화에서 말한 가치가 무엇이라고 생각하나요?

해수: 반성?

예은: 비슷하지만 틀렸습니다. 정답은 〈성찰〉입니다. 우리가 이겼어요!

교사: 자, 이제 다음 단어로 해보겠습니다. 이 단어를 설명해주세요.

하준: 어… 나보다 나이가 더 많은 사람에게 하는 것?

지호: 이걸 하면 기분이 좋습니다.

민철: 선생님이 우리한테 해주시는 것입니다.

민주: 제가 늘 하고 있는 것입니다.

호영: 이것보다 배려가 더 좋아요.

철구: 기분이 좋아지는 것입니다.

교사: 한 번 더 설명해주세요.

하준: 형 같은 사람들한테 해야 해요.

지호: 엄마 아빠가 나에게 해 줬으면 하는 것이에요.

민철: 서로 서로 해 줘야 합니다.

민주: 잘 모르겠습니다. 패스!

호영: 친구들한테 이걸 해주면 신뢰를 얻을 수 있어요.

철구: 내가 많이 하는 것입니다.

교사: 자유롭게 질문해보세요.

주안: (철구에게) 기분이 좋아진다는 것은 어떤 건가요?

철구: 이걸 하면 저도 기분 좋고, 상대방도 기분이 좋다는 겁니다.

아영: (민주에게) 늘 하고 있는 것이 많은데, 예를 들어 주세요.

민주: 제가 이걸 잘 해서 우리 모둠이 칭찬을 많이 받습니다.

교사: 누가 라이어일지 손을 들어 투표해봅시다. 12명이 철구를 지목했습니다. 철구가 라이어인가요?

철구: 아니에요!

교사: 민주가 라이어였습니다. 라이어는 이 단어가 무엇이라고 생각하나요?

◆ 규칙 안내를 할 때 특히 라이어가 마지막에 맞힐 기회가 있다는 것을 강조한다.

◆ 이 놀이가 익숙해지면 전체놀이에서 모둠놀이로 변형해서 해도 된다. 많은 학생들이 동시에 참여하기 때문에 지루할 틈이 없고 집중해서 참여하게 된다.

◆ 설명을 말로 하지 않고 각자 쪽지에 적어 돌아가며 읽으면서 추리하는 것도 재미있다.

민주: 협동 아닌가요?

교사: 아닙니다. 존중이었습니다. 여러분이 이겼네요!

3. 소감 나누기

민주: 가치에 대한 설명이 '좋은 것이다, 해야 한다' 등으로
　　　비슷한 것 같아요. 더 구체적인 예를 들어 설명하도록
　　　하면 더 재미있을 것 같아요.

철구: 그 가치들을 다시 한번 생각하게 되는 시간이었어요.
　　　재밌었어요!

교사의 놀이 성찰

그간 학생들과 3~6학년 도덕의 가치들을 쭉 정리해보기도 하였고, 앞서 추리하기와
개념 정의하기 활동을 하였기 때문에 이 모든 것을 종합할 수 있는 가치 라이어 게임
을 시도해보았는데 학생마다 개념에 대한 이해도가 달라 몇몇 학생은 말로 설명하는
것을 어려워했다. 특히 라이어를 의식하다 보니 어떻게 이 개념을 설명해야 할지 고
민하는 시간이 길어졌다. 다음번엔 쉬운 주제로 라이어 게임을 자주 해서 편한 마음
으로 몸과 말로 설명하는 재미를 느끼도록 해야겠다. 이것과 비슷한 형태인 '마피아
게임'이 모둠별 놀이이듯, 이 라이어 게임도 모둠별로 하면 더 많은 학생들이 참여하
고, 자연스럽게 질문이 오고가면서 더 적극적이고 재미있게 참여할 것 같다.

이렇게 놀이할 수도 있어요

모둠별 라이어 게임 　모든 시간에 활용가능하다. 모둠별로 하다 보니 전체가 참
여하여 지루할 틈이 없고 집중력이 올라간다. 2번 단계에서는 말로 하는 대신 붙임 쪽
지에 써서 말없이 내려놓도록 하는 방식도 재밌다.

1. [6명 한 모둠] 라이어 쪽지 한 장과 단어 쪽지를 무작위 나누기
2. 맨 앞부터 차례대로 자신이 가진 쪽지 단어를 설명하고, 라이어는 다른 사람들의 설명
　을 통해 단어라 무엇인지 추측하며 말하기
3. 모둠의 학생들은 서로의 설명을 들으며 누가 라이어인지 질문하기
4. 예상되는 라이어를 지목하고 정답을 확인하기

빵을 어떻게 나눠야 할까?

극한 상황에서 생존을 위해 빵을 얼마큼씩 나눠줘야 할 것인가에 대해 생각해보는 놀이이다. 저마다의 처지를 헤아리면서도 평화가 유지될 수 있도록 빵을 나누는 것이 핵심으로 기준 정하기, 비교하기, 가치 고려하기, 감정 고려하기, 남의 입장에 서보기, 대안 찾기 등 여러 사고기술을 활용하여 문제를 해결하면서 사고력, 문제해결 능력을 키울 수 있다.

소요 시간	40분	수업 대상	초등학교 5학년	수업 교과	도덕
준비 사항	활동지(부록 340~341쪽), 공책, 필기도구				
유의 사항	1. 학생들은 배가 난파된 후 어떻게 되었는지 궁금해 하지만, 무인도의 생존자에 집중하도록 유도한다. 2. 적절한 이유를 찾는 과정은 토론에서 중요한 역할을 하므로 의견이 다른 학생들의 반박 기회를 제공하고 충분히 질문하고 대답할 시간을 준다. 3. 자신의 의견에 대해 같은 입장인 학생들의 이유를 정리해두면 마무리로 자신의 생각을 글로 쓸 때 소중한 자료가 될 수 있다. 처음 의견과 같다면 더 단단해진 이유를, 처음 의견과 다르다면 어떤 이유로 달라졌는지를 공책에 정리한다. 4. 모둠별로 각각의 입장을 선택하고 토론하는 것도 좋다. 토론의 시간을 줄일 수 있고, 모둠이 하나의 의견을 가짐으로 모둠 내에서 다양한 이유를 찾을 수 있어 활동의 집중력이 높아질 것이다.				

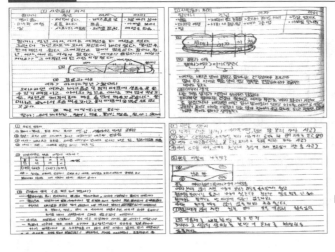

▶ 빵을 어떻게 나눠야 할까?에 대한 토론을 해나가면서 생각을 정리한 결과물

1. 문제 상황 알기

교사: 할머니, 청년, 여자, 아이의 처지를 활동지에 정리해봅시다.

서준: 할머니는 병이 들었습니다.

로운: 청년은 건강합니다.

현아: 여자는 배고픔을 참지 못합니다.

지은: 아이는 5살 된 남자입니다.

2. 빵을 그림으로 나누고, 그 이유 적기

교사: 빵을 나누고, 그렇게 나눈 이유를 활동지에 적어봅시다.

3. 토론하기 및 나와 다른 의견 정리하기

교사: 여러분은 누구에게 가장 많은 빵을 나눠주고 싶은지 의견을
    알아봅시다.

할머니	청년	여자	아이	똑같이 나눈다
5명	3명	3명	2명	7명

교사: '할머니에게 가장 많이 주어야 한다'는 입장의 의견을 먼저 말
    해보세요. 만약 동의할 수 없으면 반박 또는 질문할 수 있어요.

서준: 나이가 들어서 쇠약한데 먹을 것마저 모자라면 자칫 돌아가
    실 수 있기 때문이에요.

로운: 약도 없을 텐데 음식이라도 먹고 견뎌야 하기 때문이에요.

지은: 먹을 것이라도 있어야 병을 이겨낼 수 있어요.

현우: 모두 위기 상황인데 할머니 사정만 봐드릴 순 없다고 봅니다.

교사: '청년에게 빵을 가장 많이 주어야 한다'는 입장의 의견을 듣겠
    습니다.

서준: 건강하니까 일을 할 때 노동력을 발휘하려면 많이 먹어야 해요.

로운: 힘을 쓰게 하려면 청년에게 빵을 몰아주어야 해요.

현아: 일을 가장 많이 하거나 많이 시키게 되니까 많이 주어야 해요.

서준: 청년이 빵을 혼자 다 먹고 나서 일을 하지 않을 수도 있어요.

로운: 다른 사람도 일을 할 수 있는 일이 있는데 청년에게만 일을
    하라고 하면 안 됩니다. 불공평합니다.

지은: 청년이 처음에 빵을 많이 먹었다고 해서 계속 일을 많이 하
    면 불만이 생기고 나중에는 일을 하지 않을 수도 있어요.

◆ 문제 상황이 무엇인지 함께 파악하여 모두 상황을 이해한 상태에서 활동을 시작해야 한다. 그것이 토론의 근거가 되기 때문이다.

◆ 각 인물에 해당하는 이유를 모두 들어보고 하나씩 따져보는 것이 효과적이다.

◆ 가장 많은 빵을 주어야 한다고 생각한 사람 옆에 그 사람을 선택한 학생의 이름을 써두면 더 좋다. 발표 차례를 정해두는 것과 마찬가지이므로 학생들은 발표 준비할 시간을 가질 수 있다.

◆ 교사는 학생의 발표 내용을 칠판이나 pc에 정리를 한다. 논의가 어떻게 이어지는지 확인하면서 토론에 집중하도록 한다.

◆ 교사는 모든 학생들이 발언의 기회가 동등한 상황인지 파악하며 진행한다.

교사: '여자에게 빵을 가장 많이 주어야 한다'는 입장의 의견을 듣겠습니다.

서준: 배고픔을 참지 못하니까 배가 고프면 제정신이 아닐 거예요. 그러면 아이나 할머니를 잡아먹는 식인종이 될 수 있어요.

로운: 여자에게 빵의 반을 주고, 나머지 빵을 나머지 사람들이 나누면 될 거예요. 배고픔을 참지 못하는 병에 걸렸으니까요.

현아: 자신도 모르게 폭발해버리면 안 되니까요.

지은: 여자에게 가장 많이 주고 청년이 먹을 것을 구해 오면 보답으로 여자가 음식을 만들어줄 수 있을 거예요.

현우: 어차피 배고픈 상황은 계속될 것이기 때문에 많이 주면 안 됩니다.

교사: '아이에게 빵을 가장 많이 주어야 한다'는 입장의 의견을 듣겠습니다.

서준: 5살밖에 안 된 아이는 자신의 먹을 것을 스스로 구하기 어려워요.

로운: 어른들은 돌아다니면서 먹을 것을 구별해서 먹을 수 있지만, 아이는 먹지 말아야 할 것을 먹고 죽을 수도 있어요.

지은: 아이는 빵을 많이 주어도 조절해서 아껴서 먹지 못하니 조금만 줘요.

교사: '빵을 똑같이 나눠야 한다'는 입장의 의견을 듣겠습니다.

로운: 공평하지 않으면 싸움이 일어날 수도 있어요.

현아: 일단 똑같이 나누고, 배가 덜 고픈 사람이 배가 더 고픈 사람을 배려하여 나눠주도록 하는 것이 자연스러울 것 같습니다.

지은: 사람마다 많이 나눠야 하는 이유가 있어요.

현우: 똑같이 나눠 먹더라도 힘센 청년이나 배고픔을 참을 줄 모르는 여자가 할머니와 아이의 빵을 빼앗을 수도 있어요.

교사: 똑같이 나누는 것에서도 문제가 생길 수 있겠군요.

서준: 어려워요.

로운: 와, 진짜 이런 일이 생기면 어떻게 하지요?

4. 함께 생각해야 할 것들 알아보기

교사: 이처럼 어려운 문제를 풀어나가려면 어떤 것들을 함께 생각해야 할까요?

서준: 서로 믿음이 필요해요.

로운: 좋은 이유를 대면서 말해야 해요.

◆ 교사가 생각하는 것을 정답으로 제시하지 않도록 주의한다. 학생들의 논의를 따라가되 생각의 방향, 깊이, 넓이를 바꿀 수 있는 디딤돌 질문을 해주는 것이 좋다.

◆ 대립적인 토론이 아니라 보다 좋은 판단을 위한 과정으로서의 토론이 되도록 유지하는 것이 중요하다.

◆ 사고기술은 서로 연결되어 있기 때문에 일상에서 활용할 수 있도록 여러 가지 측면을 경험할 수 있도록 북돋아주는 것이 좋다.

◆ 생각을 키운다는 것은 태도를 함께 키우는 것이다. 따라서 토론할 때 목적, 인성, 태도, 가치, 사고력 따위가 함께해야 함을 경험하도록 하는 것이 중요하다.

현아: 서로의 처지나 상황을 배려해야 해요.

지은: 목적은 살아남는 것이니까 폭력이 없어야 해요.

현우: 어리거나 힘이 약하다고 무시하지 말고 존중해야 해요.

보라: 협동이 필요해요. 구조대가 언제 올지도 모르는데 살아남
으려면 먹을 것도 구하고, 나뭇가지도 모아야 하는데 혼자
서는 할 수 없어요.

5. 마무리 생각

교사: 지금까지 토론한 내용을 바탕으로 생각을 정리하는 글을 써
봅시다. 처음의 판단이 더 좋은 이유로 튼튼해졌을 수도 있
고, 더 나은 판단으로 바뀌었을 수도 있지요.

◆ 처음의 생각과 달라진
학생은 6명이었다. 자기
수정이 일어난 것이다.

💬 교사의 놀이 성찰

할머니에게 많이 주자, 청년에게 많이 주자, 여자에게 많이 주자, 아이에게 많이 주
자, 똑같이 주자라는 주장에 따른 이유를 나누면서 학생들이 끝까지 집중하면서 많
은 생각을 하게 한 측면에서는 성공적인 활동이었다. 처음의 의견과 나중의 의견이
바뀐 학생들도 6명이나 되었다. 자기 수정이 일어나기는 했지만, 여전히 개운치 않은
학생들도 있었다.

학생마다 의견을 쓰고 같은 의견끼리 묶어서 토론하면 모두가 발표를 할 수 있지만,
시간이 많이 걸린다. 이유까지도 같은 경우에는 "○○와 의견이 같아요."로만 말하게
된다. 각자의 의견을 쓴 다음 모둠토의를 하라고 했으면 더 많은 발표를 할 수 있었을
것이다. 모둠이 정한 의견에 동의할 수 없는 경우에는 마지막에 질문할 수 있는 기회
를 줄 수 있다. 철학적 탐구공동체에서는 보다 나은 판단이나 더 좋은 판단을 내리기
위한 과정이 탐구의 과정이라면 잠정적으로 결론이 났더라도 다시 비판하고 검토하
고 성찰할 필요가 있기 때문이다.

'빵을 어떻게 나눠야 할까?'와 '누가 배를 타야 할까?'는 하나의 묶음으로 만들어서 활
동하고 있다. 몇 년 전, 한 학생이 "선생님, 그래서 무인도에 있는 사람들은 어떻게 되
었나요?"라고 불쑥 물었다. 아마도 그 학생에게는 풀어야 할 과제였던 모양이다. 그
래서 '무인도 탈출-누가 배에 타야 하나?'를 만들게 되었다. 하나의 탐구놀이는 다음
의 탐구놀이로 이어지게 된다.

누가 배를 타야 할까?

'빵을 어떻게 나눠야 할까?'에 이어서 해도 좋고, 이 놀이만 해도 좋다. 사람마다 가지고 있는 재능을 사회 기여로 가치 매김을 해보는 동시에 사람마다의 처지를 어떻게 받아들여야 할 것인지에 대한 깊은 생각을 해볼 수 있다. 기준 정하기, 비교하기, 가치 고려하기, 감정 고려하기, 남의 입장에 서보기, 대안 찾기 등 여러 가지 사고기술이 적용된다.

소요 시간	40분	수업 대상	초등학교 5학년	수업 교과	도덕
준비 사항	이야기 PPT, 공책, 필기도구, 활동지(부록 342~343쪽)				
유의 사항	1. '빵을 어떻게 나눠야 할까?' 토론에 이어서 하면 좋다. 학생들이 극한 상황에 처한 인물들의 입장을 이해하고, 상황을 파악하는 것이 중요하다. 교사가 이야기 PPT로 이야기하듯 말해주면 등장인물의 상황과 처지를 효과적으로 인지하는 데 도움을 준다. 2. 문제를 해결할 때 고려해야 할 것이 무엇인지 토론 전에 살펴보고 토론을 하면 생각의 잣대가 있어서 토론 진행이 쉬워진다. 토론 후에 살펴볼 경우에는 학생들의 힘으로 그것을 알아내도록 하는 것까지 경험시킬 수 있다. 학생들의 상황에 맞게 하면 된다. 3. 자유로운 분위기에서 의견을 나누면서 동의할 수 있는 이유들은 메모하도록 한다. 4. 한 의견에 대해 보탤 것이나 궁금한 것을 물어보고, 대안을 찾을 수 있도록 교사의 디딤돌 질문을 하면 좋다.				

▶ 누가 배에 타야 할까? 에 대한 토론을 해나가면서 생각을 정리한 결과물

1. 이야기 들려주기

교사: 무인도에서 살아남은 네 사람의 이야기에 이어 '누가 배를 타야 할까?' 토론을 하겠습니다.

할머니	병이 들었고, 인생의 마지막 여행을 하며, 딸을 보러 가요. 사라져가는 소수민족의 역사를 기록하고 있어요.
청년	건장하고 박사이며 사회 출발 기념 여행을 하고 있어요. 아프리카의 기아문제를 해결할 수 있는 식량 관련 박사예요.
여자	배고픔을 참지 못하지만, 음식 만들기를 잘하고, 더 잘하기 위해 음식 공부를 하러 가요. 고아와 노인들에게 10년 넘게 음식을 나눠주어 국가로부터 훈장도 받고, 수많은 사람들이 기다리고 있어요.
아이	5살 된 남자아이로 3년 동안 만나지 못한 아버지를 만나러 가요. 천재 피아니스트이고 아버지가 있는 곳에서 공연하기로 했어요. 아이의 어머니가 배에 타고 있어요.

교사: 이야기를 다 듣고 나서 궁금한 것이 있으면 물어보세요.

서연: 모두 배에 타지 않아도 될까요?

교사: 탈 자리가 있는데 그런 선택을 해야 한다면 알맞은 이유가 있어야겠죠. 여기서 우리가 해결해야 하는 것은 무엇인가요?

서연: 배에 남은 한 자리에 누구를 태워야 할지 결정해야 합니다.

2. 개인 의견 쓰기

교사: 누구를 배에 태울지 자신의 의견과 이유를 적습니다.

할머니	청년	여자	아이
7명	1명	4명	11명

3. 토론하기

교사: 할머니를 배에 태워야 한다는 의견부터 들어볼게요. 만약 다른 의견이면 질문하거나 반박 이유를 들어 발표해주세요.

서연: 할머니의 역사 기록이 중요한 이유는 다른 사람은 할 수 없는 것이기 때문이에요. 청년의 지식이나 여자의 봉사나 아이의 재능은 다른 사람들이 대신할 수도 있어요.

연우: 아이의 재능은 아무나 갖지 못해요. 노력한다고 되는 것도 아니고요. 그러니 아이의 재능을 살려야 해요.

지훈: 천재 피아니스트들은 아이 말고도 있지만, 할머니는 사라져가는 민족의 역사를 연구한 것이니까 할머니밖에 없는 거예요.

놀이 Tip 🔔

◆ ppt를 보여주지만, 내용을 교사가 이야기로 풀어서 말해주는 것이 처지를 잘 이해할 수 있다. 독해력 때문에 활동을 하지 못하는 경우를 줄일 수 있다.

◆ 지난 시간에 말한 핵심을 다시 말해주는 것도 효과적이다.

◆ 학생들은 쉽게 결정하지 못하므로 시간을 넉넉히 주어야 한다. 5~7분 정도의 시간이 필요하다.

교사: 식량문제를 해결할 수 있는 청년의 지식과 여자는 어떤가요?

서연: 논문으로 썼다는 것은 그 지식이 남겨져 있다는 것이니까 누군가 알아서 할 거예요.

연우: 여자가 먹을 것을 나눠주는 봉사를 했었다고 했는데, 지금은 봉사를 하지 않고 있어요. 그렇다고 그 사람들이 굶어 죽는 것은 아니잖아요.

지훈: 저는 아이를 엄마 무릎에 앉히고 할머니를 태워야 한다고 생각해요. 아이와 할머니의 빵은 여자와 청년에게 남겨주고요.

교사: 일종의 대안을 말한 것이군요. 이에 대해 말할 사람 있나요?

서연: 한 명만이라고 했으니까, 아이와 할머니 중 한 명만 탈 수 있지 않나요?

연우: 할머니를 태워야 해요. 엄마는 아이를 살리고 싶어서 꼭 구조선을 보내도록 애쓸 거예요.

지훈: 차라리 아이를 위해서 엄마가 내린다면, 두 자리가 남으니까 할머니와 청년을 보내요. 청년은 앞으로 많은 사람들이 목숨을 살릴 수 있으니까요.

서윤: 할머니나 청년이 고마워서 구조선을 꼭 보낼 거예요.

연우: 어른들은 생존력이 강하니까 좀 더 버틸 수 있지만 아이는 그럴 수 없으니까 아이를 배에 태워야 해요.

서연: 아이는 자신의 이익을 챙기기 위해 피아노를 치는 것이고, 할머니는 역사를 쓴다고 하더라도 다 쓰지 못하고 죽을 수도 있고, 여자는 청년보다 더 오래 살 수도 있기 때문에 청년이 배에 타야 한다고 생각해요.

연우: 아이는 살날이 많이 남았기 때문에 배에 태워야 해요. 어른들은 무인도에 갇혀도 어떻게든 살길을 구해볼 것이라고 예측할 수 있지만, 아이는 아무것도 도움이 될 것이 없으니 아이를 먼저 살려주어야 해요.

지훈: 엄마와 만난 아이는 기분이 어떨까요? 아이를 배에 태운다면 엄마는 고마워서 잊지 않고 구조선을 보내겠지만, 만약 아이를 태우지 않는다면 아이가 죽을 수도 있는데 엄마는 아이를 태우지 말자고 한 사람을 살리고 싶은 마음이 들까요?

서윤: 구조선을 보내지 않으면 자신의 아이도 위험해지지 않을까요?

교사: 청년과 아이 가운데 누구를 태워야 하는지를 따질 때 기준은 무엇인가요?

서연: 청년은 많은 사람을 위하는 일이고, 아이는 자신을 위하는 일이에요.

◆ 학생들이 제시할 때 가급적 주제에 집중할 수 있도록 테두리를 칠 필요가 있다. 그러나 만약 토론을 대안을 마련하는 쪽으로 이끌고 싶다면 보다 다양한 대안을 생각하도록 고무시킬 필요가 있다.

◆ 학생들의 반응을 살피면서 좀 더 설명할 수 있도록 기회를 준다.

◆ 교사는 학생들의 토론 내용을 기록하면서 생각을 깊고 넓게 할 수 있도록 적절한 질문을 한다.

◆ 학생들의 생각을 가끔씩 정리해주면 좋다.

◆ 학생들이 고루 말할 수 있도록 차례를 정해주면 좋다.

연우: 아이도 마음이 슬픈 사람을 위로하는 것으로 도와줄 수 있어요.

지훈: 사회나 사람들에게 누가 더 도움이 되는지가 기준일 수 있어요.

서윤: 아이는 생존하기 어렵고, 청년은 아이보다는 생존할 수 있어요.

민주: 아이는 엄마와 헤어지면 너무나 불쌍해요.

도하: 네 사람 모두 불쌍해요.

교사: **'누구를 배에 태워야 할지' 따져보면서 지금까지 나온 선택의 기준을 정리해볼게요.**

- 개인을 위하는 것이냐, 남을 위하는 것이냐?
- 감정을 헤아려야 하는가?
- 다른 사람들에게 얼마나 도움이 되나?
- 힘든 상황에서 살아남는 데 도움이 되는가?
- 힘든 상황에서 살아 버틸 수 있는가?
- 대안은 있는가?

◆ 판단이나 결정을 하는 데 여러 가지 기준을 고려해야 한다는 것을 경험하게 하는 것이 중요하다.

4. 선장의 선택에 대한 글쓰기

교사: 사람들은 선장의 말에 무조건 따른다고 했습니다. 만약 여러분이 선장이라면 어떤 결정을 내릴지 글로 써보세요. 지금까지 탐구한 내용을 바탕으로 결정을 내려보세요. 한 사람을 태울 수도 있고, 네 사람 모두 남겨두고 떠날 수도 있습니다.

◆ 마무리 생각을 다 쓰면, 네 명의 생존자 각각의 입장별로 발표하게 할 수도 있다.

5. 소감 나누기

교사: 우리는 왜 이런 주제로 탐구를 했을까요? 여러분에게는 무엇이 남았고 어떤 점이 자라났을까요?

서연: 친구들의 의견이 다 맞는 말이라서 놀랐어요.

연우: 진짜로 이런 일이 일어난다면 어떻게 해야 하는지 생각하면서 미리 이런 경험을 하는 것이 힘들었지만 좋았어요.

지훈: 목숨이 왔다갔다하는데 토론을 하고 있을 수 없다고 생각해요. 그냥 힘센 청년이 먼저 헤엄을 쳐서 배로 간다면 어쩔 수 없잖아요.

민주: 살아가면서 심각하게 생각해야 할 문제가 있을 때 생각날 것 같아요.

도하: 여러 사람의 생각을 들으면서 더 나은 생각을 하게 하려고요.

지유: 어른이 됐을 때 더 힘든 일이 생겨도 기준이나 가치를 따져보고 행동하라고요.

빵 나누기에 이어진 갈등 이야기로 학생들은 무척 흥미진진하게 활동에 참여하였다. 이 활동의 목적은 여러 가지 사고기술들의 자연스러우면서도 효과적인 활용이다. 교사가 이끄는 대로가 아니라 학생들의 대화가 이끄는 대로 나아가는 자연스러움 속에서 필요한 사고기술이 적절히 활용될 수 있도록 하는 것이다. 사고기술을 학생들이 스스로 활용하도록 하는 것이 최종 목적이다. 그래서 그렇게 될 수 있도록 교사의 참견은 매우 조심스러우면서도 꼭 필요한 것이다. 이런 역할을 어떻게 해야 할지는 모든 토론의 순간마다 모든 토론마다 예의주시하면서 놓치지 말아야 할 것이다.

극한 상황에 놓인 등장인물의 처지를 충분히 숙지하고, 적절한 감정이입과 가치를 고려했는가, 가능하다면 대안을 마련하면서 창의적인 문제해결력을 보였는가, 자신의 주장에 대한 충분한 이유를 댔으며 다른 의견을 고려하여 자기 수정을 하였는가, 사람의 가치를 잴 수 있는가, 극한 상황에서도 도덕적인 실천을 해야 하는가 따위의 철학적이고 도덕적인 문제를 어떻게 넘어서는가, 학생들이 집중하며 토론을 하는 동안 자신의 생각이 어떻게 왜 움직이는지를 인지하는 메타인지가 작동되는가, 처음의 생각과 토론이 진행되면서 질적인 사고의 발전이 있는가. 아이들은 글을 쓰고 나는 이런 기준들에 기대어 방금 전의 활동을 머릿속에 그려본다. 늘 부족하고 아쉬운 점이 있다. 내가 자랄 구석이 있고 성장할 구실이 있는 것이다.

교사는 참 많은 것을 헤아리는 관찰자이며 촉진자여야 한다. 또한 교사는 학생들과 함께하는 한 명의 탐구자이기도 하다. 이 토론에서 잘된 점은 무엇인가, 놓친 것은 무엇인가, 다음으로 이어져 북돋아야 할 것은 무엇인가 진단하고 피드백을 통한 성장 중심의 평가를 해야 한다. 교사 자신의 전문적 역량은 이럴 때 향상되며 학생들도 한 뼘은 더 성장하게 된다. 마무리 생각을 정리할 때 사각거리는 연필 소리가 얼마나 듣기 좋은 소리인지, 자신의 생각을 다듬어 글로 쓰는 아이들이 얼마나 빛나는지 해본 사람들만이 느끼는 또 하나의 보람이고 희열이 아닌가 싶다.

남은 자리는 딱 하나!

교육부, 《도덕5 교사용지도서》, 지학사, 2020.

교육부, 《도덕6 교사용지도서》, 지학사, 2020.

김혜숙·김혜진, 《지혜로운 생각을 키우는 철학수업 레시피》, 교육과학사, 2017.

김혜숙·박인보·김주현·남진희·임경희·최경희·김미영·김택신, 《생각을 키우는 토론수업 레시피》, 교육과학사, 2011.

생각이 즐거운 아이(글)·이세경(그림), 《일기로 생각 잡기》, 아이러브씽크, 2008.

서정하(글)·윤혜지(그림), 《하뿌의 분홍 리본 엉덩이》, 주니어김영사, 2014.

서준호, 《서준호 선생님의 교실놀이백과239》, 지식프레임, 2014.

신영복, 《담론》, 돌베개, 2015.

신유미, 《너는 소리》, 반달, 2018.

어린이철학교육연구소(글)·임정아(그림), 《노마의 발견3》, 해냄주니어, 2007.

이진영, 《감정놀이 수업 1,2,3》, ㈜학지사, 2019.

전현정, 《엄마 관찰사전》, 주니어김영사, 2021.

전국도덕교사모임(울산), 《교실을 바꾸는 48가지 수업 디자인》, 해냄에듀, 2019.

정혜승 외, 《학생이 질문하는 즐거운 수업 만들기 (놀이편)》, 사회평론아카데미, 2019.

채인선, 《아름다운 가치 사전》, 한울림어린이, 2005.

청소년과 놀이문화연구소, 《아자! 교실놀이 150》, 도서출판모닥불, 2018.

한국철학적탐구공동체연구회, 《생각하는 교실 철학하는 아이들》, 맘에드림, 2019.

한국철학적탐구공동체연구회, 《문해력과 사고력을 키우는 교실 속 철학토론》, 맘에드림, 2022.

한국철학적탐구공동체, 《생각톱니카드》, 학토재, 2022.

한지원, 《구두 전쟁》, 한림출판사, 2016.

허승환, 《허쌤의 수업놀이》, 꿀잼교육연구소, 2017.

니컬라 에드워즈(글)·루이자 유리베(그림), 《세상에 이런 말이!》(양혜진 옮김), 찰리북, 2020.

로버트 피셔, 《생각을 키워주는 가치》(어린이철학연구소 옮김), 해냄, 2003.

로버트 피셔, 《생각을 키워주는 게임》(어린이철학연구소 옮김), 해냄, 2003.

로버트 피셔, 《사고하는 방법-철학적 탐구공동체 활동의 이론과 실천》(노희경 옮김), 인간사랑, 2011.

매튜 립맨, 《고차적 사고력교육》(박진환·김혜숙 옮김), 인간사랑, 2005.

미국어린이철학개발원, 《혼이의 비밀》(한국철학아카데미 옮김), 한국철학교육아카데미 출판부, 1999.

베라 윌리엄스, 《엄마의 의자》(최순희 옮김), 시공주니어, 1999.

에이미 크루즈 로젠탈(글)·제인 다이어(그림), 《쿠키 한 입의 인생 수업》, 책읽는곰, 2008.

엘라 프랜시스 샌더, 《마음도 번역이 되나요》(루시드폴 옮김), 시공사, 2016.

요시타케 신스케,《고무줄은 내 거야》(유문조 옮김), 위즈덤하우스, 2020.

존 버닝햄,《대포알 심프》(이상희 옮김), 비룡소, 2001.

존 버닝햄,《알도》(이주령 옮김), 시공주니어, 2001.

주나이다,《의》(이채현 옮김), 비룡소, 2021.

패트리샤 폴라코,《할머니의 조각보》(김서정 옮김), 미래아이, 2018(개정증보판).

피터 카나바스,《나에게 소중한 것들》(이상희 옮김), 시공주니어, 2012.

허세정, 2014,〈초등학교 3학년 아동의 공감능력 향상을 위한 아우구스또 보알의 '토론 연극'활용 사례 연구〉, 한양대학교교육대학원.

〈장단점 카드를 활용한 FLIP〉, 2018, TLP연구소, 젬블로

Pew Research Center,〈What Makes Life Meaningful?(Views From 17 Advanced Economies)〉, 2021. 11. 18.

마술책 동영상: https://www.youtube.com/watch?v=t9JxpZbGc14

다목적실 · 강당에서 할 수 있는 경찰과 도둑(2019), 인디스쿨: https://indischool.com/boards/libPhysical/32311668

원숭이 엉덩이는 빨개(2007), 인디스쿨: https://indischool.com/boards/colleagues/1016716

원인과 결과-동료장학(2019), 인디스쿨, https://indischool.com/boards/libLanguage/31001203

허시봉의 고사성어이야기〈68〉장님, 코끼리 만지기(박정호 입력) https://sgsg.hankyung.com/article/2010070420581

부록

생각놀이
활동지

출발\도착	색깔	모양	쓰임	사는 곳	크기	재료
자손						관계
이로움 해로움						이름
먹이						만드는 이
날개						냄새
천적		같음이 다름이				맛
환경 오염		보드 게임				소리
계절						수명
독						사는 방식
영양분	꼬리	다리	키	성질	생김새	있는 곳

감정 고려하기 연극 대본	동희의 후회	( )학년 ( )반 이름 ( )

[활동] '동희의 후회'를 연극으로 표현하고 등장인물의 행동이 적절한지 판단해봅시다.

학교에서 동희는 명지 어머니가 편찮으셔서 병원에 입원해 계신다는 것을 친구들에게 들었다.

지민: 명지엄마가 병원에 입원해 계신대!

동희: 그래? 명지가 힘들겠다.

지민: 병원비가 많이 나와서 형편도 아주 안 좋아졌대.

동희: 그렇구나. 안됐다. 그건 그렇고 오늘 학교 끝나고 우리 집 가자. 새집으로 이사했거든.

동희는 학교를 마치고 지민이, 희주, 명지를 집으로 초대했다.

동희: 내 방에 같이 가볼래? 새로 산 내 컴퓨터 보여줄게.

희주: 그래, 궁금한데?

지민: 와! 방 크다. 내 방보다는 훨씬 작지만 말이야. 명지야, 너 부럽지?

명지: 그래. 여기 침대하고 책상도 새 거네! 동희는 정말 좋겠다.

동희: 부모님이 제일 좋은 걸로 사주셨어. 이거 봐, 명지야. 신기하지?

친구들이 모두 돌아가고 잠시 후 희주에게서 전화가 왔다.

희주: 동희야, 너 아까 나빴어!

동희: (당황하면서) 뭐라구? 무슨 말이야?

희주: 명지 앞에서 꼭 비싼 거, 좋은 거 자랑해야 했니?

동희: (화를 내며 큰 목소리로) 뭐, 그게 어때서?

희주: 너, 명지네 엄마 입원한 거 모르니?

동희: 그게 뭐 어쨌다는 거야? 그렇다고 있는 거 자랑도 못하니?

희주: 너 정말 한심한 애구나!

동희와 희주는 서로 소리치며 화낸 후 동시에 전화를 끊었습니다.

세상 나누기	( )학년( )반 이름( )

■ 세상 나누기 놀이

'세상 나누기'는 세상의 범위(분류할 대상)를 정하고, 분류기준에 맞게 세상을 몇 개의 나라로 나누어 보는 놀이입니다.

■ 예를 들어볼까요?

세상의 범위	나눌 나라의 수	나라 이름	
전 세계 사람들	2	여자 나라	남자 나라

■ 놀이를 해 봅시다.

세상의 범위	나눌 나라의 수

나라 이름		나라 이름	

마술책 만들기에 필요한 A4 용지(또는 색종이) $1\frac{1}{2}$ 장

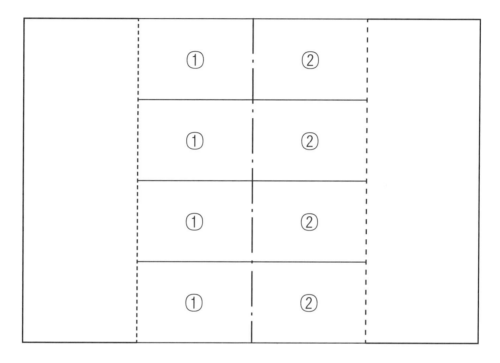

───────── 가로로 자르기

----------- 안쪽으로 접기

─── · ─── 바깥쪽으로 접기

1. 실선은 가위로 자르고 점선은 알맞게 접기
2. ③번 종이를 ①번 자리에 지그재그로 끼워넣기
3. ④번 종이를 ②번 자리에 지그재그로 끼워넣기

개념 [　　]　반 이름 [　　]　[　　]

도착

수학, 100점, 상, 어렵다, 의식

눈물, 감동, 슬프다, 혼자, 위로

휴대전화, 분실, 학교, 집, 걱정

아이스크림, 여름, 더위, 에어컨, 무름

청소, 방, 먼지, 감기, 쓸다

세 칸 앞으로!

다른 친구와 말 위치를 바꾸세요

쾅! 한 번 쉬세요

놀다, 학원, 지각, 늦다, 숙제

어머니, 칭찬, 받다, 웅도, 동생

동생, 울다, 위로, 아프다, 간호하다

하지 않다, 공부, 게임, 시간, 여행

친구, 많다, 준비물, 돕다, 없다

다른 친구와 말 위치를 바꾸세요

아버지, 구중, 걸음리, 공부,놀다

세수, 외출, 얼굴, 깨끗이, 상쾌하다

병원, 몸살, 치료, 낫다, 주사

공부, 딱지, 핸드폰, 시간, 약속

두 칸 뒤로!

내일, 시험, 준비, 긴장, 밤

배불러, 맛있는, 행복, 가족, 대화

출발

바람, 춥다, 문, 배탈, 옷

행복, 칭찬, 게임, 친구, 부모

출발 위치로 돌아가세요

비, 창문, 옷, 무지개, 잠기다

선생님, 칭찬, 기분, 보람, 봉사

한 칸 뒤로!

배, 과식, 굶다, 허겁지겁, 늦게

리코더, 점수, 연습, 결과, 열심히

말 잇기 놀이 활동지

[   ]학년 [   ]반 이름[   ]

자신이 머물렀던 칸에서 사용했던 낱말들	자신이 머물렀던 칸에서 사용한 낱말들로 완성한 문장

'원숭이 엉덩이는 빨개'
노래 가사 만들기 활동지

[　　]학년 [　　]반　이름[　　　　　]

낱말	이름	노래 가사 완성하기(예시)
호떡	○○○	호떡은 둥글어
태양	☆☆☆	둥글면 태양, 태양은 뜨거워

낱말	이름	노래 가사 완성하기

비유 땅따먹기

[   ]학년 [   ]반 이름[   ]

	1	2	3	4	5	6
1						
2						
3						
4						
5						
6						

(   ) _____

(   ) _____

(   ) _____

(   ) _____

(   ) _____

(   ) _____

(   ) _____

(   ) _____

(   ) _____

(   ) _____

(   ) _____

(   ) _____

(   ) _____

(   ) _____

(   ) _____

오늘 놀이터에서 최고의 비유는

(   ) _____ 입니다.

비유 삼목 놀이판

의자	코끼리	휴지	김밥	💣	화가	생선	넥타이	돛단배	양치질
비행기	경찰관	키위	크레파스	청량음료	달팽이	소화기	과자	왜가리	당근
배추	안경	고래	미끄럼틀	펭귄	햇볕	축구공	사과	속눈썹	💣
거울	바위	💣	시계	돼지	제비	도화지	꽃밭	기저귀	동그라미
낙타	꼬리	숨바꼭질	네모	개구리	기와	밤	잎사귀	전봇대	그네
깻잎	💣	곶감	체조	새해	주사위	💣	대나무	압력솥	그네
세수	풍선	요리	가위	운동화	꾀꼬리	개미	더위	옷걸이	게
폭탄	책꽂이	빗방울	젓가락	💣	촛불	무지개	원숭이	조개	풀
냉장고	벼	얼굴	귓속말	수박	베개	사탕	귀	부엌	사자
참외	연필	기와	신호등	체리	김밥	낚시	원숭이	웃음	💣

별 빙고 놀이판

[　　]학년 [　　]반　이름[　　　　　　]

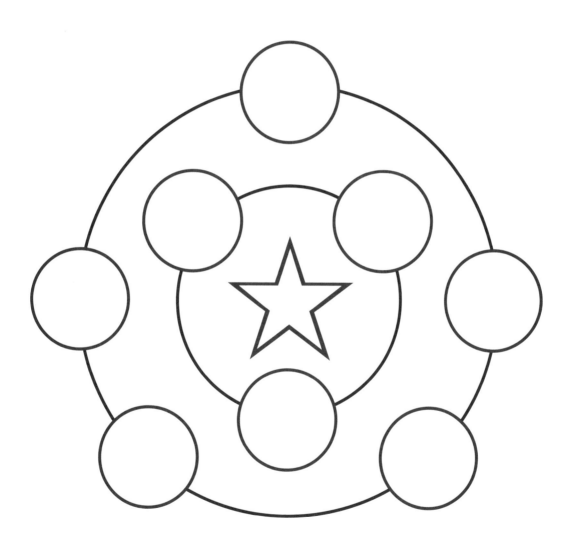

필요한 물건 사용 설명서

[   ]학년 [   ]반   이름[   ]

내가 제비로 뽑은 상황의 내용	
내가 뽑은 상황을 해결할 수 있는 방법	
내가 뽑은 상황에 필요한 물건의 이름	
내가 뽑은 상황에 필요한 물건의 모습(그림으로 나타내기)	
내가 뽑은 상황에 필요한 물건을 사용하는 방법	

놀이 활동지

[　]학년 [　]반　이름[　　　　　]

〈문제 만들기〉				〈점수판〉	
[선택에 기로에 선 상황]				친구를 만나 서로의 문제를 풀고, 결과 예측에 성공하면 O표, 실패하면 X표시 하세요. O표 1개당 1점씩입니다.	
(　　　　　)다.		(　　　　　)지 않는다.		친구 이동	점수 (○, X)
A	[나쁜 결과]	B	[좋은 결과]		
C	[좋은 결과]	D	[나쁜 결과]		
				총점 :	

[2015교육과정 5학년 도덕교과서] 단원 2. 내 안의 소중한 친구, 41쪽 인디언 체로키 부족의 우화

마음속 두 늑대

북아메리카 원주민인 체로키족 노인이 손자에게 삶을 가르치고 있었습니다. 그는 손자에게 말했습니다.

"우리들 마음속에서는 늘 싸움이 일어난단다. 마치 두 마리 늑대가 싸우는 것과도 같아."

손자가 물었습니다.

"그 두 마리는 어떤 늑대들인가요?"

"한 마리는 분노, 시기, 슬픔, 후회, 탐욕, 죄의식, 열등감, 헛된 욕심, 거짓말, 잘난 체 하거나 스스로를 불행하게 여기는 마음을 가지고 있단다. 또 다른 한 마리는 기쁨, 평화, 사랑, 희망, 겸손, 친절, 자비, 이해, 너그러움, 진실, 동정심, 믿음을 가진 녀석이지."

손자가 곰곰이 생각하더니 할아버지께 여쭈었습니다.

"그럼 그 두 마리 중에 어떤 늑대가 이기나요?"

노인이 대답했습니다.

"네가 먹이를 주어 키운 늑대가 이기게 된단다."

고민이의 고민 1

오늘도 학원에 늦겠다. 선생님이 오늘도 늦으면 엄마한테 전화한다고 했는데. 그런데 이상하네. 오늘따라 학원가는 길에 아무도 안 보인다. 가다 보니 이상한 소리가 들려서 보니 나무 아래 예쁘장한 길고양이가 울고 있다. 왜 저렇게 우나 싶어 자세히 가서 보니 꽤 큰 돌 사이에 고양이 앞발이 끼여 있다. 아프겠다. 어떡하지? 고양이를 구해주고 싶긴 하지만 돌을 치우려면 시간이 좀 걸릴 것 같다. 누군가 딴 사람이 도와주겠지 무시하고 갈까? 좀 늦더라도 도와줄까? 고민이다.

고민이의 고민 2

수학 익힘을 다 풀어야 놀 수 있는데 풀기가 너무 싫다. 친구들은 벌써 다 풀고 놀기 시작했다. 수학을 잘하는 내 친구 수혁이가 와서 수학 익힘을 보여준다. 그러면서 눈짓을 한다. 빨리 풀고 자기랑 카드놀이를 하자고 하면서 말이다. 어떡하지? 고민이다. 수혁이 수학 익힘을 보고 베끼고 놀아야 하나. 아니면 거절하고 시간이 걸리더라도 내 힘으로 풀어야 하나.

고민이의 고민 3

오늘은 선생님이 우리에게 쿠폰을 주시는 날이다. 친구들이 선생님께 우루루 가서 쿠폰을 받았는데 내 손 위에 쿠폰이 두 개가 있다. 선생님은 이미 딴 일을 하시고 바쁘시다. 쿠폰을 열심히 모아 상품을 뽑으려고 벼르고 있는데 2개를 받으니 기분은 좋다. 그런데 원래 내가 받아야 하는 건 하나인데. 고민된다. 아까 말할 걸. 다시 선생님께 가서 반납할까? 아님 귀찮으실 테니 그냥 가질까? 고민이다.

고민이의 고민 4

나는 용돈이 별로 없다. 일주일에 천원이다. 지난번에 뽑기 하나를 하고 500원을 써서 지금 내 주머니에는 500원 동전이 다다. 그런데 오늘 지하철 역 주변에서 날도 추운데 밖에서 동전 통을 내 놓고 동냥을 하는 할아버지를 보았다. 우리 할아버지보다 훨씬 늙어 보이시는데…

불쌍하다. 500원을 드리고도 싶고, 그러면 내가 이번 주 용돈이 하나도 없으니 원하는 것을 아무것도 할 수 없다. 어떡하지? 고민된다.

고민이의 고민 5

오늘은 숙제가 많다. 학교 마치고 집에 오니 피곤하다. 게임을 하고 싶다. 하지만 원래 숙제부터 하고 노는 게 가족들과 한 약속인데, 오늘은 숙제도 많고 마음도 지친다.

숙제를 먼저 하는 게 마음은 가벼울 테니 힘들어도 먼저 숙제부터 할까? 아니면 게임부터 하고 나중에 저녁 먹고 집중해서 숙제를 할까? 고민이다. 어떡하지?

고민이의 고민 6

우리 반에 좋아하는 이성친구가 생겼다. 요즘 온통 그 친구 생각에 공부가 잘 안 된다. 그 친구도 나에게 관심은 있어 보인다. 서로 사귀려면 먼저 고백을 하고 사귀자고 해야 하는데 나는 너무 무섭다.

그 아이의 반응도 만약 싫다고 하면 어쩔까 싶기도 하고 이런 내 마음이 다른 아이들한테 소문이 퍼져서 둘에 대해 사귄다는 등 깨졌다는 등 이상한 내 얘기로 재미 삼아 얘기하고 다닐 걸 생각하면 너무 끔찍하다.

그 친구에게 고백을 할까 말까? 고민이다.

'보다 나은 우리'를 위한 가치 시장 놀이

[   ]학년 [   ]반 이름[   ]

◆ 마음의 가치는 기부한다고 없어지지 않기 때문에 여러 명에게 얼마든지 서로 주고받을 수 있어요.

◆ 내가 적지 않은 가치를 친구가 발견해주면 기부할 수 있습니다.(친구가 발견한 가치는 괄호로 표시)

[계획하기: 기부 및 투자 예상하기]

기부할 가치 계획하기		투자할 가치 계획하기		
내가 가진 가치 (기부 가치)	기부할 가격	사고 싶은 가치 (투자 가치)	많이 가졌을 친구	사고 싶은 가격
1.		1.		원
2.		2.		원
3.		3.		원

[놀이하기: 기부 및 투자 내용 기록하기]

	가치이름	기부 및 투자 한 친구이름	투자 or 기부 가격	합계
기부한가치			원	원
			원	
			원	
			원	
기부한가치			원	원
			원	
			원	
			원	

가치기부증서

증서번호

2021 504 1234567891011125152535455565758 59

성   명:

기부한 가치종류: 종
기부 금액 : 총   원

사랑의 가치기부 행사에 참여하여 자신이 소중히 가꾸어 온 가치를 다른 친구들에게 기꺼이 기부하여 주심에 감사의 마음을 담아 이 증서를 드립니다.

기부일자: 년   월   일
기부원명: 초   학년   반 가치나눔원 드림

가치투자증서

증서번호

2021 504 1234567891011125152535455565758 59

성   명:

투자한 가치종류: 종
투자 금액 : 총   원

사랑의 가치기부 행사에 참여하여 자신에게 필요한 소중한 가치에 아낌없이 투자해 주심으로써 가치를 간직하고 키워 주심에 감사의 마음을 담아 이 증서를 드립니다.

투자일자: 년   월   일
투자원명: 초   학년   반 가치나눔원 드림

랜덤 인터뷰 놀이 활동지

[   ]학년 [   ]반 이름[   ]

질문	친구 이름	인터뷰 대답
1.		
2.		
3.		
4.		
5.		
6.		
7.		
8.		

[　　]학년 [　　]반 이름[　　　　　]

오늘은 친한 친구의 생일이다. 친구에게 맛있는 걸 사주기로 약속해서 함께 분식점에 갔다. 떡볶이 2인분에 튀김까지 시켜서 배불리 먹고 즐거운 마음으로 계산을 하려고 하는데… 나는 순간 당황하여 눈앞이 새하얘졌다. 겉옷 주머니에 넣어두었던 내 용돈이 사라진 것이다.

가장 먼저 떠오른 건 언니였다. 이전에 언니가 내 용돈을 허락도 없이 가져간 적이 있기 때문이었다. 이번에도 언니의 짓일 거라고 생각한 나는 집에 도착하자마자 버럭 소리를 지르며 언니를 찾았다.

"언니!! 언니 때문에 오늘 내가 친구 앞에서 얼마나 창피했는지 알아?"

언니는 뻔뻔하게도 황당하다는 표정으로 나를 쳐다봤다.

"왜, 무슨 일인데 다짜고짜 소리부터 질러 대?"

"언니가 내 용돈 훔쳐 갔잖아! 빨리 내놔!!"

"무슨 말이야? 난 아니야."

"저번에도 언니가 내 용돈 말도 없이 가져갔었잖아. 이번에도 언니 짓이겠지!"

"그때는 치킨 배달비가 부족해서 급하게 잠깐 빌린 거였지. 나중에 용돈 받자마자 갚았잖아."

"어쨌든 그때는 그때고, 지금은 지금이고, 빨리 내 돈 돌려줘!"

"이번엔 진짜 아니라니까!!"

♣ '나'는 용돈이 사라진 까닭을 무엇이라고 생각하였나요?

♣ '나'가 언니를 의심한 까닭은 무엇일까요?

♣ '나'의 생각에 몇 점 정도 동의하나요? 그 이유는 무엇인가요? (10점 만점)

♣ 용돈이 사라질 만한 다른 원인은 없을까요?

가(假) : 거짓, 가짜, 임시
설(設) : 말씀, 설명

가설 세우기란 어떤 일이나 현상의 원인에 대하여 추측하고 가정해서 설명해 보는 것입니다. 한 가지 일이나 현상에 대한 가설은 여러 가지가 있을 수 있습니다. 그렇기에 여러 가설을 생각해 보지 않고 성급하게 원인을 한 가지로 단정 짓는 일은 위험할 수 있습니다. 여러 가설을 세우기 위해서는 내가 떠올린 원인에 대해서 '정말 그럴까?' 하고 열린 자세로 생각해 보는 것이 도움이 됩니다.

▷ 동생이 갑자기 배가 아프다고 한다. 왜 그럴까?

▷ 우리 집 강아지가 낑낑댄다. 왜 그럴까?

▷ 친한 친구가 오늘따라 싸늘해 보인다. 왜 그럴까?

▷ 꼬박꼬박 물을 주는데도 식물이 시들어간다. 왜 그럴까?

▷ 평소에 막히지 않던 길이 꽉 막힌다. 무슨 일일까?

▷ 집안 어디선가 불쾌한 냄새가 난다. 무슨 냄새일까?

▷ 오늘따라 엄마가 기분이 안 좋아 보이신다. 무슨 일일까?

▷ 평소에 지각하지 않는 친구가 학교에 오지 않는다. 무슨 일일까?

▷ 비가 오지 않았는데 운동장이 젖어있다. 무슨 일일까?

▷ 옆집이 무척 소란스럽다. 무슨 일일까?

▷ 갑자기 동네에 엄청나게 큰 소리가 울려 퍼졌다. 무슨 소리일까?

▷ 만나기로 한 친구가 약속 장소에 오지 않는다. 어떻게 된 걸까?

▷ 휴대폰이 켜지지 않는다. 무슨 일일까?

▷ 내가 먹고 남긴 과자봉지가 사라졌다. 어디로 갔을까?

▷ 학교에서 친구들이 나를 보고 웃는다. 무슨 일일까?

▷ 내 방 책상에 만원이 올려져있다. 무슨 돈일까?

▷ 아무도 없어야 할 우리 집에 불이 켜져 있다. 무슨 일일까?

▷ 학교에 왔는데 교실에 친구들도 선생님도 없다. 무슨 일일까?

▷ 저 멀리서 모르는 사람이 나에게 인사하는 것 같다. 뭘까?

[　　]학년 [　　]반 이름[　　　　　　]

우리는 저번 시간에 한 가지 일이나 현상에 대한 가설은 여러 가지가 있을 수 있다는 것을 알았습니다. 그렇다면 여러 가설을 세우고 나서 다음으로 할 일은 무엇일까요? 바로 가설들의 설득력을 검증하는 일입니다. 증거가 불충분하여 힘이 약한 가설은 하나씩 지워지는데, 이를 어려운 말로 '가설을 소거'한다고 합니다. 반면 힘이 센 가설은 여러 가지 증거들에 의해서 뒷받침되고 진실로 인정받기도 하는데, 이를 두고 '가설이 채택'된다고 표현합니다. 한 번 채택된 가설은 영원히 진실로 인정받는 것이 아니고, 이후에 더 설득력이 있는 다른 가설이 등장할 경우에는 거짓이 될 수도 있습니다.

♣ '나'의 일기를 읽어봅시다.

2021년 11월 1일 월요일
요즘 엄마도 아빠도 너무 바쁘신 것 같다. 두 분 다 늦게 들어오시는 날이 많아졌다. 그래서 형이랑 나는 요즘 저녁으로 음식 배달을 시켜 먹는다. 오늘은 치킨을 시켜 먹었다. 엄마 아빠가 힘든 건 싫지만 배달 음식은 좋아!

2021년 11월 2일 화요일
오늘은 형과 피자를 시켜 먹었다. 다 먹고 치워야 하는데 형이 학원에 늦었다며 그냥 갔다. 짜증나서 나도 안 치웠다. 어제 치킨도 안 치우더니… 형은 맨날 집 청소할 때 핑계 대고 빠지는 것 같다. 아니나 다를까 집에 온 엄마가 혼을 내셨다. 흥, 그래도 나 혼자서는 절대 못 치우지!

2021년 11월 3일 수요일
오늘은 병원에 계신 외할머니를 뵙고 왔다. 그렇게 큰 병은 아니라 다행히 잘 회복하고 계시지만 또 갑자기 건강이 안 좋아지실 수도 있다고 하니 걱정이다.

2021년 11월 4일 목요일
거실에서 엄마와 아빠가 다투시는 소리가 들린다. 크게 싸우시는 건 아니지만 그래도 좀 무섭다.

2021년 11월 5일 금요일
오늘도 엄마는 집에 늦게 돌아오셨다. 그런데 오늘따라 표정이 어두워 보이신다. 무슨 일일까?

♣ 어머니의 표정이 어두운 까닭은 무엇일까요? **'나'의 일기에 드러난 상황을 바탕으로** 추측하여 가설을 세워봅시다. 그리고 돌아다니며 친구들을 인터뷰하고 자신의 가설을 검증해봅시다.

가설1		○ △ ×
가설2		○ △ ×
가설3		○ △ ×
가설4		○ △ ×
가설5		○ △ ×

♣ 최종적으로 가설 하나를 채택하고, 그 까닭을 써봅시다.

아줌마 (엄마의 직장 동료 1)

엄마 가 기분이 안 좋다고?
글쎄다, 오늘 직장에서 힘들어 보이지는 않았는데 말이지.
너의 외할머니 뵈러 간다고 퇴근도 일찍 하셨어.~

아저씨 (엄마의 직장 동료 2)

엄마가 기분이 안 좋다고? 이상하네.
오늘 회사에 아주 좋은 일이 있어서 내내 표정이 밝으셨는걸.
참, 퇴근하고 병원에 들러야 한다던데 어디 아프신 건 아니니?

아빠

엄마가 기분이 안 좋다고?
어제 잠깐 다툰 것 때문인가... 근데 오늘 아침에 화해했는걸.
여기 봐라. 오늘 점심에 다정하게 주고받은 문자도 있잖니?

이모

엄마가 기분이 안 좋다고?
안 그래도 오늘 엄마 퇴근하고 나서 6시쯤 전화했었어.~
집도 회사도 아닌 것 같은데 목소리가 평소보다 어두워서 이상하다고 생각했었지.

형

엄마 기분이 안 좋아 보인다고?
오늘은 학원에 가기 전에 집도 깨끗하게 다 치워놓고 나왔는데 왜 그러시지?

알맞은 숨은 전제 찾기를 위한 문장 카드 내용
아래 두 숨은 전제 중 맞는 숨은 전제(○) 찾아 붙이기

1. ● 주장 : 이 삼각형은 정삼각형이다.			● 이유 : 왜냐하면 세 각의 크기가 같기 때문이다.	
세 각의 크기가 같으면 정삼각형이다.	○		각이 세 개이면 정삼각형이다.	X
2. ● 주장 : 나는 언젠가는 죽을 거야.			● 이유 : 왜냐하면 나는 사람이기 때문이야.	
사람은 언젠가는 죽는다.	○		언젠가 죽는 것은 사람이다.	X
3. ● 주장 : 내 동생은 감기에 걸렸다.			● 이유 : 왜냐하면 콧물을 흘리고 있기 때문이다.	
콧물을 흘리면 감기에 걸린 것이다.	○		감기에 걸린 사람은 내 동생이다.	X
4. ● 주장 : 우리 엄마는 아빠보다 요리를 잘한다.			● 이유 : 왜냐하면 엄마가 여자이기 때문이다.	
여자는 남자보다 요리를 잘한다.	○		아빠가 엄마보다 요리를 더 잘하면 여자다.	X
5. ● 주장 : 우리 엄마는 아빠보다 요리를 잘한다.			● 이유 : 왜냐하면 엄마가 요리를 해본 경험이 많기 때문이다.	
요리를 해본 경험이 많으면 요리를 잘한다.	○		요리를 더 잘하는 사람은 엄마 경험이 많다.	X
6. ● 주장 : 훤칠이는 농구 선수임에 틀림없다.			● 이유 : 왜냐하면 훤칠이는 키가 매우 크기 때문이다.	
키가 크면 농구 선수이다.	○		농구 선수라고 해서 키가 큰 것은 아니다.	X
7. ● 주장 : 우리 딸은 반에서 인기가 많다.			● 이유 : 왜냐하면 회장으로 당선되었기 때문이다.	
회장으로 당선되면 인기가 많은 것이다.	○		회장으로 당선되었더니 인기가 많아졌다.	X
8. ● 주장 : 내 남자 친구는 친구가 많다.			● 이유 : 왜냐하면 잘 생겼기 때문이다.	
잘 생기면 친구가 많다.	○		못 생긴 친구도 친구가 많을 수 있다.	X
9. ● 주장 : 나는 동생보다 달리기를 잘한다.			● 이유 : 왜냐하면 내가 동생보다 다리가 길기 때문이다.	
다리가 길면 달리기를 더 잘한다.	○		다리가 길면 달리기를 못 한다.	X
10. ● 주장 : 나는 나 자신을 사랑하기가 힘들다.			● 이유 : 왜냐하면 내가 공부를 못하기 때문이다.	
공부를 못하면 나 자신을 사랑하기가 힘들다.	○		나 자신을 사랑하지 않으면 공부를 잘 한다.	X

※ 연습문제 1 : 일상의 말 속, 숨은 전제 찾기

[   ]학년 [   ]반 이름[   ]

♠ 다음 질문들이 어떤 숨은 전제를 품고 있는지 찾고, 이에 대한 반박 질문을 만들어 봅시다.

질 문		되묻기 반박 질문
[보기] 숨은 전제	돌고래라는 물고기는 왜 그렇게 어리석은가요? 돌고래는 어리석은 물고기이다.	정말 돌고래가 어리석은 가요? 돌고래가 물고기인가요?
1. 숨은 전제	글씨가 엉망이네! 너 왼손잡이니?	
2. 숨은 전제	무슨 남자애가 저렇게 잘 울어?	
3. 숨은 전제	여자애가 머리를 왜 저렇게 짧게 잘랐지?	
4. 숨은 전제	우리 엄마도 아니면서 웬 잔소리야?	
5. 숨은 전제	너에 대한 사실(팩트)을 말한 건데 왜 기분 나빠해?	
6. 숨은 전제	공부도 못하면서 왜 회장을 하려고 해?	
7. 숨은 전제	남에게 피해를 주지 않는데 왜 게임을 못하게 해?	
8. 숨은 전제	그 외:	

※ 연습문제 2 : 주장과 이유 속, 숨은 전제 찾기

[   ]학년 [   ]반 이름[   ]

♠ 주장과 이유 속 숨어있는 전제

● 주장　엄마는 화가 났다. ● 이유　왜냐하면 엄마가 얼굴을 찡그리기 때문이다. (숨은 전제) 얼굴을 찡그리면 화가 난 것이다.	● 숨은 전제가 적절하지 않다면 그 주장은 적절한가? 숨은 전제의 적절성 정도 적절하지 않다　　　　　적절하다 1　　　　　　　　　　　　10 ◄─────────────►

♠ 보기와 같이 숨은 전제를 찾고 그 적절성을 따져봅시다.　　　　숨은 전제의 적절성 정도

보기
● 주장: 여자도 군대에 가야한다
● 이유: 왜냐하면 모두 같은 대한민국 국민이기 때문이다.

숨은 전제 : **대한민국 국민이면 모두 군대에 가야한다.**

적절하지 않다　　　　　적절하다

1　　　　　　　　　　　　10

1.
● 주장: 민아는 시험에서 많이 틀렸을 것이다.
● 이유: 왜냐하면 공부를 하지 않았기 때문이다.

숨은 전제 : _____

적절하지 않다　　　　　적절하다

1　　　　　　　　　　　　10

◄─────────────►

2.
● 주장: 내 동생은 감기에 걸렸다.
● 이유: 왜냐하면 콧물을 흘리고 있기 때문이다.

숨은 전제 : _____

적절하지 않다　　　　　적절하다

1　　　　　　　　　　　　10

◄─────────────►

3.
● 주장: 우리 엄마는 아빠보다 요리를 잘한다.
● 이유: 왜냐하면 우리 엄마가 여자이기 때문이다.

숨은 전제 : _____

적절하지 않다　　　　　적절하다

1　　　　　　　　　　　　10

◄─────────────►

4.
● 주장: 흰칠이는 축구 선수임에 틀림없다.
● 이유: 왜냐하면 흰칠이는 키가 매우 크기 때문이다.

숨은 전제 : _____

적절하지 않다　　　　　적절하다

1　　　　　　　　　　　　10

◄─────────────►

5.
● 주장: 그 책은 재미가 없을 것이다.
● 이유: 왜냐하면 그 책은 매우 오래 되었기 때문이다.

숨은 전제 : _____

적절하지 않다　　　　　적절하다

1　　　　　　　　　　　　10

◄─────────────►

※ 연습문제 3: 주장과 숨은 전제, 그 적절성 판단하기

숨은 전제를 통한 내 주장의 적절성 판단하기 예시	
● 주장	나는 친구가 많다.
● 이유 왜냐하면~	나는 잘 생겼기 때문이다.
(숨은 전제)	잘 생기면 친구가 많다.
전제의 적절성 (10점 만점)	잘 생겼다고 무조건 친구가 많은 건 아니다. 못 생겨도 친구 많은 사람 있다. 잘 생긴 것은 처음에 호감을 줄 수 있을 정도이므로 3정도로 적절하다.

숨은 전제를 통한 내 주장의 적절성 판단하기	
● 주장	
● 이유 왜냐하면~	
(숨은 전제)	
전제의 적절성 (10점 만점)	

숨은 전제를 통한 내 주장의 적절성 판단하기	
● 주장	
● 이유 왜냐하면~	
(숨은 전제)	
전제의 적절성 (10점 만점)	

말의 오류를 찾아라!

(　　)초등학교 (　)학년 (　)반 이름: (　　　), 함께 한 친구 이름: (　　)

♠ 다음 글을 읽고 어떤 점이 잘못되었는지 오류를 찾아보세요.

문 장	잘못된 점	오류의 이름
천국과 지옥이 없다는 증거는 없잖아. 그러니까 천국과 지옥은 있는 거야.		
똑똑이는 모범생이다. 왜냐하면 똑똑이는 모범상을 받았기 때문이다. 똑똑이는 모범상을 받았다. 왜냐하면 똑똑이는 모범생이기 때문이다.		
하나를 보면 열을 안다고, 너의 행동을 보니 참 버릇없는 아이로구나.		
최고로 좋은 재료로 만든 옷이기 때문에 최고로 아름다운 옷이 만들어질 것입니다.		
어머니께 꾸중을 들어서 기분이 몹시 나빴는데 놀이터에서 나를 빤히 쳐다보는 동생이 있어서 그 동생에게 욕을 했다.		
갑돌이: 어제는 비가 오는데 우산이 없어서 비를 맞고 갔어. 갑순이: 비가 많이 오면 산불도 나지 않고 참 잘 됐네.		

나라면 산다? 사지 않는다!

[　　　]초등학교 [　　]학년 [　　]반 이름: [　　　　]

♣ '오류'하면 생각나는 낱말을 써보세요.

♣ 다음 글을 읽어보고 오류라고 생각하는 부분에 밑줄을 쳐보세요.

추석을 앞둔 어느 가을날 멀쩡한 한쪽 눈에 하얀 안대를 한 아저씨가 커다란 가방을 끌고 지하철을 탔습니다. 잠시 두리번거리더니 말을 꺼냈습니다.

"여러분 안녕하십니까? 조용한 지하철에서 소란을 피우게 되어 죄송합니다. 제가 아주 좋은 물건 하나를 소개하려고 합니다. 이 칫솔은 금나노 칫솔입니다. 내가 써본 칫솔 중에 가장 좋은 칫솔입니다. 얼마 전까지만 해도 5,000원에 판매되었기 때문에 아직까지 쓰고 있는 사람이 있을 것입니다. 지금 약국에 가 보십시오. 그런데 이 회사가 부도가 나서 단돈 1,000원에 판매하고 있습니다. 이런 것을 땡의 기회라고 하지요. 얼마 있으면 추석이 됩니다. 그러면 친척들이 몰려옵니다. 다음 날 칫솔 하나 없냐고 할 때, 한 개씩 나눠주십시오. 자~ 땡입니다. 땡이요! 땡의 기회를 놓치지 마세요."

접속어 이어가기	학년　　반　　이름:

♣ 접속어가 뭐지?

접속어는 단어와 단어, 구절과 구절, 문장과 문장을 이어주는 구실을 하는 문장 성분입니다(국립국어원, 표준국어대사전).

♣ 접속어 카드를 살펴보아요.

접속어	쓰임새	예시
그래서	앞의 문장이 뒤의 문장의 원인(이유)가 될 때 사용해요.	밥을 많이 먹었다. **그래서** 배가 부르다.
그렇지만	앞문장의 내용을 인정하면서 앞의 내용과 뒤의 내용이 대립될 때 사용해요. *대립: 의견이 서로 반대되거나 모순되는 것	나는 식당에 따라 갔다. **그렇지만** 밥은 먹지 않았다.
그리고	내용이 비슷한 앞문장과 뒷문장을 연결해줄 때 사용해요.	그는 자리에서 일어났다. **그리고** 창문을 열었다.
예를 들어	앞문장의 내용을 뒷문장에서 예를 들어줄 때 사용해요.	나는 꽃을 좋아해요. **예를 들어** 장미나, 카네이션, 국화 같은 꽃들이요.
더구나	앞문장의 사실에 한층 더한 사실을 덧붙인 뒷문장이 나올 때 사용해요.	생일 선물을 받았다. **더구나** 아주 맛있는 케이크도 받았다.
게다가	앞문장의 사실에 한층 더한 사실을 덧붙인 뒷문장이 나올 때 사용해요.	날씨가 잔뜩 흐렸다. **게다가** 바람까지 불었다.
한편	앞문장에서 말한 부분과 다른 부분에 대해서 말할 때 사용해요.	나는 그동안 방학 숙제를 열심히 했다. **한편** 내 친구는 숙제를 미루고 놀러 갔다.
아무튼	앞문장의 내용이나 흐름과 상관없이 뒷문장의 이야깃거리를 바꾸거나 본래의 이야깃거리로 돌아갈 때 사용해요.	조명도 어둡고, 식당 분위기가 마음에 들지 않는다. **아무튼** 만두는 맛있다.
결국	앞내용을 정리하고 뒷문장에 결론을 내릴 때 사용해요.	나는 매일 두 발 자전거 연습을 했다. **결국** 혼자서도 잘 탈 수 있게 되었다.
따라서	앞문장의 내용이 뒷문장의 원인이나 이유가 될 때 사용해요.	날씨가 아주 추웠다. **따라서** 두꺼운 코트를 입었다.

저마다의 사연이 있는 사람들이 배를 타고 태평양을 지나고 있었습니다. 그런데 갑작스러운 폭풍을 만나 배가 좌초되었습니다. 그중 네 명의 사람들은 어느 작은 무인도로 흘러왔고, 간신히 눈을 떴습니다. 그들은 병든 할머니, 건장한 청년, 배고픔을 참을 줄 모르는 여자, 5살 된 남자아이였습니다. 이들은 자신의 처지를 받아들이기 힘들었고, 이곳이 사람이 살지 않는 무인도라는 것만 알게 되었습니다.

　저녁 무렵 작은 배 한 척이 지나가기에 있는 힘을 다해 구조 신호를 보냈습니다. 그 배는 섬 근처에는 암초가 많아 가까이 다가올 수 없다고 하였습니다. 자신도 전 재산을 팔아 배를 마련하여 여행 중인데 폭풍에 밀려 계획에도 없는 이곳을 지나가게 되었다고 합니다. 그리고는 자신의 비상식량인 빵 한 덩어리를 섬 쪽으로 집어던지고는, 가장 가까운 항구에 도착하면 구조선을 보내겠다고 하면서 떠났습니다.

　비닐에 쌓인 빵은 파도에 밀려 이들이 있는 섬까지 밀려왔습니다. 이들은 이 빵을 어떻게 나눠야 할까요?

[　　　　]초등학교　[　　]학년[　　]반　이름:[　　　　　　]

1. 사람들의 처지

할머니	청년	여자	아이

2. 빵을 그림으로 나누고 왜 그렇게 나누었는지 이유 적기

빵을 그림으로 나누기
나눈 이유

3. 빵을 어떻게 나눠야 할지에 대한 나의 마무리 생각(토론 이후 달라진 생각)

밤새 잠을 설친 병든 할머니, 건장한 청년, 배고픔을 참을 줄 모르는 여자, 5살 된 남자 아이는 아침을 맞이하였습니다. 어제 나눈 빵을 아껴 먹고 나서 바다를 바라보는데 배 한 척이 지나가는 것을 발견하였습니다. 그 배는 고기를 잡는 어선으로, 이미 갑판 위에 사람들이 빽빽하게 타고 있었습니다. 어선의 선장은 암초로 섬 가까이 갈 수 없음을 알고 큰 소리로 말했습니다. "딱 한 사람만 탈 수 있어요! 그 이상 태우면 배가 가라앉을 것이요! 기다릴 테니 한 명을 정하시오!"

섬에 있는 4명은 자신이 저 배에 타야 한다는 것을 설득하기 시작하였습니다.

병든 할머니는 그동안 지구상의 사라지는 문명을 찾아 인터뷰를 하고 역사책을 만드는 역사학자로 평생을 바쳤는데, 이제는 건강이 몹시 좋지 않아 마지막 작업을 앞두고 하나뿐인 딸을 만나기 위해 마지막 여행을 떠나는 중이라고 했습니다.

몸이 튼튼하고 씩씩해 보이는 청년은 미래 식량 자원에 대한 연구로 박사 학위를 받고 그동안 공부했다고 했습니다. 이제 이 연구를 바탕으로 어려운 지역의 사람들을 돕기 위한 준비를 하기 위해 여행을 떠나는 중이라고 했습니다.

배고픔을 참지 못하는 젊은 여자는 자신의 병을 고치려고 애썼지만 약이 없다는 것을 알고 아예 요리사가 되기 위해 유학을 가려고 여행을 떠났습니다. 그녀는 10년 넘게 불우이웃을 위해 무료로 음식을 나누는 봉사로 나라에서 훈장까지 받았습니다. 요리사가 되어 음식점을 차리면 배고플 때마다 뭐라도 먹을 수 있고 불우이웃을 꾸준히 도울 수 있을 것이라고 희망을 말했습니다.

유치원에 다니는 5살 남자아이는 해외 출장으로 3년 동안이나 만나지 못한 아버지를 보려고 어머니와 여행을 떠났습니다. 아이는 천재 피아니스트로 아버지가 있는 곳의 사람들을 위해 무료로 콘서트를 열 계획이었습니다. 그리고 저 배에 아이의 어머니가 타고 있습니다.

저마다 귀한 꿈과 삶을 살아온 사람들, 과연 누가 배에 타야 할까요?

[   ] 초등학교   [   ] 학년 [   ] 반   이름: [   ]

1. 누구를 배에 태워야 하며, 왜 그렇게 생각하는지 이유 적기

배에 태워야 하는 사람	그 이유

2. 누구를 배에 태워야 할지에 대한 나의 마무리 생각(토론 이후 달라진 생각)